21世纪经济管理新形态教材·工商管理系列

电子商务法律法规

王卫东　张荣刚　◎　主编

清华大学出版社

北京

本书封面贴有清华大学出版社防伪标签，无标签者不得销售。

版权所有，侵权必究。举报：010-62782989，beiqinquan@tup.tsinghua.edu.cn。

图书在版编目(CIP)数据

电子商务法律法规 / 王卫东，张荣刚主编. —北京：清华大学出版社，2021.2
21世纪经济管理新形态教材. 工商管理系列
ISBN 978-7-302-57342-5

Ⅰ. ①电… Ⅱ. ①王… ②张… Ⅲ. ①电子商务－法规－中国－高等学校－教材 Ⅳ. ①D922.294

中国版本图书馆CIP数据核字(2021)第017997号

责任编辑：	吴　雷
封面设计：	李伯骥
版式设计：	方加青
责任校对：	宋玉莲
责任印制：	沈　露

出版发行：清华大学出版社
网　　址：http://www.tup.com.cn，http://www.wqbook.com
地　　址：北京清华大学学研大厦A座　　邮　编：100084
社 总 机：010-62770175　　邮　购：010-62786544
投稿与读者服务：010-62776969，c-service@tup.tsinghua.edu.cn
质 量 反 馈：010-62772015，zhiliang@tup.tsinghua.edu.cn
印 装 者：北京国马印刷厂
经　　销：全国新华书店
开　　本：185mm×260mm　　印　张：14.5　　字　数：351千字
版　　次：2021年2月第1版　　印　次：2021年2月第1次印刷
定　　价：49.00元

产品编号：090750-01

前　言

随着信息化社会不断发展，以互联网为平台的电子商务近年来发展迅猛。据相关数据统计，2018 年中国电子商务整体交易规模约为 32.55 万亿元，较 2017 年 28.66 万亿元增长 13.5%[①]。随着电子商务行业的逐步完善和政府相关监管措施的陆续到位，在未来一段时间内这一上升趋势仍会保持。但当前我国电子商务行业发展存在显著的不规范问题，这就迫切要求推行符合我国基本国情和发展需要的电子商务法。经过多次审议与修订，《中华人民共和国电子商务法》于 2019 年 1 月 1 日起正式实施。

随着电子商务和电子商务法的不断完善，社会对电子商务及法律人才的需求越来越多，对电子商务及法律专业课程也提出了新的时代要求。为了适应电子商务及法律专业教学的需要，我们参考了历年来的相关研究内容，对前人的成果进行梳理借鉴、系统总结，并编写了本书。

本书主要特点如下：

（1）视角独特。从管理学的视角，依照电子商务运营的实际流程和模块，进行电子商务法律法规的系统介绍，既便于读者理解，也便于在工作中运用。

（2）结构科学。每章分为本章知识图谱、导入案例、内容介绍、本章小结、复习思考题、扩展阅读等部分，体系完备，结构合理。

（3）注意理论联系实际。每章用实际发生的典型案例导入，把电子商务法律法规的立法依据、法律法规条文与案例相结合，有利于读者理解和掌握。

（4）注重实务能力提升。每章配有复习思考题，扩展阅读中有案例分析，注重实务能力培养，有利于读者对电子商务法律法规的深入理解，提升读者运用所学知识解决实际问题的能力。

本书行文简练，语言流畅，深入浅出，以《中华人民共和国电子商务法》为基本依据，注重反映当前电子商务实践的需求和发展趋势，立足我国的电子商务实际案例研究电子商务法律法规。

---

① 资料来源：网经社电子商务研究中心.2018年度中国电子商务市场数据监测报告[R]. 杭州：浙江网经社信息科技有限公司，2019：7.

本书在编写过程中参考了相关专家、学者的著作，从中获得了许多有益的成果、见解，谨致以诚挚的谢意。由于编者水平、时间、能力有限，电子商务法中有许多原则性规定，一些内容由于各种原因在电子商务法中没有进行相关规定，且电子商务法也处在不断发展与完善中，书中难免有不足之处，敬请同行专家、学者和广大读者批评指正，从而使本书更加完善。

编　者

2020 年 10 月

目　录

第一章　电子商务法概述……………………………………………………1

　　第一节　电子商务与电子商务法 …………………………………… 3
　　第二节　电子商务法的基础知识 …………………………………… 6
　　第三节　国外电子商务立法概貌 …………………………………… 10
　　第四节　我国电子商务立法的探索 ………………………………… 15

第二章　电子商务主体及其认定……………………………………………21

　　第一节　电子商务主体概述 ………………………………………… 22
　　第二节　电子商务主体的登记与公示 ……………………………… 26
　　第三节　电子商务主体的市场准入与退出 ………………………… 30
　　第四节　电子商务主体的一般性义务 ……………………………… 34

第三章　数据电文法律法规…………………………………………………39

　　第一节　传统书面形式制度与数据电文 …………………………… 40
　　第二节　数据电文制度产生的必然性 ……………………………… 44
　　第三节　数据电文法律制度的基本内容 …………………………… 45

第四章　电子签名法律法规…………………………………………………57

　　第一节　电子签名及其应用环境 …………………………………… 59
　　第二节　电子签名法律制度 ………………………………………… 61
　　第三节　我国电子签名法 …………………………………………… 68

第五章　电子认证法律法规……73

第一节　电子认证概述……74
第二节　电子认证证书的业务规范……80
第三节　电子认证中的法律问题……83

第六章　电子支付法律法规……88

第一节　电子支付基础……89
第二节　电子货币的法律问题……96
第三节　网络银行的法律问题……100

第七章　电子合同法律法规……104

第一节　电子合同概述……105
第二节　电子合同的订立……108
第三节　电子合同的生效……112
第四节　电子合同的特殊法律问题……115

第八章　电子商务中的消费者权益保护……119

第一节　电子商务消费者权益保护概述……120
第二节　电子商务消费者权益保护存在的问题及原因……123
第三节　电子商务消费者权益保护的原则……127
第四节　我国电子商务消费者的权利保护……128

第九章　电子商务中的个人信息保护……135

第一节　个人信息的概述……136
第二节　个人信息权……141
第三节　电子商务中的个人信息侵权……143
第四节　电子商务个人信息的法律保护……145
第五节　个人信息保护的全球立法……149

第十章　电子商务平台的义务和责任……155

第一节　电子商务平台概述……156
第二节　电子商务平台侵权责任的认定……157

        第三节　电子商务平台的义务 …………………………………………… 160
        第四节　我国电子商务平台责任的立法 ………………………………… 162

第十一章　电子商务纠纷解决 ………………………………………………… **170**
        第一节　电子商务纠纷解决概述 ………………………………………… 171
        第二节　电子商务纠纷解决的方式 ……………………………………… 173
        第三节　电子商务纠纷的管辖权 ………………………………………… 179

第十二章　电子商务税收 ……………………………………………………… **185**
        第一节　电子商务对税收政策的影响 …………………………………… 186
        第二节　电子商务税收探索 ……………………………………………… 191
        第三节　电子商务税征收问题及电子商务对我国税收影响的讨论 …… 195

第十三章　电子商务监管 ……………………………………………………… **199**
        第一节　电子商务监管概述 ……………………………………………… 201
        第二节　电子商务监管的基本原则 ……………………………………… 203
        第三节　电子商务监管的措施 …………………………………………… 207
        第四节　电子商务监管体系 ……………………………………………… 209
        第五节　我国电子商务监管存在的问题及完善 ………………………… 214

参考文献 ………………………………………………………………………… **222**

第一章
电子商务法概述

知识图谱

- 第一章 电子商务法概述
  - 电子商务与电子商务法
    - 电子商务概述
      - 电子商务定义
      - 电子商务类型
    - 电子商务法的性质
    - 电子商务法的地位与作用
      - 电子商务法的地位
      - 电子商务法的作用
  - 电子商务法的基础知识
    - 电子商务法的概念
    - 电子商务法的调整对象
      - 从交易主体角度明确电子商务法的调整范围
    - 电子商务法的调整范围
      - 从适用空间范围角度明确电子商务法的调整范围
      - 从交易内容角度明确电子商务法的调整范围
      - 排除适用情况
    - 电子商务法的特征
      - 复杂性、技术性、开放性、安全性、国际性
    - 电子商务法的基本原则
      - 自愿、公平、诚实信用原则
      - 线上线下平等原则
      - 效率与安全保障原则
  - 国外电子商务立法概貌
    - 国际组织的电子商务立法
      - 联合国的电子商务立法
      - 欧盟的电子商务立法
    - 其他国家的电子商务立法
      - 美国的电子商务立法
      - 英国的电子商务立法
      - 法国的电子商务立法
      - 意大利的电子商务立法
      - 俄罗斯的电子商务立法
      - 日本的电子商务立法
  - 我国电子商务立法的探索
    - 我国电子商务立法现状
      - 我国电子商务立法的背景
      - 我国电子商务立法的过程
    - 我国电子商务立法的目的
      - 我国电子商务立法的初衷
      - 平衡电子商务相关法益与利益
    - 我国电子商务立法的框架
      - 以电子商务主体为基础构建的立法框架
      - 以"纵向"和"横向"法律关系为基础构建的立法框架
      - 以"线下"与"线上"模式为基础构建的立法框架
  - 本章小结

导入案例

2017年10月31日,国家发改委专门召开"双11"电子商务领域信用建设工作会议,强化电商促销中的"信用问题"。2017年11月7日,根据"电商喇叭社"微信公众号上的

消息，由中国改革报社牵头编制的《2017年电子商务领域信用风险"双11"预警报告》发布。自2016年起，按年度向社会发布该报告。该报告总结了我国电子商务领域诚信建设的新进展，归纳出消费者和商家需要防范的信用风险，并向政府部门提出政策建议，同时还发布了10个失信典型案例和10个守信典型案例。2017年报告中的10个失信典型案例是：安徽网购达人专职退货以假乱真、打折"福袋"遭遇退货难、快递"虚假签收"导致电商企业损失100多万元、大学生兼职刷单尝到5元"小甜头"反被骗上万元、接网购退款电话称"双倍赔偿"被骗15 000元、特价买回山寨豆浆机遭遇维权难、网购3块香皂女子被骗18 000元、"小红书"用户信息大规模泄露、洋码头等跨境电商屡现假货、"中粮我买网"被曝抬高零售价后打折被罚款5万元整改。电子商务领域10个守信典型案例是：阿里巴巴推出企业诚信查询平台、阿里巴巴持续反腐清退36家违规店铺、车易拍等12家二手车电商联名签署诚信经营倡议书、河北清河羊绒小镇百家网店签约抵制假冒伪劣、杭州市跨境电子商务企业发起保护消费者权益倡议书、汇集全球买手电商平台HIGO承诺"100%正品"、京东联合沃尔玛等企业成立"阳光诚信联盟"、日日顺物流启动"诚信到家行动"活动、顺丰"丰密运单"让个人信息不再随包裹"裸奔"、小电商诚信经营做足特产大文章。

自2018年1月22日起，网经社（www.100ec.cn）基于其第三方电商维权平台"电子商务消费纠纷调解平台"（http：//show.s.315.100ec.cn/）的统计，陆续发布了有关电商的典型投诉案例。大麦网疑似虚假售票、易到用车网充值退款难、格瓦拉账户被盗刷、马蜂窝无故取消订单、摩拜等共享单车退款难、百度糯米团购券无法正常使用、飞猪收取高额退票费、饿了么送餐超时、去哪儿网无法取消订单等案例入选"2017年度十大生活服务电商典型投诉案例"。

该网站2018年2月9日发布，"国美互联网"商品退换货难、"乐视商城"迟迟不发货、"天天网"发货退款风波、"闪电降"疑似售假、"当当网"随意取消订单、"返利网"不返利、"转转"虚假验机、"卷皮网"疑似误导购买VIP卡以及"小米商城"手机质量隐患突出等案例入选"2017年零售电商十大典型投诉案例"。

该网站2018年2月11日发布综合类零售电商被投诉的最主要问题，其中包括订单取消、信息泄露、虚假促销、发货问题和退换货难问题，涉及的电商平台有国美在线、当当网、淘宝/天猫、亚马逊和卷皮网等。

该网站2018年2月12日发布垂直类零售电商平台被投诉的问题，该类电商成为一大"重灾区"。其中，美妆类电商热点被投诉平台有莎莎网和丝芙兰等，疑似售假，以及退款难成为用户热点投诉问题；华为和乐视入选3C家电[计算机（computer）类、通信（communication）类和消费（consumer）类电子产品的统称，亦称"信息家电"]电商热点被投诉平台，主要问题为发货慢、售后差；转转和闲鱼为二手电商热点被投诉平台，问题主要包括虚假验机和平台处理不公；返利电商主要存在问题为不返利、返利难，涉及平台为返利网；鞋服类电商热点被投诉平台为好乐买与蘑菇街，主要投诉问题为订单随意取消和商品质量差。

上述案例已入选由网经社发布的《2017年度中国电子商务用户体验与投诉监测报告》，具体内容请见"网经社"的微信公众号。

此外，2018年2月7日，中国消费者协会对外公布2017年"双11"网络购物价格、质量、售后服务调查体验报告，通报了国美在线、聚美优品、蜜芽、淘宝、京东、拼多多、当当网、网易考拉等多家知名电商平台存在涉嫌仿冒、虚构原价、随意标注价格等一个或多个问题。

上述案例的不断涌现与发生显示了我国电子商务发展迅速、发展中存在不规范乱象以及立法明显滞后的现状。与传统法律关系相比，当事人在电子商务法律关系中的权利、义务与责任均发生了巨大的变化。电商经营的不规范与消费者的维权困难并存，如何进行恰当地立法规制以便既能促进电子商务的健康发展，又能维护相关当事人权益，是电子商务法必须面对和解决的问题。

资料来源：朱晓娟. 电子商务法 [M]. 北京：中国人民大学出版社，2019：1-2.

第一节　电子商务与电子商务法

一、电子商务概述

（一）电子商务定义

当前在世界范围内有多种关于电子商务的定义，不同国家和地区的研究者在这方面并没有达成共识，其中比较具有代表性的定义包括以下几种：一是世界贸易组织将电子商务定义为"以电子方式进行的商务和服务的生产、分配、市场营销、销售或支付"；二是联合国贸易法委员会在《电子商务示范法》中将电子商务定义为"通过电子行为进行的商事活动"；三是《中国电子商务蓝皮书》将其定义为"电子商务是通过互联网完成的交易活动，交易内容可以分为商品交易和服务交易，交易是指货币和商品的易位，交易要有信息流、资金流和物流等要素的支持"。而《中华人民共和国电子商务法》第二条解释了电子商务的含义，"本法所称电子商务，是指通过互联网等信息网络销售商品或者提供服务的经营活动"。通过对以上定义进行比较可以发现，我国电子商务法对电子商务的定义更接近《中国电子商务蓝皮书》对电子商务的定义，且相较于其他部分国家和国际组织的定义，内涵更狭窄。

（二）电子商务类型

按照不同方式可以将电子商务划分为不同类型。由于篇幅有限，本书仅以交易主体为依据进行电子商务分类，大致可以将电子商务划分为以下五类。

1. **企业与企业之间的电子商务交易模式**（Business-to-Business，B2B）

B2B 是指企业与企业之间通过专用网络或互联网进行数据信息的交换、传递，开展交易活动的商业模式。最典型的 B2B 平台是阿里巴巴，B2B 是电子商务的主流，占整个电子商务额度的 80% 以上，占主导地位。

2. **企业与消费者之间的电子商务交易模式**（Business-to-Customer，B2C）

B2C 是我国最早产生的交易模式，该种交易模式下每笔金额虽然小但总体规模较大。目前该种交易模式在我国的电子商务中规模最为庞大，如当当网、京东商城等。

3. **消费者与企业之间的电子商务交易模式**（Customer-to-Business，C2B）

C2B 是指消费者以自身有需求的产品向平台报价，由平台从自身所有的供应商渠道中寻找愿意以消费者所定的价格出售该种产品的供应商，供应商再通过平台与消费者对接，团购业务则是其典型适用，相较于B2C模式，C2B是以消费者为驱动的。

  4. 消费者与消费者之间的电子商务交易模式（Customer-to-Customer，C2C）

  C2C是指个人与个人之间的网络交易模式。个人之间通过互联网交易平台进行商务交易，国内最典型的电商平台是淘宝网。C2C的互动性、参与性、开放性较强，交易的波动性较大。

  5. 线下与线上相结合的电子商务模式（Online-to-Offline，O2O）

  O2O是指利用互联网使线下商品或服务与线上相结合，由线上营销、线上购买带动线下经营和线下消费，一般通过打折、提供信息、服务预订等方式，把线下商店的消息推送给互联网用户，从而将他们转换为自己的线下客户，此种模式特别适合必须到商店消费的商品和服务。

二、电子商务法的性质

  理论界对于电子商务法的部门归属一直存在争议，一部分学者认为电子商务法应该属于单独的法律部门，但也有一部分学者认为电子商务法在根本上属于传统法律部门，其只是其中的一个特别法，还有一部分学者认为电子商务法属于传统经济法的法律部门。实际上，我们应该从领域法学的视角来观察和理解电子商务法的定位。电子商务法涉及电子商务法律关系的界定、电子商务欺诈、电子商务经营秩序、知识产权保护、消费者权益保护、不正当竞争、电子商务交易安全、数据权属保护、平台定位与责任等内容，因此，单纯从某一视角观察与讨论有失偏颇。但是，就电子商务的发展现状及其所包含的要素看，其更多的内容还是体现为传统民商法的要素，属于传统民商事主体法与行为法的相关内容，同时辅之以监管等其他法律部门的相关规则，调整的对象属于电子商务这一特殊商事领域，内容上体现了公法私法合一、国家在私人强制机制不断失灵的背景下加强对商业监督管理的商法特点，同时表明了中国商法并非严格按照法律部门性质而是根据特定商事活动领域进行构造的特点，因此，电子商务法是属于民商事法律部门的商法。尤其是在我国现阶段，电子商务的发展非常迅速，急需法律的促进与规范，应基于民商法私法自治的基本理念构建电子商务法的基本规则，同时对其发展中产生的不利问题予以规制和引导，使其朝健康的方向发展。从这个意义上说，电子商务法属于民商法尤其是商法的特别法，属于主体法、行为法与监管法的结合，应在遵从民商法基本原则与理念的基础上对民商事主体通过互联网等网络与信息通信技术的方式进行的活动予以调整。

三、电子商务法的地位与作用

（一）电子商务法的地位

  电子商务交易中发生的各种社会关系是一种经过处理的关系，这是因为这些社会关系是经过新型信息技术或网络技术处理并应用于商业领域后才形成的特殊的社会关系。这些社会关系交叉存在于虚拟社会和现实社会之间，而传统法律调整的对象（社会关系）都存在于现实物理世界，二者的调整对象有显著区别。

  电子商务依托于互联网，互联网的开放性、系统性、集成性等特点为其发展提供了可能，解决了其在行业管理和调控上的困难。典型的在线交易从网上选购商品或订购到支付和货物交付是一个完整的系统工程，具有系统性和集成性的特点，而它所涉及的管理部门，包括工商、税务、海关、卫生、质量监督等部门都是独立的。正确调整各部门之间的关系，协调各部门的职能，明确各自的法律职责，及时、公平、有效地解决在线交易问题，需要有新的经济法发挥作用。

在当前的网络信息时代，出现了很多传统法律难以解决的新问题，因此，有必要制定应对新问题的法律规范，而这些分门别类的法律规范综合起来即形成一门新的部门法——电子商务法。随着计算机网络通信技术的飞速发展和广泛应用，电子商务将成为未来商业活动的主要形式，电子商务法将在商事法领域里发挥越来越重要的作用。

（二）电子商务法的作用

1. 填补现有法律的缺口

一个国家的法律体系是随其发展不断更新和完善的，电子商务立法就是补救现有法律缺陷的一个途径。目前，世界上许多国家关于传递信息和存储信息的现行法规不够完备或已经过时，没有全面涉及电子商务的立法，这种情况可能使人们无法准确地把握并非以传统的书面文件形式提供的信息的法律性质和有效性，也无法完全相信电子支付的安全性。此外，在日益广泛地使用电子邮件和电子数据交换邮件的同时，也有必要对传真和电传等通信技术制定相应的法律和规范。

2. 构建良好的法律环境

虽然电子商务是近几年才在我国兴起的，但现在其蕴含的商机已经成为众人关注的热点，虽然这种新型业务和服务方式可以为人们创造更多价值，但电子商务的交易风险和不确定性又使很多人望而却步。电子商务法立法的目的就是要对电子商务引发的庞杂的法律问题进行清理，制定一套虚拟环境下进行交易的规则，消除电子商务应用中的法律障碍，明确网络交易各方的法律义务和责任，规范政府、企业和消费者的网络交易行为，保障电子商务交易的正常进行。

3. 鼓励应用现代信息技术，积极促成线上交易

电子商务法的目标包括使电子商务的使用成为可能或为此创造方便条件，平等对待基于书面文件的用户和基于数据电文的用户，充分发挥高科技手段在商务活动中的作用。这些目标都是促进经济增长和提高国际、国内贸易效率的关键所在。

4. 保障安全的交易网络

电子商务立法的基本作用就是为电子商务提供安全保障，这主要体现在两个方面：第一，电子商务交易是通过计算机及其网络而实现的，其安全与否依赖于计算机及其网络自身的安全程度；第二，电子商务是一种商品交易，其安全问题应当通过民商法加以保护。比如，《中华人民共和国电子商务法》第三十条就规定：电子商务平台经营者应当采取技术措施和其他必要措施保证其网络安全、稳定运行，防范网络违法犯罪活动，有效应对网络安全事件，保障电子商务交易安全。电子商务平台经营者应当制定网络安全事件应急预案，发生网络安全事件时，应当立即启动应急预案，采取相应的补救措施，并向有关主管部门报告。

第二节　电子商务法的基础知识

一、电子商务法的概念

电子商务法，是指调整运用现代电子信息技术手段，进行商品、服务、信息和其他交换等商务活动的法律规范总称。

首先，电子商务法是专门用于调整电子商务活动的规范。电子商务的法律法规，包括各种法律、规则、标准、协议、示范、规定等。为了确定电子商务活动中相关方的权利、义务，调整各方关系，规范电子商务行为，国务院及其部委制定了相应的法规，在我国电子商务法律法规中占有相当比例。

其次，可以从广义和狭义两个层面分析电子商务法的定义。具体来说，广义的电子商务法，是指调整电子商务活动中所有关系的规范总称；而狭义的电子商务法，是指调整电子交易关系的规范。

二、电子商务法的调整对象

只有明确了电子商务法的调整对象，才能确保相关法律法规可以发挥作用，也就是特殊问题的存在确实需要单独的立法加以调整和规范时，才有单独的电子商务法存在的必要。由于电子信息和网络技术的创新与发展已经使得传统的交易方式产生了质的变化，电子商务领域的问题已难以被传统法律所容纳与解决，因此，电子商务关系的特殊性使得电子商务法有自己的调整对象，其结合传统民商法的理念针对电子商务关系中的特殊问题进行规范，主要调整利用互联网等信息技术从事商品经营与服务的经营活动，在与传统法律规则衔接的基础上，重点调整虽未改变商事交易的法律性质，但因技术的运用使得交易方式从线下转移到线上产生的新的社会关系。

三、电子商务法的调整范围

（一）从交易主体角度明确电子商务法的调整范围

商法是一门调整营利主体之间交易关系的法律，而电子商务法属于商法范畴，因此，电子商务法也可以调整营利主体之间的交易关系。具体来说，电子商务法的适用范围包括电子商务经营者之间的商务关系、电子商务经营者与电子商务消费者之间的电子商务关系。其中，电子商务经营者又包括三大主体，分别是电子商务平台经营者、平台内经营者以及通过自建网站、其他网络服务销售商品或者提供服务的电子商务经营者。《中华人民共和国电子商务法》第九条明确规定："本法所称电子商务经营者，是指通过互联网等信息网络从事销售商品或者提供服务的经营活动的自然人、法人和非法人组织，包括电子商务平台经营者、平台内经营者以及通过自建网站、其他网络服务销售商品或者提供服务的电子商务经营者。"对电子商务经营者的明晰规定和限定，使得电子商务法的主体适用范围法定化。

(二）从适用空间范围角度明确电子商务法的调整范围

这里所谓的空间是指法律层面的空间，法律的空间效力是指法律可以发挥其效力的具体地域范围，也就是指该法律在哪些地区可以发挥其效力，适用于哪些地区。法律的空间效力范围主要由国情和法律的形式、效力等级、调整对象或内容等因素决定。通常在一国主权所及全部领域有效，包括属于主权范围的全部领陆、领空、领水，也包括该国驻外使馆和在境外航行的飞机或停泊在境外的船舶。我国宪法和全国人大及其常委会制定的法律，国务院制定的行政法规，除本身有特别规定外，都在全国范围内有效。在一些情况下，有的法律在一定区域内有效，如地方性法律、法规，最高国家立法机关或最高国家行政机关制定的，规定只在某一地区生效的法律。另外，有的法律具有域外效力，如涉及民事、贸易和婚姻家庭的法律。《中华人民共和国电子商务法》第二条规定了空间适用范围，即电子商务法适用于中华人民共和国境内的电子商务活动。空间范围采用属地主义，使我国电子商务法的适用范围涵盖了我国以及外国公民在我国境内的一切电子商务活动。这一方面有利于我国对之实施切实有效的监管，另一方面也符合我国法律适用空间范围的一般性规定。

（三）从交易内容角度明确电子商务法的调整范围

我国《电子商务法》中明确了电子商务的定义，即"本法所称电子商务，是指通过互联网等信息网络销售商品或者提供服务的经营活动"。由此可以看出，电子商务的交易内容为商品和服务。从交易模式看，电子商务有四种类型：企业与消费者之间的电子商务（B2C）；企业与企业之间的电子商务（B2B）；消费者与消费者之间的电子商务（C2C）；线上线下结合的电子商务（O2O）。无论何种交易模式，按照电子商务活动的交易内容来看，主要包括两类商业活动。一是买卖有形商品，其特点是通过物流系统，将货物运送到消费者手中。一般来说，电子商务的物流配送会通过第三方物流企业来完成，如邮政服务和商业快递送货等，但也存在像京东这样自营配送的情况。二是买卖无形商品和服务，如计算机软件、数码产品、娱乐内容的网上订购、付款和交付，往往体现为著作权、专利权、商标权、工业产权等知识产权。这种内容的电子商务无须顾虑地理界线而直接进行交易。

（四）排除适用情况

需要注意的是，法律的适用存在特殊情形，即存在某种情形的不适用于本法。我国《电子商务法》第二条第三款明确规定，金融类产品和服务，利用信息网络提供新闻信息、音视频节目、出版以及文化产品等内容方面的服务，不适用本法。涉及金融类产品和服务不适用我国《电子商务法》，主要是考虑到其自身的特殊性和其已有专门立法所规范，如《证券法》《保险法》等。而利用信息网络提供新闻信息、音视频节目、出版以及文化产品等内容方面的服务不适用电子商务法，主要是因为这三类已有《广播电视法》《广告法》《知识产权法》《网络安全法》等立法予以规范。

四、电子商务法的特征

（一）复杂性

电子商务活动的参与主体十分复杂，从理论层面上说，非平台电子商务经营者、电子商务平台经营者、电子商务非经营交易主体如消费者等、电子商务辅助服务经营者与电子商务监管主体等都是电子商务活动的参与主体。电子商务平台经营者当然属于广义上的电子商务经营者，但其所具有的公共属性与地位决定了应在立法上对其予以特殊规制与调整。电子商务服务经营者则可以包括物流服务提供者、支付服务提供者、征信服务提供者等交易服务经营者与网络接入服务提供者等不同主体。此外，电子商务监管者则可以包括行政监管主体、自律监管主体等。也就是说，电子商务的交易主体仅凭自身无法完成交易，必须借助平台或网络、金融或支付机构等平台机构的协助完成；另外，与传统交易关系相比，电子商务交易中的法律关系变得更复杂，电子商务法需要对其回应。

（二）技术性

电子商务是搭载于互联网平台上运行的，这决定了其顺利运行是以各种技术为基础的，其中包括计算机技术、网络技术、通信技术、安全保密技术等，这也决定了电子商务与传统民商事活动之间存在十分显著的区别。电子商务法应当对技术问题进行回应，甚至电子签名法中许多法律规范就是技术规则的法律化。这在以往的民商事部门法中也不乏先例，如票据法与证券法中许多法律规范都是交易规则的体现。

（三）开放性

搭载于网络平台的电子商务必然会在一定程度上反映网络的开放性，尤其是随着信息技术的不断创新与发展，电子商务也会在形式、内容等各个方面不断发展和创新。电子商务法中应当包括开放性的法律规范，以开放的态度对待技术手段与媒介，保证有利于电子商务发展的技术创新都能充分发挥作用。只在这样，才能发挥立法的促进作用。

（四）安全性

运用网络技术可以带来高效交易，可以带来丰富、高速的信息交换，可以在很大程度上降低交易成本，但不可否认的是交易的风险也在无形中被放大了，因此，电子商务法需要对交易对方的情况无法判定、自己的信息可能被泄露、系统的安全系数难以保障等安全问题都要关注与回应。网络安全问题不是一部形式意义上的电子商务法能够解决的问题，需要刑法、网络安全法、行政法等多个法律部门联合规范。电子商务法应从电子商务经营主体权利与义务的角度对网络安全问题进行规定，切实保证电子商务交易的安全。

（五）国际性

传统商务活动在很大程度上受到了地域的限制，但是电子商务跨越了这一鸿沟，借助网络信息技术，得以在全球范围内高速发展。当前，除了一国海关境界（亦称关税国境，简称关境）内的电子商务外，越来越多的电子商务突破了关境的局限，不再受物理属性的限制，因此，电子商务法的规定应体现全球化的趋势与要求。与国际接轨，采纳或吸收国际条约、惯例，有助于与其他国家电子商务相关规则的对接，促进我国电子商务的国际化。

五、电子商务法的基本原则

（一）自愿、公平、诚实信用原则

从事电子商务活动，应当严格遵循自愿、公平、诚实信用的原则，严格按照商业道德的要求采取相应的行动。自愿、公平、诚实信用原则是传统民商法的基本原则，是一切民商事活动都应当遵守的行为准则。在电子商务法中明确这一原则的基本原则属性与地位，有助于实现法律制度的系统性和完整性，这是电子商务作为民商事活动应遵守的最重要的一般原则。其内涵在于电子商务法应尊重电子商务参与主体的意思自治，电子商务交易应遵循公平的原则，主体地位平等，相互间负有保密、如实告知、合理使用信息等诚实信用的义务。《中华人民共和国电子商务法》明确规定了电子商务经营者从事经营活动，应当遵循自愿、平等、公平、诚信的原则。从该原则在《中华人民共和国民法总则》中作为一般原则的法律地位看，不仅电子商务经营者，而且其他电子商务参与者，如消费者、相关服务提供者等均应当遵守上述原则。

（二）线上线下平等原则

线上线下平等原则是指，不论是线上的电子商务活动还是线下的一般商务活动，都应当严格遵守民商事法律法规和相关交易规则，并且要开展公平竞争，共同促进市场的健康发展。无论是电子商务活动还是一般的线下商务经营活动，虽然存在着具体经营方式等方面的较大差异，但二者均属于市场基本经营活动的范畴，在对营利的追求上无任何实质差别。因此，交易者应当遵守市场经营的一般规范，遵守民商事法律法规和相关交易规则。

线上电子商务和线下一般商务不应该是相互排斥的关系，而是应该形成相互依存、相互促进的关系，因为二者同时推动着市场的顺利运行与发展，二者的合力是实现市场长久发展的关键。因此应当对二者平等保护，若给予一方税收、劳动、行政许可上的歧视或优待，使得其中一方获得竞争上的劣势或优势，会导致实体经济与电子商务经济发展的不均衡甚至畸形，不利于整个市场持续稳定运行与发展。因此，国家应该为电子商务活动与线下一般商业经营活动的公平竞争创造环境和条件，提供坚实的制度保障。据浙江省商务厅网站2017年10月16日的消息，在电子商务快速发展的背景下，其积极推动传统企业运用互联网技术的高效转型。

我国《电子商务法》明确规定，国家应该平等对待线上商务活动和线下商务活动，积极促进线上线下的有机融合发展，各级人民政府和有关部门均不可以对线上或线下商务活动采取歧视性的政策措施，不得滥用行政权力排除、限制市场竞争。我国《电子商务法》内容主要包括：国家应当在法律和具体政策上保障线上线下主体地位平等，平等参与市场竞争，公平进行商事活动；国家在法律和政策上支持建立适应融合发展的标准规范、竞争规则，促进线上线下商务活动优势互补，促进线上线下商务活动共同发展；平等对待线上线下活动，不得采取歧视性政策；禁止各级政府和各有关部门滥用行政权力破坏市场竞争机制。

（三）效率与安全保障原则

效率与安全保障原则主要是针对法律法规，也就是必须保证用来调整和规范电子商务活动的法律、行政法规与其他规范性法律文件，可以在实践中充分发挥作用，以此保障电子商务的效率与安全。作为传统民商法的特别法，电子商务法的商法属性更加突出，商法的基本价值之一便是追求效率，故电子商务法应坚持效率这一基本原则。电子商务交易尤其是完全电子商务交易的全过程均在网上进行，快速迅捷，电子商务交易对效率的要求更为迫切，也是电子商务与传统经营竞争所具有的优势。为发挥和保证这种电子商务的竞争优势，激发电子商务的市场活力，电子商务法应该以提高效率作为制度设计的出发点与落脚点。

高效率是电子商务的一个重要特征，但是搭载于网络平台的电子商务实行虚拟化的交易方式，这无疑在一定程度上增加了交易风险，这就要求必须有相应的技术和法律为交易安全提供重要保障。为维护消费者与经营者等主体对电子商务的信心与信赖，让电子商务获得更加持久稳定的发展，注重效率的同时应当坚持保障安全的基本原则。

第三节　国外电子商务立法概貌

一、国际组织的电子商务立法

（一）联合国的电子商务立法

1.《电子商务示范法》

1996年6月，联合国国际贸易法委员会正式通过《电子商务示范法》。这是世界上第一部专门对电子商务进行统一规范的法律，该法的颁布是为了向各国提供一套国际公认的电子商务法律范本，以供各国制定本国电子商务法律法规时参考，促进使用电子数据、电子签名、电子邮件、传真等现代信息技术和手段。

《电子商务示范法》对电子商务形式及其法律承认，书面形式、签名、原件的要求、数据电文的可接受性和证据力、数据电文的留存、电子合同的订立和效力、当事人对数据电文的承认、数据电文的归属、确认收讫、发出与收到时间、当事人协议优先适用等重要问题等，均有明确的规定。

从实践上看，《电子商务示范法》通过为各国或地区电子商务的立法提供了一套国际规则，在很大程度上推动了世界电子商务立法协调发展。

2.《电子签名示范法》

2000年9月，联合国国际贸易法委员会正式通过了《电子签名示范法》，该法于2001年3月审定。自1996年联合国颁布《电子商务示范法》后，《电子签名示范法》是其在国际电子商务立法上的又一重要成果。《电子签名示范法》为各国和地区制定电子签名法提供了范本。

《电子签名示范法》是《电子商务示范法》的具体化和发展，《电子签名示范法》在《电子商务示范法》第7条关于电子签名规定的基础上，对电子签名相关的内容做了明确的规定。例如，对电子签名的定义、电子签名的要求、签名人和认证服务提供者及签名信赖方的行为和义务等，制定了相应的规范。《电子商务示范法》具有"基本法"性质，而《电子签名示范法》具有"实体法"性质，其内容更加具体且具有可操作性。

从实践上看，《电子签名示范法》通过为各国和地区制定电子签名法提供范本，有效推动了世界各国和地区电子签名立法和其他实体法的立法工作。

（二）欧盟的电子商务立法

欧盟十分重视电子商务的立法，其立法结构层次多，具体来说是由欧盟一体化立法、成员国分别立法、综合整体立法和个别专项立法多个层次组成的。

20世纪90年代末，电子商务开始在欧洲迅猛发展。在这个时期，欧盟面临着经济发展速度放缓、失业率持续升高等发展问题，欧盟国家此时与经济发展迅猛的美国相比较，发现信息时代里电子商务的发展会有助于促进社会经济发展以及提供更多工作岗位，以解决失业率居高不下问题。因此，欧盟自1997年至今通过并颁布了一系列法律文件，力求为电子商务营造一个良好的法律环境。

1.《欧盟电子行动方案》

1997年4月15日，欧盟欧洲委员会提出了《欧盟电子行动方案》。在该方案中，欧盟明确指出应该建立一个安全可靠的电子商务法律安全体系，从而有效推动电子商务在欧盟国家的发展，通过这种方式可以减少地区间贸易壁垒，促进网络创新变革，加强消费者利益保障。

2.《发展电子商务法律架构指令》

1998年11月18日，欧盟发布了《发展电子商务法律架构指令》。该指令的颁布主要是为了对使用网络提供服务的职业者进行规范，指令中的规范的主体主要包括在线金融、娱乐服务、在线广告、在线直销等其他使用网络提供服务的职业者。通过颁布该指令，可以有效消除欧盟境内对电子商务发展造成的限制和障碍，是促进电子商务发展的一个重要法律文件。

3.《电子签名指令》和《电子商务指令》

1999年12月13日欧洲议会通过了《关于建立有关电子签名共同法律框架的指令》（以下简称《电子签名指令》）；2000年6月8日欧洲议会通过了《2000年6月8日欧洲议会及欧盟理事会关于共同体内部市场的信息社会服务，尤其是电子商务的若干法律方面的第2000/31/EC号指令》（以下简称《电子商务指令》）。《电子签名指令》和《电子商务指令》构成了欧盟电子商务立法的核心，后者对电子交易、电商服务提供者的责任归属等问题进行了更为全面的规制。在《电子商务指令》通过后的18个月内，欧盟成员国相继将其纳入本国法律。

欧盟在《电子商务指令》中将电子商务定义为一种信息社会服务。由此可以看出，欧盟仅将通过信息网络提供的各类商业交易活动称为电子商务，而除此以外的物流运输、产品责任等线下服务并不包含在内。该指令在第一章"一般性条款"指出：（1）本指令试图通过确保成员国之间信息社会服务的自由流动，来促成内部市场的正常运行。（2）在实现本条第（1）款所设定的目标所需的程度上，本指令协调和统一成员国有关信息社会服务的国内法规，包括内部市场、服务提供者的创建、商业通讯、电子合同、中间服务提供者的责任、行为准则、庭外纠纷解决机制、法院诉讼以及成员国间的合作方面的相关规定。（3）本指令补充现有的适用于信息社会服务的共同体法律，但不损害共同体法律以及根据共同体法律制定的国内立法已确立的保护水平，特别是在公共卫生和消费者利益领域的保护水平，只要提供信息社会服务的自由未受到限制。（4）本指令既不增添额外的国际私法方面的规定，也不涉及司法管辖问题。

4.《通用数据保护规则》

2016年4月15日，欧洲议会宣布投票支持《通用数据保护规则》（General Data Protection Regulation，GDPR），该保护规则于2018年5月25日正式开始实施。按照该数据保护法的规定，所有在欧盟境内有营业场所的公司都需要遵守该法案的规定，即使总部不在欧盟范围内也是如此。具体来说，GDPR规定公司必须获得用户清晰明确的同意才能处理他们的个人数据，必须以"清晰直白的"语言陈述数据的用途，且必须为需要大量使用个人数据的业务配备数据保护专员来进行监督，对于违反数据保护规则的行为需在72小时内予以公开揭露。此外，任何违反该规则的公司或组织将面临最高1 000万欧元或企业上一财年全球营业总额2%的罚款，并以较高者进行认定。该"重罚"规则被认为是GDPR的杀手锏，罚款的数额在地域上是全球范围内而非欧盟境内，在基数上是全球营业额而非净利润。其以较高者认定的规定意味着违反GDPR规则的公司将面临最低1 000万欧元的处罚。可以预见，这一规则的确立和正式实施，将在相当大程度上保护消费者的个人信息和隐私。

此外，新数据保护法为了保障数据安全，欧盟还赋予公民对个人数据更大程度的保护和控制权，也就是给予欧盟公民"被遗忘权"，该创设性规定是新数据保护法的一大亮点，这项权利规定除数据被用于历史、统计和科研目的及公共健康和个人自由表达权之外，个人可以要求搜索引擎或电子商务平台移除"不相关"或"过期"的个人信息数据。"被遗忘权"还赋予儿童特殊的保护权，规定社交网络在允许儿童注册账户之前须经得其父母的同意，且欧盟各成员国可依据自己国家的实际情况设置不同的年龄门槛。

二、其他国家的电子商务立法

（一）美国的电子商务立法

1.《电子签名法》

1995年，美国犹他州颁布了《电子签名法》。美国犹他州是世界范围内最早颁布关于电子签名法律的地区。犹他州的《电子签名法》以"技术特定化"为基础，即规定采用某种电子技术的电子签名才能具有法律效力。

2.《全球电子商务纲要》

1997年7月1日，美国颁布了《全球电子商务纲要》。该纲要是表明美国的电子商务立场的法律文件，这也是世界范围内第一份官方正式发表的关于电子商务立场的文件。纲要中提出了关于电子商务发展的一系列原则，系统阐述了一系列政策。其目的是在电子商务的国际讨论与签订国际协议中建立框架，美国政府积极地通过WTO、OECD、APEC等国际组织，实践纲要中提出的原则和政策。美国政府的《全球电子商务纲要》目前已成为主导全球电子商务发展的宪章性文件。

3.《互联网免税法案》

自1997年美国发布《全球电子商务纲要》之后，美国围绕该纲要先后通过了《互联网免税法案》《政府文书作业简化法案》《数字千禧年著作权法案》《1998年儿童网上隐私权保护法案》4个法案。

1998年5月14日,美国参议院商业委员会通过了《互联网免税法案》。该法案明确规定,在未来6年内,对在互联网上从事各种电子商务的企业和各种互联网接入提供商、互联网服务提供商和互联网信息提供商,禁止联邦政府和各州政府征税,并且取消现行的不合理税收。

4.《美国统一电子交易法案(修订稿)》

1999年8月,美国统一州法全国委员会颁布了《美国统一电子交易法案(修订稿)》,并建议美国各州在其各自立法中采纳这一法案。颁布该法案的目的在于为美国各州建立一个统一的电子商务交易规范体系,从操作规程上保障电子商务的顺利开展。2000年9月29日,美国统一州法委员会颁布了《统一计算机信息交易法》。

5.《国际与国内商务电子签名法》

1999年10月13日,美国众议院法制委员会通过了《国际与国内商务电子签名法(草案)》,2000年6月30日美国政府正式签署并通过该草案,该法案为在美国实施的统一的电子签名法案。因为美国在颁布《国际与国内商务电子签名法(草案)》之前,各州关于电子签名的法律不同,所以在依据《美国统一电子交易法案(修订稿)》所规范的标准制定州级电子签名法案之前,要求各州必须遵守此法案的电子签名规则,不得另行制定法规。《国际与国内商务电子签名法》遵循"技术中立"的原则,认定只要符合标准的电子签名即具有法律效力。

(二)英国的电子商务立法

英国也属于电子商务起步较早的国家。为了规范市场运行,英国于2000年制定了《电子通信法案》,对密码服务提供商、电子商务的促进与数据储存、电信执照、法律修改、主管机关等规定具体规范。此后,在2002年推行了《电子商务(欧盟指令)条例》和《电子签名(欧盟指令)条例》,使英国的电子商务和电子签名由2002年《电子通信法》过渡到欧盟指令。

(三)法国的电子商务立法

法国在电子商务方面具有比较系统的法律体系结构。1997年8月,法国制定了《信息与通讯服务法》,该法案详细规定了电子商务的活动,具体包括《通讯服务使用法》《通讯服务中个人信息的保护法》《电子签名法》《刑法典修正案》《行政违法修正案》《禁止对未成年人传播不道德出版物修正案》《版权法修正案》《价格标示法修正案》等。

(四)意大利的电子商务立法

1997年意大利制定了《电子签名法》。1998年、1999年颁布了总统令,制定了《电子签名技术规则》。意大利的《电子签名法》,原则上承认了电子文件的法律效力,总统令将其具体化,其中规定电子签名与手书签名具有相同效力,并对认证机构的要求做了具体规定。电子签名技术规则具体规定了电子签名所使用的数字算法,是一部技术性规范。

(五)俄罗斯的电子商务立法

早在1995年1月,俄罗斯就颁布了《俄罗斯联邦信息法》,即使是在世界范围内,这也是一部很早的关于电子商务的法律。这部法案调整所有电子信息的生成、存储、处理与访问活动，规定电子签名的认证权必须经过许可。联邦市场安全委员会于1997年发布了《信息存储标准暂行要求》，具体规定了交易的安全标准。2002年1月颁布了《电子电子签名法》，该法规定加密技术为生成电子签名的唯一方法，排除了其他技术。

（六）日本的电子商务立法

日本电子商务起步并不早，但是为了保证行业的健康发展，日本政府始终致力于为电子商务创造良好的社会环境和法律环境，推进电子商务立法就是一个关键步骤。日本电子商务立法由一套纲领性基本法和其他法律法令组成。具体来说，纲领性基本法是《高度信息通讯网络社会形成基本法（IT基本法）》，其他法律法令如保护网络隐私权的《个人信息保护法》，规定合同冷却期的《特别商业交易法》，特别规制互联网电子商事交易的《消费者合同法》，确定电子合同、电子签名效力的《电子签名和认证服务法》。同时又对涉及电子商务的其他法令参照《全球电子商务框架》《欧盟电子商务倡议》等国际立法文件进行了全面修改，如为了电子合同效力问题特别修改了《商法》，对电子认证可能出现的问题修改了《公证人法》，为避免电子商务中可能出现的不良竞争问题修改了《反不正当竞争法》。

1.《高度信息通讯网络社会形成基本法（IT基本法）》

2000年，基于信息化社会的高速发展，日本制定了《高度信息通讯网络社会形成基本法（IT基本法）》。该基本法的主要内容为四章，第一章是总则，第二章规定政策方针，第三章是机构的设置，第四章详细写了重点计划的主要内容。该法指出电子商务是日本推动信息化社会建设、复苏日本经济、实现知识文化产业资源共享、促进社会进步的关键政策。

2.《数字化日本之发端——行动纲领》

2000年6月，日本颁布了《数字化日本之发端——行动纲领》，该行动纲领归纳总结了三方面的电子商务法律问题，并规定了相应场景的做法。首先，关于跨国交易的安全性问题。跨境交易可以使消费者更自由和多元地获得商品服务和信息服务，但跨境交易的缺点也同样明显，如双方或者多方在交易中的语言障碍、发生纠纷时的跨境管辖问题、支付手段和物流手段的问题等均需要解决。其次，电子签名的法律效力在这部纲领性文件中得以确立。2000年颁布《电子签名和认证服务法》，该纲领通过对其法律地位的确立和管理办法的确认，使得消费者的权益得到进一步保障。最后，对电子商务主体的法律责任进行进一步确认，对经营者责任进行了精细划分和明确。只要经营者在交易中提供的服务是秉持着诚信原则的，就不必承担全部责任。

此外，为了更好地处理电子商务中大量存在的小额交易，日本政府还专门制定了消费者的非诉讼纠纷处理制度（alternative dispute resolution，ADR），从而有效保护消费者权益不被侵犯，让消费者在维权方面没有后顾之忧。

第四节　我国电子商务立法的探索

一、我国电子商务立法现状

（一）我国电子商务立法的背景

1. 我国电子商务的发展历程

1）萌芽期（1997—1999 年）

在此期间我国的信息网络建设水平较低，进行线上网购的人比较少，大众基本上并不理解和了解电子商务，国内电商网站大部分处于初期探索阶段。在此期间，电子商务主要以协助中小企业进行 B2B 外贸交易为主，C 端需求尚未形成，中国化工网站、8848、阿里巴巴、易趣网相继成立。

2）基础建设期（2000—2007 年）

随着网络技术在全球范围内的风靡，我国国内也受到一定影响。受互联网泡沫等因素影响，行业格局重新洗牌，超过三分之一网站销声匿迹。在此期间，慧聪网、卓越网、中国电子商务协会相继成立，eBay 易趣合并。此后，由于国内经历非典，为了避免出现在人群过于密集的超市等地方，很多人开始尝试选择网上购物这一新鲜购物方式，C2C 模式发展迅速。阿里巴巴成立淘宝并推出阿里旺旺和支付宝，腾讯推出拍拍网，加上 eBay 易趣，C2C 模式三足鼎立格局形成。2004 年京东开展电商自营。在此期间国内网民仍然不多，用户消费顾虑大，物流等配送设施不够健全，同时假货盛行，消费者品牌意识薄弱。在电子商务不断发展的背景下，国家给予了一定政策方面的支持与帮助，诚信瓶颈得到基本解决，物流支付等基础设施进一步完善。网购电子产品比重迅速增加，京东发力形成市场影响力，大力发展自营物流。

3）快速发展期（2009—2015 年）

自 2008 年开始，我国开启了电子商务新发展的进程，具有显著中国特色的网络交易方式逐渐形成，电子商务的市场竞争也更加激强。2009 年 3G 网络正式商用，网购用户破亿。B2C 平台天猫上线，淘品牌形成气候；服装、鞋包、家居等非标类目消费占比上升。特卖电商唯品会上线；当当网实现盈利；"双十一"大促开启；中粮我买，苏宁开始进入电商领域；京东从电子产品发展至全品类。

线上电商的迅猛发展对很多传统产业造成冲击，为了生存和发展，大量传统企业和资金流入电商市场，线下企业布局电子商务，网民数量和物流快递行业呈爆发式增长，电商迈入移动化发展。阿里巴巴推出手机淘宝和聚划算，建立淘宝物流；支付宝获得牌照；唯品会、当当网在美国上市；电商监管首度立法。

科学发展和技术进步是人类社会发展的持续话题，网络信息技术的发展也实现了不断突破。随着移动互联网的发展和智能手机的普及，移动电商进入风口期。2014 年阿里上市，国内电商开启上市潮。2015 年移动交易规模占比超过 PC 端。阿里推出菜鸟物流，上线天猫国际；亚马逊推出"直邮中国"业务；唯品国际、网易考拉、京东海外购等跨境电商品牌相继面世。

4）电商成熟发展时期（2016年至今）

随着电商发展，电商平台流量格局基本上成为定局，线上红利逐渐消失，垂直细分领域继续深耕，各电商企业开始寻找进一步发展的新窗口。2016年移动购物市场增速首次低于100%，电商月活跃用户数量（monthly active user，MAU）增量遭遇瓶颈。2016年底阿里推出新零售概念，带领电商向线下进军。目前，行业巨头已经产生，运营模式相对成形。各家电商企业除了继续不断扩充品类，优化物流及售后服务外，也在积极拓展跨境网购，发展农村电商以及母婴、医疗、家装、本地生活服务等垂直电商。长尾（或译长尾效应，是指销量小、差异化明显且种类多的产品或服务由于其总量巨大，累积起来的总收益超过主流产品的现象。在互联网领域，由于细分市场而产生的长尾效应尤为显著）企业数量众多，细分市场竞争激烈。

2. 我国电子商务的发展现状

截至2018年12月，我国网民规模为8.29亿人，全年新增网民5 653万人，互联网普及率达59.6%，较2017年底提升3.8个百分点，如图1-1所示。截至2018年12月，我国手机网民规模达8.17亿人，全年新增手机网民6 433万人；网民中使用手机上网的比例由2017年年底的97.5%提升至2018年年底的98.6%，如图1-2所示。

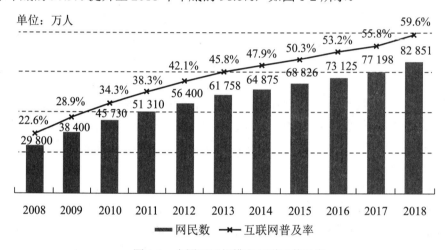

图1-1 中国网民规模和互联网普及率

资料来源：第43次《中国互联网络发展状况统计报告》[EB/OL].http：//www.cnnic.net.cn/hlwfzyj/hlwxzbg/hlwtjbg/201902/P020190318523029756345.pdf.

2018年，我国电子商务产业发展水平进一步提高，应用领域逐渐深化，配套支撑不断完善，电子商务总体发展水平走在世界前列。从产业规模来看，电子商务交易额快速增长，网络零售额连续六年稳居世界第一。2013年至2017年间，我国电子商务交易额从10.40万亿增长到29.16万亿，年均复合增长率为29.4%，2018年仍然保持快速增长趋势。2017年我国B2B平台服务营业收入规模为630亿元，同比增长18.9%。2018年全国网上零售额90 065亿元，同比增长23.9%。其中，实物商品网上零售额70 198亿元，增长25.4%，占社会消费品零售总额的比重为18.4%，比2017年提高3.4个百分点。2018年，电子商务平台收入3 667亿元，同比增长13.1%，电子商务平台收入仍然保持快速增长。其中，第四季度平台收入最高，为1 147亿元。

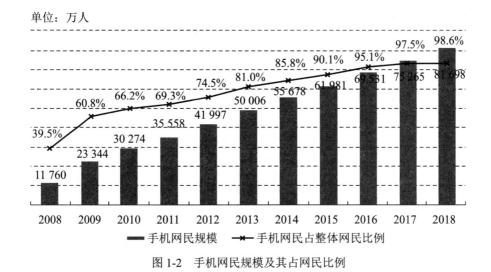

图 1-2　手机网民规模及其占网民比例

（二）我国电子商务立法的过程

1. 立法启动

随着社会信息化的发展，电子商务立法被提上日程。根据第十二届全国人民代表大会常务委员会的立法规划，电子商务法被列入第二类立法项目。这意味着对于该阶段而言，电子商务立法是在条件成熟时提请全国人民代表大会常务委员会审议的法律草案。2013年12月27日，全国人民代表大会财政经济委员会在人民大会堂召开电子商务法起草组成立暨第一次全体会议，标志着电子商务法立法工作正式启动。

2. 立法审议

立法是一项十分复杂的系统工程，电子商务立法必须经过多次审议和修改才能正式颁布实施。2016年12月19日上午，第十二届全国人民代表大会常务委员会第二十五次会议在京召开，首次审议《中华人民共和国电子商务法（草案）》，这是我国电子商务立法的首次审议。2016年12月25日，第十二届全国人民代表大会常务委员会第二十五次会议分组审议了《中华人民共和国电子商务法（草案）》。

2017年10月31日，第十二届全国人民代表大会常务委员会第三十次会议对《电子商务法（草案）》进行了再次审议，这是对我国电子商务立法的第二次审议。

2018年6月19日，第十三届全国人民代表大会常务委员会第三次会议分组审议了《电子商务法（草案）》三审稿，这是对我国电子商务立法的第三次审议。本次审议中，面对我国快速发展的电子商务领域，不少委员指出了尽快推进电商法出台的必要性和紧迫性。

2018年8月28日，第十三届全国人民代表大会常务委员会第五次会议就《电子商务法（草案）》四审稿进行了分组审议，这是我国电子商务立法的第四次审议。本次会议的总体意见认为《电子商务法（草案）》已经较为成熟。

3. 审议通过

2018年8月31日，第十三届全国人民代表大会常务委员会第五次会议，会上审议通过了《中华人民共和国电子商务法（草案五次审议稿）》。至此，我国正式颁布了《中华人民共和国电子商务法》，并于2019年1月1日起正式施行。

二、我国电子商务立法的目的

（一）我国电子商务立法的初衷

我国《电子商务法》第一条明确规定："为了保障电子商务各方主体的合法权益，规范电子商务行为，维护市场秩序，促进电子商务持续健康发展，制定本法。"通过该规定可以看出，我国推行电子商务立法最根本的目的就是促进电子商务的健康发展，并且保证正确处理电子商务发展过程中遇到的各种法律问题，从而保障各参与方的合法权益。随着电子商务的发展，交易模式不断创新，由此而来的必然是利益关系的变化与冲突。牵涉其中的两方利益主体为电子商务经营者与消费者。如何平衡两方利益是立法者考量的重中之重。

第三方平台对于电子商务立法的呼声很高，电子商务立法涉及众多主体，包括电商经营者、第三方平台、电商消费者，国家立法要站在中立、公允的位置上一同对待，均衡划分三者的地位、权益、责任和义务，避免把"电子商务法"变成"电子商务平台法"。

（二）平衡电子商务相关权益与利益

随着社会发展，现行的《消费者权益保护法》已经不能完全满足网络消费者在自身权益保障方面的需求，但是其消费者保护的精神与原则仍然发挥着重要作用，我国《电子商务法》需要继承并进一步细化这种精神和原则。从大体上可以将我国《电子商务法》涉及的主体划分为两类，即消费者和电子商务经营主体，这两类主体的权益都需要保护与限制，我国《电子商务法》力图均衡保护双方权益。

推进电子商务立法，保障消费者的合法权益，应该同时从人权、秩序、效益三个方面入手。从电子商务实践中可以看出，很多时候消费者在教育中处于相对弱势的地位，这时就应该适当增加经营者的义务，赋予消费者特殊的权益，谋求与经营者在实际上的平等，以维护正常的交易秩序。从权益保护角度出发，消费者的弱势地位来源于市场经济本身，如果不对消费者进行特别保护，就会让人权价值落空。从纠纷解决角度出发，设置合理的纠纷解决机制，降低消费者维权的诉讼成本，能更好地实现消费者保护的效益价值。从社会交易安全角度出发，良好的制度设计与合理的弱者保护机制能使交易更加有序地进行。综上所述，保护消费者权益应当作为电子商务法立法的基本宗旨与原则，但保护消费者权益并不意味着完全限制电子商务经营主体的权利与加重其职责。电子商务作为新生事物，需要给予一定的空间来促使其蓬勃发展。

我国《电子商务法》中有很多关于电子商务经营主体的规定，可以将电子商务经营主体进一步细分为"电子商务经营者"与"电子商务第三方平台"，从而更具针对性地规定它们各自的权责，这种划分方式具有重要意义。与传统的商业交易模式不同，第三方交易平台是电子商务的独有特征，在实践中形成了更为复杂的交易关系，它既是交易的关键，也是市场的主导。我国《电子商务法》也针对第三方平台的权责作出规定，针对本法中的规定，有呼声认为责任规定较轻，认为立法机关让步于较大的电商平台，如对消费者评价权的规定弹性过大，缺乏对微商等新型电商模式的规范，预付款依旧存在立法空白等。也有呼声认为责任过重，容易阻碍电子商务的发展。

消费者和电子商务经营主体的合法权益均受法律保护，在发生冲突时，需要通过公平正义的利益平衡原则处理二者的权责关系，解决二者的冲突。所谓利益平衡就是价值判断，希望通过法律来协调各种冲突因素，使各方利益在共存的基础上达到最优化状态。电子商务作为新生事物，其发展与壮大需要时间与空间，但这种权利的赋予不是无限制的，需要在消费者保护的框架中进行调整与制约。

三、我国电子商务立法的框架

（一）以电子商务主体为基础构建的立法框架

我国推进电子商务立法，首先需要明确立法框架，电商平台、站内商户与消费者作为电子商务法律关系的三个基本主体，可以构成电子商务立法的基本框架。我国《电子商务法》中规定的各种法律问题，主要是围绕三者关系，在现行法律的框架下探寻三者间利益的平衡。通过梳理三者关系，梳理现行法中的相关问题，可以围绕三者提出一个电子商务立法的基本理论框架。当前，现行法律对于电商平台和消费者之间的不平衡关系多有校正，因而对消费者权益以及与之相关的个人信息的法律保护日益重视，但是对于电商平台和站内商户之间的不平衡关系，则关注不够，相关的制度设计有待完善。

（二）以"纵向"和"横向"法律关系为基础构建的立法框架

以"纵向"和"横向"的两类法律关系也可以搭建电子商务立法的基本框架。例如，从"纵向"法律关系出发，电子商务立法包括参与主体之间的不平等的法律关系。具体来说，以"纵向"和"横向"法律关系为基础搭建立法框架，涉及市场准入、税收征缴、发票开具、反垄断和反不正当竞争法等几个主要领域，以及与电子商务有关的国际标准、国家标准和行业标准，包括针对电商平台本身的直接监管等问题，涉及主体众多，需要平衡的利益关系很复杂。

（三）以"线下"与"线上"模式为基础构建的立法框架

"线下"与"线上"是相对概念，从某种角度来说，线上电子商务与线下传统商务是两种相对的商业模式，因此，可以将基于电子商务的法律与基于传统商业法律视为相对的法律体系。基于和针对传统商业模式的法律规则，规范的也是传统的线下的各类行为，因此可以称之为"线下规则"；而基于和针对电子商务模式的法律规则，可以称之为"线上规则"。有关电子商务的许多实践分歧和理论争议，都是基于线下和线上两类规则的比较和平衡。我们可以将这一对"理想类型"作为依据，将现实的规则类型划分为如下三类。

1. 同时适用于线下和线上的法律规则

确切地说，这类规则遇到的核心问题，是原本适用于线下的法律规则可否适用于线上。这又分为两种情况。一种情况是线下规则直接适用于线上。比如知识产权、消费者权益等领域的法律规则，大多可以同时适用于线下和线上。但是，还有一些原本适用于线下的法律法规是否应当适用于线上，对此始终存在很大争议，如工商登记、税收征缴。不论何种情况，都有必要了解相应的规则内容。在研究这类规则时，首先要了解法律本身的自有体系，再进一步聚焦于特别针对电子商务的那些规则，或者那些在适用于线上时会产生有别于线下的法律效果的具体规定。这些立法通常级别很高，大部分都有本领域的法律和司法解释。

2. 只适用于线上而不适用于线下的法律规则

这类法律规则通常是直接针对电子商务或者与此有关的网络问题的规则。这类规则在我国《电子商务法》中占有很大比重,层级多、数量大是这类法律规则的主要特征,因而对于这类法律规则不能一把抓,而是需要围绕专门具体的法律问题进行具有针对性地分析和研究,这类法律规则在搭建电子商务立法框架中起到重要的支撑作用。

3. 只适用于线下而不适用于线上的法律规则

电子商务运行过程中不仅涉及线上问题同时也涉及线下问题,这就导致电子商务立法也会涉及一些只适用于线下而不适用于线上的法律规则,但是这类规则不是电子商务立法的重点内容,因此在这里不进行详细说明。但在某些特殊情形下,这类法律规则也发挥着重要作用,比如关于电子商务的反垄断问题,这类法律规则的作用就得以充分发挥。

需要注意的是,虽然可以将"线下"与"线上"模式作为依据来搭建电子商务立法的基本框架,但是从电子商务的角度来看,以上三类法律规则的本质区别并不仅仅是"线上"与"线下",而是源自不同商业模式本身的特征。

本章小结

电子商务依托互联网技术的不断发展,对传统民商事法律体系带来了冲击和挑战,由此催生了电子商务法的成熟与发展,电子商务法反过来又为电子商务的发展提供了根本性的路径依赖,从而实现了二者的共赢。近年来,我国电子商务产业发展迅猛,并成为增长最快的领域。加快电子商务立法,鼓励、支持和促进电子商务发展和创新,是社会各界的共同呼声和意愿。制定电子商务法的主要目的在于消除电子商务产业发展中遇到的障碍,促进产业发展,维护产业发展秩序,保护各方主体的合法权益。为了实现上述立法目的,电子商务立法应采取综合法典的立法模式,并应本着解决电商产业发展主要矛盾的态度确定法律的调整范围。通过本章的学习,应了解电子商务法的基本概念、国际组织和世界各国电子商务立法的状况,尤其是借鉴学习发达国家的相关立法经验。通过学习我国电子商务不同领域的各层次立法和规定,加深对我国电子商务法律体系的理解。

复习思考题

1. 简述电子商务法的性质及其与传统商法的关系。
2. 简述电子商务法的调整对象和调整范围。
3. 简述电子商务法的特征和基本原则。
4. 简述我国电子商务近年来能够快速发展的原因。
5. 简述国外电子商务立法的发展对我国电子商务立法的启示,并分析我国电子商务立法的未来发展。

在线测试题

扫描书背面的二维码,获取答题权限。

第二章
电子商务主体及其认定

知识图谱

- 第二章 电子商务主体及其认定
  - 电子商务主体概述
    - 电子商务主体的概念
      - 电子商务主体的界定
      - 电子商务主体与传统民事主体、商事主体的关系
    - 电子商务主体的分类
      - 电子商务经营者的概念和特点
      - 电子商务平台经营者
      - 平台内经营者
      - 通过自建网站或者其他网络服务的电子商务经营者
  - 电子商务主体的登记与公示
    - 电子商务主体的登记
      - 办理工商登记的意义
      - 市场主体登记对不同种类电子商务经营者的豁免
    - 电子商务主体的信息公示
      - 电子商务主体的主动信息公示
      - 工商行政管理部门等监管部门的信息公示
  - 电子商务主体的市场准入与退出
    - 电子商务主体的市场准入
      - 一般条件
      - 特殊条件
    - 电子商务主体的市场退出
      - 电子商务经营主体的主动退出
      - 电子商务经营主体的强制退出
      - 电子商务经营主体市场退出的特殊情形
  - 电子商务主体的一般性义务
    - 依法纳税义务
    - 消费者人身、财产安全保障和环境保护义务
    - 主体信息公示义务
    - 交易信息的妥善保存义务
    - 消费者个人信息保护义务

本章小结

导入案例

2016年8月23日,刘某在南京苏宁易购电子商务有限公司(以下称苏宁易购公司)购买了25盒沃格尔咖啡生活系列浆果麦片,单价49元,合计1 225元,优惠5元,实际支付价为1 220元。该麦片外包装标的配料中写明含有亚麻籽,进口商为南京纽昇贸易有限公司,供货商为南京鑫柴渔贸易有限公司。由于亚麻籽不属于可以添加到普通食品中的中药材,刘洋遂以涉案麦片添加亚麻籽违反了《食品安全法》的上述规定,系不符合我国食品安全标准的食品,而起诉要求苏宁易购公司退货退款并承担十倍价款的惩罚性赔偿责任。法院经审理认为,食品经营者承担十倍价款的惩罚性赔偿构成要件为两个:一是销售不符合食品安全标准的食品;二是明知是不符合安全标准的食品还销售。苏宁易购公司作

为经营者依法查验了涉案麦片的入境货物检验检疫证明、进口货物报送单、供货商南京鑫柴渔贸易有限公司的营业执照、组织机构代码证、税务登记证、食品流通许可证审批文件及资质材料，已经履行了经营者法定的审核义务。国家出入境检验检疫局对进出口食品安全负有监督管理的职责。在浦东出入境检验检疫机构作为监督管理的有权机关对涉案进口麦片已经作出"检验合格准予进口"的行政许可情况下，苏宁易购公司基于对行政机关的检验检疫证明的信赖，购买并销售涉案进口麦片，不能认定苏宁易购公司主观上具有"明知"的主观过错，不应承担十倍价款的惩罚性赔偿责任。故判决苏宁易购公司返还刘某货款1 220元，刘某同时退还25盒沃格尔咖啡生活系列浆果麦片给苏宁易购公司，同时驳回了刘某主张的十倍惩罚性赔偿金的诉讼请求。

资料来源："北大法宝"中国法律信息总库.江苏高院发布消费者权益保护典型案例之八：刘某与南京苏宁易购电子商务有限公司买卖合同纠纷案[EB/OL] https://www.pkulaw.com/pfnl/a25051f3312b07f3718370a0e80628b40db95159c8ad6131bdfb.html，2020-10-22.

第一节　电子商务主体概述

一、电子商务主体的概念

（一）电子商务主体的界定

对于电子商务主体的界定，有广义和狭义上的区别。

从广义上来看，电子商务主体包含电子商务法律关系的所有的参加者，即一切在电子商务法律关系中享有权利和承担义务的个人或组织。如有学者认为："电子商务主体指电子商务法律关系的参加者，在电子商务法律关系中享有权利和承担义务的个人或者组织。"由此可见，广义的电子商务主体将消费者、政府采购人等非商事主体纳入其范畴。如果采用广义定义，则电子商务经营者属于电子商务主体的一个类别。

从狭义上来看，电子商务主体则仅指电子商务中的商事主体，即电子商务经营者，二者为同一概念。中国工商行政管理学会课题组研究成果《电子商务主体及准入监管研究》一文中就采用了狭义的概念："狭义的电子商务主体，仅指电子商务企业。"本书讨论的电子商务主体是就狭义概念而言的。

笔者认为，在我国《电子商务法》颁布之后，对电子商务主体应采用狭义概念，电子商务经营者即为电子商务主体。理由有两个方面。

一是采用狭义的概念更符合我国《电子商务法》的立法体例。我国《电子商务法》只规定了电子商务经营者，并未对电子商务法律关系的其他参加者（政府采购人与消费者）予以规定，也没有对其设置准入与准出电子商务市场的门槛。由此可以得出，我国《电子商务法》将电子商务经营者与消费者、政府采购人等主体区别对待，只有前者属于电子商务市场的市场主体，后者则不属于电子商务市场的市场主体。

二是采用狭义的概念更符合我国《电子商务法》的立法目标。只要具备民事权利能力和民事行为能力的民事主体都可以以消费者的身份自由地参加电子商务交易活动，然而我国《电子商务法》对电子商务经营者设立了准入门槛、法律责任等一系列规定。因此，电子商务主体采用狭义的概念，可以将电子商务主体仅指向电子商务经营者，用以突出电子商务经营者在我国《电子商务法》中的地位，更加符合规范电子商务活动这一立法目标。

（二）电子商务主体与传统民事主体、商事主体的关系

我国《电子商务法》不是在传统的民事主体之外另造一个电子商务主体，电子商务主体与线下的民事主体具有完全的对应关系；而由于自然人这一特殊种类的电子商务经营者的存在，使得电子商务主体与线下的商事主体存在一定的差异，主要表现在以下两个方面。

1.电子商务主体和线下民事主体具有完全对应关系

不论经营者在电子商务市场中以何种身份出现，任何一个电子商务主体均与传统线下市场主体具有唯一的对应关系。对于法人和非法人组织而言，从事电子商务的法人或其他组织一定也是线下的组织，一定也是依照不同法律的要求而设立、取得营业资格的组织。因为不论经营者在电子商务市场中以何种身份出现，其均与传统线下经营者具有唯一的对应关系。线上经营的公司与线下经营的公司并非两个民事主体，而是一个民事主体。对于自然人而言，线上开设网店的自然人与线下没有经营活动的自然人也是同一民事主体，即该自然人本身。由此，电子商务经营者并非在民事主体之外另设电子商务主体，而是线下民事主体在电子商务环境下的另一种法律身份。最为明显的体现即为，电子商务主体在从事电子商务经营活动时，同样是以线下民事主体的名义享受权利和承担义务。

2.电子商务主体与线下商事主体有所不同

线下的商事主体，包括个人独资企业、合伙企业、公司等，需要具备法定条件并经一定的法律程序才能成为电子商务主体，但电子商务主体亦包括自然人，因此，电子商务主体并不一定是线下的商事主体。自然人从事电子商务活动并经过一定的法律程序，便可以成为电子商务主体，具有在线上进行经营活动的能力和资格，无须以注册为其他商事主体为前提。但线下的商事主体中，并无自然人这一种类。一般意义上，自然人没有经营资格和能力，只能以个体工商户的身份进行经营活动。

（三）电子商务经营者的概念和特点

根据我国《电子商务法》第九条规定，电子商务经营者是指通过互联网等信息网络从事销售商品或者提供服务的经营活动的自然人、法人和非法人组织，包括电子商务平台经营者、平台内经营者以及通过自建网站、其他网络服务销售商品或者提供服务的电子商务经营者。

由其概念可以看出，电子商务经营者主要有以下几个特点。

1.互联网等信息网络是电子商务经营者从事经营行为的媒介

和传统的线下经营者不同，电子商务经营者最为显著的特征是其从事经营行为的媒介是互联网等信息网络。电子商务经营者以数字或者网页等数字化方式表现出来，并通过信息网络从事经营行为。其中，互联网是电子商务经营者从事经营行为的主要媒介，其媒介还包括移动网络和其他信息网络等。

2.电子商务经营者的经营行为包括销售商品和提供服务

"商务"一词是指对一切和商业有关事务的总称。本条将电子商务活动的商务概念限

定于销售商品和提供服务，则与该两类行为无关的商业活动应当不属于本法所规范的电子商务活动。同时，根据我国《电子商务法》第2条规定，涉及金融类产品和服务、利用信息网络播放音视频节目、网络出版，以及互联网文化产品等内容方面的服务，不适用本法，亦不属于电子商务经营者提供的商品与服务的范畴。

3. 电子商务经营者包括自然人、法人和非法人组织

根据我国《民法总则》第2条规定，民事主体包括自然人、法人和非法人组织，电子商务经营者包括了民事主体所有的种类，本法并未对某一类别的民事主体成为电子商务经营者加以限制。除法律规定的特别情形外，包括自然人在内的所有民事主体，经过法定程序认可均可成为电子商务主体。

根据我国《民法总则》第57条规定，法人是具有民事权利能力和民事行为能力，依法独立享有民事权利和承担民事义务的组织。其中，法人分为营利性、非营利性法人和特别法人，营利性法人包括公司、其他企业法人等；非营利性法人包括事业单位、社会团体、基金会等。特别法人包括机关法人、农村集体经济组织法人、城镇农村的合作经济组织法人、基层群众性自治组织法人等。

而非法人组织是指不具有法人资格，但是能够依法以自己的名义从事民事活动的组织，包括个人独资企业、合伙企业、不具有法人资格的专业服务机构等。现实中，很多个人独资企业、合伙企业等非法人组织都在电子商务活动中起到非常重要的作用。

二、电子商务主体的分类

根据我国《电子商务法》第九条规定，电子商务经营者可以分为电子商务平台经营者、平台内经营者，以及通过自建网站、其他网络服务销售商品或者提供服务的电子商务经营者。

（一）电子商务平台经营者

根据我国《电子商务法》第九条规定，电子商务平台经营者是指在电子商务中为交易双方或者多方提供网络经营场所、交易撮合、信息发布等服务，供交易双方或者多方独立开展交易活动的法人或者非法人组织。

电子商务平台是一个为企业、其他组织或个人提供网上交易洽谈的平台。原国家工商行政管理总局审议通过、2014年3月15日起施行的《网络交易管理办法》称为"第三方交易平台"，并定义为"在网络商品交易活动中为交易双方或者多方提供网页空间、虚拟经营场所、交易规则、交易撮合、信息发布等服务，供交易双方或者多方独立开展交易活动的信息网络系统"。电子商务平台是建立在互联网上进行商务活动的虚拟网络空间和保障商务顺利运营的管理环境；同时，电子商务平台也是协调、整合信息流、货物流、资金流有序、关联、高效流动的重要场所。企业、商家可充分利用电子商务平台提供的网络基础设施、支付平台、安全平台、管理平台等共享资源有效地、低成本地开展商业活动。按照我国《电子商务法》的规定，电子商务平台只能由符合条件的法人、非法人组织开办经营，自然人不得开办经营。

电子商务平台经营者具有服务提供者和管理者的双重职能，其既要为入驻平台的平台内电子商务经营者提供交易平台服务，又要制定平台内部的管理规范。平台内部的管理规范包括对平台内经营商的身份及与经营有关的其他信息的审查、交易平台进入和退出机制、

平台经营商和消费者之间的矛盾解决、违反平台规则的电子商务主体的追责机制等。以淘宝网为例，淘宝网不仅是淘宝商户交易平台提供者，而且也是淘宝商户的管理者和监督者。淘宝网为了规范淘宝网上商家和消费者的交易行为，制定了《淘宝规则》。其中，对交易、市场管理、通用违规行为及违规处理等内容都进行了规定。

（二）平台内经营者

根据我国《电子商务法》第九条规定，平台内经营者是指通过电子商务平台销售商品或者提供服务的电子商务经营者。

平台内经营商在我国实践中普遍存在，以自然人、法人、合伙等各种形式从事经营活动。这类经营者典型的代表如淘宝网、京东商城里的众多商家，这些商家通过登记注册，利用第三方电子商务平台提供的机会展开交易。

（三）自建网站的电子商务经营者

自建网站的电子商务经营者是指自己建立网站平台销售或提供服务的电子商务经营者。自建网站就如同大型商场一样，拥有自己的店标、品牌、独立的企业形象，如凡客诚品。

自建网站的电子商务经营者有以下特点：一是有自己独立的域名。由于该电子商务网站由经营者自建完成，所以该电子商务经营者对其自建网站的域名享有全部权利，他人不得侵犯。二是可以实现自主经营。对于通过自建网站方式形成的交易平台，电子商务经营者可以独立制定交易规则，独立发布交易信息，不受他人影响。三是可以摆脱对第三方平台的依赖。在第三方平台上进行经营往往会形成对第三方交易平台的依赖，尤其是对于中小企业而言，业务上的依赖对于企业的经营影响非常大。而采用自建网站方式，电子商务经营者可以更自主灵活地进行经营，充分发挥其经营自主性，减少甚至摆脱对第三方平台的依赖。四是经营数据更安全。自建网站的电子商务经营者的订单信息和商品资料等数据可以实现自我管理，使得经营数据的安全性得以保障。

自建网站经营者，除了在经营渠道和媒介上与传统商务活动有所区别之外，并无其他特殊之处。但需要注意的是，现在很多企业建有自己的门户网站或者叫作官方网站，在网站上介绍宣传、推广自己的企业以及其生产的商品和提供的服务。如果企业只是建立网站，但是不通过相关的网站来实际销售商品或者提供服务，那么还不能称为自建网站经营者。相关网站上对有关产品和服务的介绍，在通常的情况下也不构成要约。但是如果相应的内容明确具体，并且对相对人是否订立合同产生了实质性的影响，则应该构成合同的内容。至于相关的介绍是否构成互联网广告的一种形态，则取决于是否符合我国相关的立法中对互联网广告形态的具体界定。对于企业设立的公众号，也应该作同样的认定。

（四）通过其他网络服务平台销售商品或者提供服务的电子商务经营者

这类电子商务经营者主要通过微信、抖音、网络直播等方式实现经营活动，但不包括个人转让自用二手物品等非经营性活动。

近年来，许多经营者通过微信等软件进行电子商务活动，被统称为"微商"。微商发展迅速并逐步成为电子商务活动中不可缺少的一股力量，知名的微商年营业额可达千万元人民币以上。但由于缺乏必要的管制，微商销售假货、以次充好等违法现象也经常发生。

所以，本条通过规定"其他网络服务"将微商等类似主体纳入电子商务经营者的类别中，具有重要的意义。需要说明的是，微商和个人网店有所不同，以微信为例，微信上亦有网购平台，若在网购平台上注册网店从事电子商务活动，则属于平台内电子商务经营者。而也有些经营者只是通过微信的聊天功能与订阅号功能销售商品或提供服务，那么他们不属于平台内电子商务经营者，而是属于通过自建网站、其他网络服务销售商品或提供服务的电子商务经营者。

第二节　电子商务主体的登记与公示

一、电子商务主体的登记

（一）办理工商登记对不同种类电子商务经营主体的意义

按照传统的民事主体分类，电子商务经营者可以分为自然人电子商务经营者和非自然人电子商务经营者：非自然人电子商务经营者包括公司、合伙企业、个人独资企业等，由于登记注册程序本就是这些民事主体取得主体资格的必备程序，民事主体意图从事电子商务经营之前，必须通过登记程序获得相关的主体资格，因此，在我国《电子商务法》出台之前，此类电子商务经营者本就已经在工商部门登记；而由于我国目前并没有自然人登记的程序，自然人从事线下的经营活动必须设立个体工商户才能从事相关的营业活动。在我国《电子商务法》出台之前，类似于个人网店、个人微商等自然人电子商务经营者从事电子商务活动，法律法规并未对此类经营者提出登记的强制要求。因此，对不同种类的电子商务经营者来说，本条的法律意义会有所不同，需要分类进行解释。

1. 自然人电子商务经营者

自然人以传统方式在线下进行商事经营，必须先通过登记注册成为个体工商户，并由此获得商事主体的经营资格和身份。电子商务不过是通过互联网进行的商事经营。既然线下的商事经营需要具备商事主体资格，网上的电子商务经营也同样需要这样的资格。自然人在线下的商事主体身份是个体工商户，在网上的现实习惯称谓为个人网店或个人网商。从法律性质上而言，除线下与网上的不同经营方式外，个体工商户与个人网店在主体性质上并无根本的法律差异。从准入程序而言，根据本条的规定，和个体工商户一样，所有的电子商务经营者都必须登记。因此，在实质上，个人网店就是从事网上经营的个体工商户。

毫无疑问，自然人电子商务经营者市场准入的条件和程序将被本条的规定改变。自此，个人网店或网商在网上作为电子商务经营者从事营业活动不仅需要在平台电子商务经营者的平台上进行登记，也需要在工商部门进行登记。对于登记的条件和登记的程序，我国《电子商务法》并没有进行规定，后续的法律法规应当进行更为详细的规定。总体而言，自然人电子商务者的登记条件和程序可以参照个体工商户登记的相关程序。

2. 非自然人电子商务经营者

非自然人电子商务经营者包括公司电子商务经营者、合伙电子商务经营者等电子商务经营者，这一类电子商务经营者依据我国《公司法》《合伙企业法》等法律的规定，都必须经过商事登记程序才能获得主体资格。因此，与自然人电子商务经营者不同，对于此类电子商务经营者而言，其在从事电子商务活动时应当已经具备商事营业活动的主体资格。

对于已经注册登记的商事主体，要想进行电子商务经营，需要办理的是经营方式的变更登记，或者是原有营业执照的加注登记，即在原工商登记基础上，对经营方式的事项进行相应变更，增加电子商务的内容。否则，如果因商事主体从事电子商务就要再做一次商事主体的设立登记，就会形成同一主体没有必要的重复登记。换言之，该主体并非因从事电子商务而蜕变或分立为线上和线下两个不同的主体，而只是原有主体进入了新的电子商务领域，是同一主体身处线上、线下两个不同的经营环境。线上经营者与线下经营者存在着实际对应的唯一性。不论经营者在电子商务领域中以何种面目出现，任何一个虚拟主体均与一个现实主体具有唯一的实际对应关系，即电子商务主体并非真正虚拟，是网络面纱的遮蔽使其呈现出相对虚拟的状态。对于起初以电子商务方式开展商事经营的商事主体，需要办理的则是商事主体的设立登记，同时直接将电子商务登记为其兼营或专营的经营方式。显然，原有主体的变更登记与新设主体的设立登记，无论在登记内容还是在登记程序上都有明显的不同。后者早有一整套的商事主体登记的法律规范可以适用，前者采取何种程序与原有的登记程序衔接，恰是新的制度设计应解决的问题，我国《电子商务法》虽然将工商登记作为获得电子商务经营资格的必经程序，但并未作出具体的制度设计，此后需要制定实施细则予以规定。

（二）市场主体登记的豁免

我国《电子商务法》第十条同时规定了登记豁免的情形，即个人销售自产农副产品、销售家庭手工业产品、个人利用自己的技能从事依法无须取得许可的便民劳务活动和零星小额交易活动，以及依照法律、行政法规不需要进行工商登记的活动。登记豁免的情形只能发生在自然人作为电子商务经营者的情况下，法人、非法人组织参与电子商务经营没有豁免登记的理由与可能。

1. 个人销售自产农副产品、家庭手工业产品

该项豁免针对的是自然人进行电子商务活动中的商品销售行为的豁免。其他国家和地区对此有相关规定，如《德国商法典》规定对于农业和林业事业，无须进行商业登记。我国台湾地区"商业登记法"规定：摊贩、家庭农、林、渔、牧业者、家庭手工业者无须进行商业登记。需要注意的是，《德国商法典》所规定的登记是针对商人的登记，农业和林业事业可免于商人登记；而我国台湾地区"商业登记法"所规定的登记，是指营业的登记，即从事"以营利为目的，以独资或合伙方式经营之事业"，"非经主管机关登记，不得开业"。从本法的规定来看，主要是针对自然人特殊经营活动的登记豁免，考虑到电子商务活动的特殊性，将其范围限制为"销售自产农产品、家庭手工业品"。销售自产农副产品、家庭手工业品与大规模的市场经营行为有所区别。《中华人民共和国食品安全法》第三十五条对销售农产品也有特别规定："国家对食品生产经营实行许可制度。从事食品生产、食品销售、餐饮服务，应当依法取得许可。但是，销售食用农产品，不需要取得许可。"

2. 个人利用自己的技能从事依法无须取得许可的便民劳务活动

此处服务指的是便民劳务活动并且必须是自然人个人利用自己的技能从事的无须取得

许可的活动。能够适用本情形的服务须是无须取得许可的服务活动。需要取得许可的服务活动，须依法取得许可后才能够提供，如医疗服务等。另外，服务必须是便民劳务活动，这也就意味着服务最终指向的接受者应当主要是终端消费者。

3. 零星小额交易活动

在电子商务立法过程中，有的意见认为免于登记的范围过窄。全国人大法律委员会、全国人大常委会法制工作委员会研究认为，实践中有许多个人经营者交易的频次低、金额小，法律已要求平台对其身份进行核验，可不要求其必须办理登记，在三次审议时建议在草案中增加规定：个人从事零星小额交易活动不需要办理市场主体登记。关于电子商务法中所称"零星小额交易活动"需要结合我国市场环境确定。

根据我国《企业所得税税前扣除凭证管理办法》第九条第二款的规定，小额零星经营业务的判断标准是个人从事应税项目经营业务的销售额不超过增值税相关政策规定的起征点。由于设立市场登记制度在很大程度上是为配合税收部门征税的需要，所以，此规章判断小额零星的标准可为我国《电子商务法》中适用"小额"的判断所参考。从实际中来看，小额零星意味着不仅应考虑数额，还应考虑交易频率。

4. 依照法律、行政法规不需要进行登记的活动

这属于兜底性的规定，为日后法律、行政法规的完善留下空间。

需要注意的是，我国《电子商务法》区分了市场主体登记与税务登记，豁免市场主体登记的电子商务经营主体在首次纳税义务发生后，应依照税收征收管理法律、行政法规的规定申请办理税务登记并如实申报纳税。该法第十一条第二款明确规定："依照前条规定不需要办理市场主体登记的电子商务经营者在首次纳税义务发生后，应当依照税收征收管理法律、行政法规的规定申请办理税务登记，并如实申报纳税。"此外，根据我国《电子商务法》第二十七条的规定，进入平台销售商品或者提供服务的非经营性用户虽然无须进行市场主体登记，但也需要向平台经营者提交真实身份信息等，与经营性用户的信息一并录入平台档案，定期核验更新。

二、电子商务主体的信息公示

（一）电子商务主体的主动信息公示

1. 电子商务主体应当公示的信息内容和要求

我国《电子商务法》第十五条是有关电子商务经营者主动信息公示义务的一般规定，电子商务经营者应当公示的信息主要有：（1）营业执照信息；（2）与其经营业务有关的行政许可信息；（3）属于依法不需要办理市场主体登记情形的信息；（4）上述三类信息的链接标识。这一规定既考虑了维护交易安全的需要，也尊重了电子商务经营者的自主经营，允许只公示相关信息的链接标识，可以节省主页的空间资源。同时，主动信息公示应当满足以下法定要求：一是必须在首页上公示；二是必须在首页显著位置公示；三是必须持续公示。否则，应依照我国《电子商务法》第七十六条的规定承担相应的行政责任。如果营业执照信息或特许经营许可信息等发生变动的，也应当及时更新公示信息。我国《电子商务法》第十六条也规定了电子商务经营者自行终止从事电子商务的，应当提前三十日在首

页显著位置持续公示有关信息。

2. 电子商务主体应承担特有的主动信息公示义务

在电子商务经营者一般主动信息公示义务的基础上，电子商务平台经营者应承担特有的主动信息公示义务。根据我国《电子商务法》第三十三条、第三十四条、第三十六条、第三十九条及第四十四条的规定，电子商务平台经营者的主动信息公示义务有以下方面内容。

（1）电子商务平台经营者服务协议与交易规则的公示义务。其内容包括：第一，制定完毕并实施的服务协议与交易规则或其链接标识的公示义务，以保证用户能够便利、完整地阅览和下载；第二，修改服务协议后与交易规则实施前的公示义务，电子商务平台经营者在依法公开征求意见并采取合理措施确保各方及时充分表达意见基础上完成服务协议与交易规则的修改后，应该对修改的内容及时公示，至少应当公示七日后才能实施；第三，依据交易规则与服务协议对平台内经营者实施处置措施的及时公示义务，在发现平台内经营者存在违法行为直接实施警示、暂停或终止服务的措施时，应当及时公示。

（2）电子商务平台经营者建立健全信用评价制度的义务。电子商务平台经营者信用评价制度主要由消费者评价系统和平台信用评定系统组成，由消费者与平台经营者对平台内经营者的信用情况作出评价。电子商务平台经营者在履行其建立健全信用评价制度义务的过程中，应当履行不断建立健全信用评价制度、公示信用评价规则以及为消费者评价提供途径的积极义务，同时，还应当履行不得删除消费者评价的消极义务。

（3）电子商务平台经营者知识产权领域的公示义务。知识产权权利人侵权通知、平台内经营者不存在侵权行为的声明及处理结果属于电子商务平台经营者公示义务在知识产权领域的表现。公示上述内容的目的在于保证知识产权"通知—删除"机制执行得公开透明，保证利益相关主体的知情权，同时也可以对知识产权权利人、电子商务平台经营者、平台内经营者等相关行为进行监督。

电子商务经营主体主动公示上述信息，因为上述信息由其自行掌握，具有便利性；上述信息有助于交易对方充分了解特定经营主体的合法经营资格和真实身份，能够增强交易的安全性；上述有些信息关系到经营主体能否合法开展活动，保障交易的合法性。在网站首页或从事经营活动的主界面醒目位置公示相关信息，有助于增加信息的辨识度，达到公示效果。

（二）工商行政管理部门等监管部门的信息公示

虚拟性是电子商务交易的最大特点，电子商务交易是以信息为媒介和依托进行的交易，和线下传统市场相比，它对交易信息存在更严重的依赖，无信息即无网上交易。因此，足够的信息是电子商务交易得以顺利进行、避免产生纠纷的前提。工商行政管理部门等监管部门作为监管主体，同时也是市场服务主体，其在信息公示中发挥的作用有助于增强信息的公信力与权威性，最大限度地节约成本。客观上，依赖电子商务经营主体主动公示信息是不够的，可能存在信息分散、真实性与准确性不足的问题。

工商行政管理部门等监管主体的公示具有中立性，尤其是工商行政管理部门可将其电子商务经营主体注册或变更信息系统与企业信用信息公示平台对接，一旦完成电子商务注册或变更，即可在信息公示平台上显示。同时，对于工商行政管理部门等监管部门在履行职责过程中产生的如对电子商务违法经营主体的行政处罚信息等及时进行公示有助于交易双方知晓电子商务经营主体的信用状况，从而保证交易安全。

第三节　电子商务主体的市场准入与退出

一、电子商务主体的市场准入

市场准入制度是对经营者进入市场从事经营性活动的规制系统，是对市场主体行为合法性的确认。2015年10月，国务院发布《国务院关于实行市场准入负面清单制度的意见》（国发〔2015〕55号），确定在我国实行市场准入负面清单制度。该意见指出，市场准入负面清单包括禁止准入类和限制准入类。对禁止准入事项，市场主体不得进入；对限制准入事项，或由市场主体提出申请，行政机关依法依规作出是否予以准入的决定，或由市场主体依照政府规定的准入条件和准入方式进入；对市场准入负面清单以外的行业、领域、业务等，各类市场主体皆可依法平等进入。

从现有的法律规范来看，虽然都对不同类型电子商务经营主体市场准入条件进行了相关规定，但各有不同，缺乏一般的概括性规定。我国《电子商务法》对于电子商务经营主体的市场准入条件和程序都没有进行规定。无论是从条件还是从程序来说，都应当对电子商务主体的市场准入进行一些规定。结合现行规定及我国电子商务发展的特点，电子商务经营主体的市场准入条件应当具有以下方面。

（一）一般条件

电子商务主体应当具备经营电子商务的能力，不论是从事电子商务活动的自然人、法人还是其他组织，都应该具备与其经营规模和业务范围相适应的资金、技术、人员与设备条件。

由于电子商务发展迅速，电子商务主体的一般准入条件不宜规定得过于具体，从而防止以后与现实需要出现相背离的情形，但是对于经营者资金、人员、技术条件上的原则要求不可缺少。对于传统商法主体，经营场所是一项必不可少的准入条件，相比而言，电子商务经营主体也应该有网络上的经营场所即独立的固定网址，但对于电子商务辅助服务经营者而言，由于经营内容上的差异，有些服务直接依托电子商务交易平台即可实现，而不需要独立的固定网址，甚至有些服务不需要通过网络进行交易，所以不能统一规定将经营场所作为电子商务经营者的一般市场准入条件。我国国家工商行政管理总局2015年11月6日发布并实施的《关于加强网络市场监管的意见》中明确提出"落实登记注册制度便利化政策措施，指导各地放宽电子商务市场主体住所（经营场所）登记条件，营造宽松平等的准入环境"。

（二）特殊条件

由于电子商务主体在经营方式、经营内容、发挥作用等方面都各有不同，因此，在一般条件之外，不同的电子商务主体的市场准入条件也是不同的。

1.电子商务平台经营者的特殊准入条件

第一，拥有独立的网络交易系统与网络域名，并依照有关法律法规的规定办理网络IP

地址的备案。电子商务平台经营者依托其自建的网站开展电子商务经营活动，因此需要独立的网络交易系统和网络域名，同时，依照国家对经营性网站的管理要求进行 IP 地址备案是电子商务交易活动持续进行的保证。

第二，拥有完善的平台内交易规则，以及用户注册、安全保障等基本制度。上述规则与制度是平台经营者自运行的保障，也是约定平台与其用户基本权利与义务的基础。

第三，拥有完善的订单履约与追踪、信用评价、售后服务与记录保存等制度。这是电子商务活动持续开展的必要条件，同时，随着电子商务的发展，平台秩序的社会性与公共性开始显现出来。通过平台可化解纠纷或者为纠纷通过司法程序的解决，提供订单履约与追踪、记录保存制度等服务；信用评价和售后服务等制度的存在有助于促进电子商务交易并为消费者提供较为充分的信息，从而实现消费者权益的保护。

第四，提供或集成安全的在线支付、身份认证和电子签名等功能。由于电子商务平台经营者的实力和水平存在差异，不应要求所有平台必须自带支付、认证及签名等功能，但不能自己提供时，应集成或链接相关的功能，这样才能发挥平台撮合交易的作用，最终完成电子商务交易。

2. 非平台电子商务经营者的特殊准入条件

非平台电子商务经营者从运行模式上看包括平台内电子商务经营者和通过自建网站以及通过其他网络服务经营的电子商务经营者。

第一，平台内电子商务经营者的特殊准入条件是向电子商务平台经营者提交其真实身份信息或营业执照信息。因为依托于交易平台进行交易，所以平台内经营者可以利用平台提供的技术和设备等条件，但根据目前电子商务相关法律规范规定与实践经验，平台内的自然人经营者需向电子商务平台经营者提交其身份信息；平台内的法人、其他组织类经营者或者个体工商户需向电子商务平台经营者提交营业执照等信息。

第二，通过自建网站经营的电子商务经营者的特殊准入条件是首先拥有独立的网络交易系统和网络域名并依照相关规定办理 IP 地址备案，其次是拥有完善的订单履约和追踪、信用评价、售后服务和记录保存等制度。自建网站经营电子商务，在一定意义上与电子商务平台经营者具有相近的功能，需要借助其自有网络从事电子商务交易，故需要具备电子商务得以运行的基本技术和制度条件。

第三，通过其他网络服务经营的电子商务经营者与通过自建网站经营的电子商务经营者类似，与客户之间是直接的电子商务交易关系，应具有基本的保障交易进行的条件，可以具体化为：应当有技术成熟的设备，稳定安全且经备案的移动或其他网络系统，以及完善的订单履约与追踪、信用评价、售后服务与记录保存等制度。

3. 电子商务服务提供者的特殊准入条件

电子商务服务提供者提供的服务领域涉及范围很广，可以说关系到交易的各个方面，因此，为电子商务的顺利运行提供的辅助涉及许多特定的行业，应符合法律法规规定的行业准入条件，如从事支付、快递物流、信用评价等业务需要具备的条件。

我国《电子商务法》第十二条明确规定，电子商务经营者从事经营活动，依法需要取得相关行政许可的，应当依法取得行政许可。根据《中华人民共和国行政许可法》中的相关规定，行政许可原则上应当由各级人民代表大会及其常务委员会、国务院通过法律、行政法规、地方性法规来设定，在特殊情况下，国务院可以通过决定，省、自治区、直辖市人民政府可以通过政府规章设定临时性行政许可，同时明确规定了地方性法规和省、自治区、直辖市人民政府规章不得设定行政许可的范围，充分体现了行政许可的层级性。在实践中，由省级或市级人大及其常委会设定的行政许可较多，具有较强的地域性特点，这与电子商务的跨地域性存在矛盾，不宜将现有的行政许可法律体系直接用于规制电子商务经营主体，而是应考虑电子商务跨地域的特点，扩大其解释或直接为电子商务经营主体设置更简便的行政许可申请以及不同地域之间行政许可的相互承认制度。

二、电子商务主体的市场退出

电子商务主体在经营过程中，会由于各种原因而退出市场，不同情形下的退出应满足何种条件，产生何种法律后果，需要结合电子商务法与其他传统部门法的规定来进行考虑。我国《电子商务法》仅在第三十六条规定了在电子商务经营者自行退出情形下的公示义务，而自行退出只是电子商务经营者退出市场的一种方式，公示义务也仅仅是自行退出机制中经营者的义务之一，而对于更重要的债权债务的了结程序和退出程序，我国《电子商务法》并没有予以规定。从实际中来看，电子商务经营者退出制度和准入制度一样重要。电子商务主体市场退出机制涉及电子商务经营者与债权人、消费者、行政主管部门以及其他电子商务经营者之间的权利与义务关系，这种关系因为电子商务经营者主体资格即将终止而变得更为复杂和紧迫。因此，在一定意义上，我国《电子商务法》对主体退出制度没有规定是一种制度缺失。结合其他现有法律法规的规定，考虑电子商务的特点，笔者尝试从理论上对电子商务经营主体的退出展开分析。

电子商务作为一种经营模式创新，把交易场所由线下延伸到线上，这种创新是信息、运输、仓储技术发展的必然结果，也正是由于有诸多新兴因素的参与，电子商务经营主体的市场退出情形不能与传统主体的市场退出情形等同，而应当结合电子商务虚拟性、跨地域性、广泛性的交易特点，规定符合上述特点的主体退出机制。

（一）电子商务经营主体的强制退出

电子商务经营主体的强制退出并非是指电子商务经营主体的市场主体资格终止，而是指由工商行政管理部门等强制性吊销电子商务经营主体的电子商务营业执照，取消其电子商务经营资格的情形。也就是电子商务法意义上的主体退出更多是对主体电子商务经营资格的剥夺。

1. 电子商务主体强制退出的事由

通常认为，工商行政管理机关应当吊销经营主体的电子商务营业执照、取消其电子商务经营资格的情形有：①因技术、设备、人员等条件的变化不再符合申领电子商务营业执照的条件的；②法人、其他组织依法解散，营业执照被吊销或者被撤销；③提交虚假信息、采取其他欺诈手段领取电子商务营业执照或者伪造电子商务营业执照，情节严重的；④在电子商务经营活动中销售的商品或提供的服务不符合法律、行政法规的规定，情节严重或造成严重后果的；⑤在电子商务经营活动中对销售的产品或提供的服务进行虚假宣传，情节严重或造成严重后果的；⑥以进行诈骗等非法经营活动为目的从事电子商务经营活动的；⑦依法应当吊销电子商务营业执照的其他情形。

需要说明的是，线下商事经营主体持续一段时间不开展经营活动可能导致其营业执照被吊销的后果，在电子商务市场中，对于在某一平台内取得经营资格但是持续一段时间不开展经营活动的主体应否强制其退出电子商务市场？主流观点认为，这种情形下不应构成强制退出的事由，究其原因是因为：电子商务资格的取得是法律对市场主体的认可，目的在于对电子商务市场进行更好的管理与服务，虽然持续一段时间不开展电子商务经营活动，但并不会干扰电子商务市场的正常运行秩序，也不造成对国家稀缺资源的浪费，更不会造成其他主体的准入困难，因此应该允许这种情况的存在。

2. 电子商务经营主体强制退出的法律后果

在完全退出电子商务领域的情况下，自然人一旦退出电子商务市场，就不再有经营的主体资格；而对于法人或其他组织，除非因为违法活动被强制吊销营业执照、注销主体资格，其只是丧失了经营电子商务的资格，仍可以继续从事线下商业活动。对于强制退出导致主体资格丧失的情况，应将该主体从事电子商务经营活动所形成的债权债务纳入清算程序；而对于电子商务经营主体仅退出电子商务市场而继续从事线下经营的情形，可以不进行清算，但应当对其从事电子商务经营活动所形成的债权债务进行清算。

（二）电子商务经营主体的主动退出

1. 电子商务主体主动退出的事由

电子商务经营主体的主动退出，是指电子商务监管部门尤其是工商行政门等根据电子商务经营主体的主动申请而核准注销其电子商务市场经营主体资格的行为。主动退出的原因多为经营策略调整或者经营不善等原因，其发生的情形主要有：自然人死亡、企业决议解散、决定终止电子商务业务等。

2. 电子商务经营主体主动退出的法律后果

电子商务经营主体主动退出是作为商事主体进行私法自治的结果，法律不应进行干预。但为保证交易安全，在电子商务经营主体主动退出时，应当提前在其网站的显著位置进行公示并对其在从事电子商务经营活动中形成的债权债务进行清算，除因解散等原因丧失主体资格需要清算外，对继续从事线下经营的主体可仅要求其清理在电子商务经营过程中的债权债务而不必编制清算报告。简化市场主体的退出程序是学界共识，应取消不必要的清算报告提交程序，并缩短相应的登记公告时间。在退出主体作出厘清债权债务的承诺后，工商行政管理机关应当为其办理注销登记，这也有助于提高经营主体主动申请退出的积极性。

（三）电子商务经营主体市场退出的特殊情形

1. 平台内自然人电子商务经营者网店资源的转让或者继承

平台内自然人电子商务经营者的网店资源作为一种财产权益，具有价值性和可转让性，并且实践中也有着网店资源转移的需求，应明确网店资源转让行为的效力与程序。自然人在线下从事经营应依法登记为个体工商户，并且个体工商户条例也明确规定，个体工商户变更经营者包括在家庭成员间变更经营者的，应当首先办理注销登记，并由新的经营者重新申请办理注册登记。与线下自然人必须登记为个体工商户才能从事经营活动相比来看，自然人成为电子商务经营者无须登记为个体工商户。前文已经提及，满足一定的技术、设备等条件即可提交注册材料获得电子商务经营营业执照，故自然人网店资源转让也不应依照个体工商户条例的规定履行先注销再注册的程序,而应该允许这种转让或继承情况的发生。其中,最为关键的问题是信息的及时公示。在发生网店资源转移的场合,交易相对人通常会参考网店转让前的信用评价因素来决定是否与其发生交易。为保障交易对方的知情权,保证交易安全,自然人电子商务经营者应当在其从事经营活动的主界面和信用评价网页的醒目位置公示网店的转让或者继承信息。根据淘宝网的网店过户细则,支持的过户类型有过世继承、结婚、协议离婚、判决离婚以及近亲属之间,其余情况暂不受理。

2. 平台内经营主体退出电子商务交易平台

平台内经营主体包括平台内电子商务经营者和电子商务辅助服务经营者,电子商务交易平台在电子商务活动的运行与促进中发挥着至关重要的作用,在一定意义上,平台秩序有着一定的公共性,应当注重平台治理作用的发挥。在主体退出的情形下,平台甚至比行政管理机关的反应还要灵敏和及时。

平台内的经营主体退出电子商务交易平台不同于电子商务经营主体的强制与主动退出。在经营主体强制与主动退出的情形下,意味着主体在全平台电子商务经营资格的丧失,在特殊情况下甚至包括主体资格的丧失及彻底退出市场;而退出平台是电子商务经营主体在某一个平台经营活动的退出。

在通常情况下,电子商务平台经营者与平台内经营主体之间会有退出平台情形与程序的约定,平台经营者应在平台内经营主体出现应当退出平台的事由时,及时要求其退出平台、在显著位置公示并要求其了解基于平台电子商务交易产生的债权债务。这需要具体依据二者之间的合同解决,除非有明显违法的内容,否则法律不宜干涉。但为了防止电子商务平台经营者不正当阻止平台内经营者的退出,我国《电子商务法》第三十四条规定,电子商务平台经营者修改平台服务协议与交易规则,应当在其首页显著位置公开征求意见,采取合理措施确保有关各方能够及时充分表达意见。修改内容应当至少在实施前七日予以公示。平台内经营者不接受修改内容且要求退出平台的,电子商务平台经营者不得阻止并需要按照修改前的服务协议和交易规则承担相关责任。

此外,平台内电子商务经营主体因满足强制退出的情形而被吊销营业执照、取消电子商务经营主体资格的,电子商务平台经营者必须与其解除交易,终止一切经营活动。

第四节 电子商务主体的一般性义务

电子商务法的立法宗旨是为了保障电子商务各方主体的合法权益,规范电子商务行为,维护市场秩序,促进电子商务持续健康发展。电子商务经营者是电子商务活动中的供给方,提供商品和服务,担负着满足人民群众美好生活愿望的重任。因此,我国《电子商务法》对电子商务经营者应当对社会和消费者承担的义务和责任高度重视,在各个章节有关部分都作了规定。特别是总则第5条,对电子商务主体的法定义务进行了总括:"电子商务经营者从事经营活动,应当遵循自愿、平等、公平、诚信的原则,遵守法律和商业道德,公平参与市场竞争,履行消费者权益保护、环境保护、知识产权保护、网络安全与个人信息保护等方面的义务,承担产品和服务质量责任,接受政府和社会的监督。"本节从我国《电子商务法》中总结出电子商务主体应当履行的一般性义务。

一、依法纳税义务

我国《电子商务法》明确了国家对电子商务产业发展的支持与鼓励。从电子商务的角度对互联网税收政策给予了一般性的定位，明确了电子商务产业的发展应当以不突破现行税收法制框架为前提。电子商务平台经营者应当按照规定向工商行政管理部门、税务部门报送平台内经营者的身份信息和经营信息，这就意味着电子商务经营者的"避税红利时代"已经终结。

在电子商务活动中，电子商务经营者也应当依法履行纳税义务。电子商务经营者相关的税种主要包括增值税和所得税。

从事电子商务的经营者需要依据《中华人民共和国增值税暂行条例》缴纳增值税。《中华人民共和国增值税暂行条例》第一条规定："在中华人民共和国境内销售货物或者提供加工、修理修配劳务（以下简称劳务）、无形资产、不动产以及进口货物的单位和个人，为增值税税人，应当依照本条例缴纳增值税。"《中华人民共和国企业所得税法》第一条规定："在中华人民共和国境内，企业和其他取得收入的组织（以下统称企业）为企业所得税的纳税人……个人独资企业、合伙企业不适用本法。"因此，在电子商务经营者的主体类型中，法人、非法人组织需要缴纳企业所得税。个人独资企业、合伙企业不征收企业所得税。个人独资企业的投资者、合伙企业的合伙人、个体工商户等需要依据《中华人民共和国个人所得税法》的规定履行纳税义务。

我国对电子商务经营者相关的税收优惠政策主要包括：第一，针对特定行业的税收优惠，如涉农企业的税收优惠等；第二，针对特定主体的税收优惠，如小型微利企业的税收优惠政策等。

二、消费者人身、财产安全保障和环境保护义务

电子商务经营者必须将保障消费者的合法权益作为第一要务，始终提供安全适销的产品，不得销售对消费者人身财产可能造成损害的不符合产品质量标准和卫生标准的产品和服务。在传统实体交易中，消费者能够通过实地感受、试用、协商价格等一系列的环节，完成对商品和服务认知，进而完成商品或服务的选购。然而，现实中商品质量安全事件仍层出不穷。线上交易的虚拟性，将会进一步加大电子商务领域发生商品质量安全事故的概率。因为在电子商务交易中，消费者与电子商务经营者并不实质性面谈，也不能亲身感受到商品的相关信息，只能通过经营者公布的网页信息了解有关商品和服务的具体情况。对网络广告的监管缺失也助长了商品质量安全问题出现。因此，我国《电子商务法》特别将诚信原则引入，强调电子商务经营者在提供商品或者服务时，应当遵守诚信原则，遵守法律和商业道德。这就要求电子商务经营者应当客观公允地陈述商品或服务的性能、质量等消费者具有知情权的相关事项，禁止对商品或服务做虚假性承诺或夸大性陈述，切实保障消费者知情权，并对其提供的商品或服务具有保障人身安全的性质和功能承担保证义务。如果电子商务经营者提供的商品或服务不符合人身安全保障标准，因此对消费者造成人身财产损害，经营者应当对此承担损害赔偿责任，并根据我国《消费者保护法》等相关法律法规规定承担惩罚性赔偿责任甚至承担刑事责任。

我国《电子商务法》规定了电子商务经营者的环境保护义务。环境是指影响人类生存和发展的各种天然的和经过人工改造的自然因素的总体，包括大气、水、海洋、土地、矿

藏、森林、草原、湿地、野生生物、自然遗迹、人文遗迹、自然保护区、风景名胜区、城市和乡村等。党的十八大以来，环境保护、生态文明受到党和国家的高度重视。中央提出"绿水青山就是金山银山"的生态文明理念，要求建立系统完整的生态文明制度体系，实行最严格的生态保护制度。十八届五中全会提出，加大环境治理力度，以提高环境质量为核心，实行最严格的环境保护制度，深入实施大气、水、土壤污染防治行动计划，实行省以下环保机构监测监察执法垂直管理制度。十九大报告也对生态文明建设提出进一步要求。自十九大以来，随着建设"美丽中国"的呼声不断高涨，包括我国《民法总则》《电子商务法》在内的一系列新修订的法律法规都相应增加了生态环境保护的条款。在电子商务领域及其衍生行业，在追求效益、利益的同时，实现节能减排，保护环境资源，推动经济社会可持续发展，是电子商务主体应当承担的社会责任，电子商务经营者更是责无旁贷。对违反环境保护法律法规的行为，必须依法追究责任。

三、主体信息公示义务

电子商务交易实现了交易主体、客体、场所、过程的全面虚拟化，也进一步加剧了经营者与消费者在信息方面的不对称，为了缓解这一现象，各国纷纷出台相关措施，其中之一就是强化经营者的信息提供义务，以便消费者准确鉴别经营者的身份，清楚交易对象。我国规范网络交易的相关部门规章早已明确规定了电子商务经营主体的信息提供义务，我国《电子商务法》也有相应的规定。第十五条规定：电子商务经营者应当在其首页显著位置，持续公示营业执照信息、与其经营业务有关的行政许可信息、属于依照本法第十条规定的不需要办理市场主体登记情形等信息，或者上述信息的链接标识。前款规定的信息发生变更的，电子商务经营者应当及时更新公示信息。第十六条规定：电子商务经营者自行终止从事电子商务的，应当提前三十日在首页显著位置持续公示有关信息。

总的来说，公示的内容主要包括：第一，能够代表经营者主体资格与经营资格的营业执照等证照以及各类经营许可证或链接标识；第二，互联网信息服务许可登记或经备案的电子验证、标识；第三，经营地址、法律文书送达地址、邮政编码、电话号码、电子邮箱等有效联系信息；第四，监管部门或消费者投诉机构的联系方式；第五，依法应当规定的其他信息。经营者应当保证上述信息的真实、全面，并应在相关信息变更时及时公示，使公示的信息与实际情况相符。若自行终止从事电子商务的，应当提前三十日在主页显著位置公示有关信息。

公示的要求主要有三点：第一，必须在首页上公示。现实中，部分电子商务经营者虽然在网站上公示信息，但没有在首页上公示，而在偏页上公示自己的相关信息，使得消费者在浏览时不能第一时间知悉其相关信息，这就违反了本条所确立的公示规则。第二，必须在首页的显著位置公示。本条不仅要求电子商务经营者在首页公示，亦要求在显著位置公示，使得消费者在进入主页时即可关注到其营业执照信息和行政许可信息。第三，必须持续地公示。所谓持续，即指在电子商务经营者从事电子商务活动的整个过程中，都必须时刻公示其信息。若信息公示不持续，则会导致部分消费者在电子商务活动中无从知晓其相关信息。因此，本条对电子商务经营者的信息公示提出了持续性的要求。以上三个标准是形式标准，即电子商务经营者应当在主页的显著位置持续性地公示营业执照和行政许可信息，若没有达到其中任一标准，就应当被认定为没有尽到自己的公示义务，应当依照我国《电子商务法》第 76 条规定承担相应的法律责任。

四、交易信息的妥善保存义务

电子商务交易具有信息化与无纸化的特点,传统交易中以纸质文件记载、保存的交易记录被电子数据和资料取代,这样虽然易于保存和传输,但也面临被篡改或易毁损的风险。因此,要求电子商务经营者承担交易信息的保存义务,这样有利于维护消费者的合法权益,约束经营者的不当行为,在发生争议时提供有利于争议解决的证据。我国《电子商务法》与《网络交易管理办法》均规定了平台经营者的交易信息妥善保存义务,但未要求非平台电子商务经营者尤其是通过自建网站或其他网络服务经营的电子商务经营者承担相同的义务。在电子商务实践中,非平台电子商务经营者是消费者的直接交易对象,掌握着原始的交易数据,因此,非平台电子商务经营者也应该承担原始交易数据的妥善保存义务。电子商务平台经营者与其他经营者都应当保存交易信息,可以为交易信息安全配置双保险,确保上述信息的完整性、保密性和可用性,从而起到解决争端的作用。

经营者可采取电子签名、数据备份、故障恢复等法律规定或行业通行的技术手段保护交易过程中所产生的全部信息,确保交易数据和资料的完整性与安全性,以及原始数据的真实性。经营者保存交易信息的期限应当符合法律、法规的规定。目前,我国《网络交易管理法》《网络购物服务规范》等法规与部门规章规定保存期限不少于两年,我国《电子商务法》规定保存时间自交易完成之日起不少于三年,这一规定也实现了与《中华人民共和民法总则》三年普通诉讼时效的衔接。

五、消费者个人信息保护义务

在电子商务环境下,消费者个人信息保护成为法律规制的重点领域。我国《消费者权益保护法》第 2 条规定:"消费者为生活消费需要购买、使用商品或者接受服务,其权益受本法保护;本法未作规定的,受其他有关法律、法规保护。"第 14 条:"消费者享有个人信息依法得到保护的权利",首次提出了"消费者个人信息权"的概念,从而可以大致得出消费者个人信息的定义。

消费者个人信息随着电子商务的发展也呈现出其独特的特点:一是主体识别性强。在电子商务的环境中,由于消费者无法实现面对面交易,基于交易需要,消费者需要预留自己的姓名、地址、联系方式等,这些信息都具有极强的主体识别性。二是信息范围具有广泛性。在电子商务中,消费者会预留基本信息已完成交易,除此之外还可能进一步展现间接性信息。例如,消费者在选购商品时,电商平台会要求消费者填写与成立买卖合同不相关的个人信息以及电商平台会对消费者浏览记录通过大数据分析其消费偏好,并进行个性化推荐。因此,在电商环境中,消费者个人信息保护范围应具有广泛性。三是财产属性强。因为消费者的个人信息具有高度的识别性和广泛性,根据该信息可分析出消费者的消费偏好,从而进行个性化推荐,使得经营者节约经营成本,提高经营效率,实现效益最大化。

正是基于上述所说的消费者个人信息具有的特性,特别是消费者个人信息具有的财产属性,使得经营者常常对消费者的个人信息进行不法侵犯。根据《2016 年度消费者个人信息网络安全状况报告》可以得出，绝大多数消费者个人信息曾被泄露，使得受害消费者收到频繁的推销电话甚至是货到付款的莫名包裹。由此来看，在电子商务环境中，消费者个人信息保护是现在工作的重中之重，保护消费者个人信息不仅有助于保护消费者的合法权益，防范消费者的人格权和财产权损失，而且有助于维护电子商务平台交易秩序，进而保障市场经济秩序和经济安全同时也有利于电子商务的可持续发展。

我国《宪法》第 33 条、第 40 条确定了公民享有通信自由和通信秘密受法律保护的基本权利。我国《刑法》第 253 条规定了侵犯公民个人信息罪，需要承担相关刑罚。

我国《民法总则》规定了自然人的个人信息受法律保护。我国《网络信息安全保护法》第 40 条、第 41 条、第 42 条、第 64 条等法规规定了网络服务提供者收集信息的范围应与提供的服务直接相关，明确其应及时告知用户并为用户保密的义务，并明确了网络运营者、网络产品或者服务的提供者违反相关规定则应承担相应法律责任。我国《消费者权益保护法》第五十六条也规定了侵犯消费者个人信息的法律责任。因此，电子商务经营者应遵守网络安全法等法律、行政法规规定的个人信息保护规则，切实保护消费者个人信息的安全。

本章小结

电子商务主体是电子商务交易中重要的参与者，是电子商务得以顺利运行的基础。电子商务主体的判定标准有别于传统法律主体的标准。作为从事经营的主体，应运用市场准入与退出制度实现对电子商务经营资格的取得、丧失以及监管，尤其是应掌握一般性的市场准入条件与特殊性的条件。进行工商登记是获得主体经营资格的必要程序，同时应考虑到经营的实际情况而明确豁免登记的条件。在电子商务中，与经营主体相对的当事人凭借网络上的信息参与交易，因而经营主体的主动信息公示与工商行政管理部门的信息公示是保证交易真实与安全的重要途径。主体有进入就有退出，电子商务主体的退出包括主动退出与强制退出，其退出的事由与法律后果有别；同时，需要注意的是，退出并不一定意味着退出市场而可能只是退出某一平台。电子商务主体，需要承担电子商务活动中的义务，如依法纳税义务，消费者人身、财产安全保障和环境保护义务，主体信息公示义务、交易信息的妥善保存义务、消费者个人信息保护义务等。

复习思考题

1. 简述电子商务主体与传统民事主体、商事主体的关系。
2. 简述电子商务主体分类。
3. 简述电子商务主体登记与公示的内容。
4. 简述电子商务主体的市场准入与退出机制。
5. 简述电子商务主体的一般性义务。

在线测试题

扫描书背面的二维码，获取答题权限。

扫描此码　在线自测

第三章
数据电文法律法规

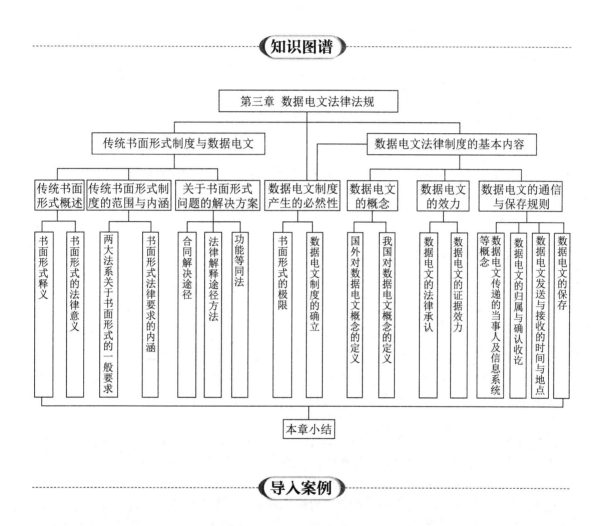

导入案例

微信截图等电子证据被法院采纳

2015年4月9日，广东省东莞市某光电科技有限公司向倪先生的微信号（微信图像照片显示为上海某实业公司字样）发送了水滴标照片2份和报价单1份，协商水滴标采购事宜。4月17日，双方通过微信约定，上海某实业公司向广东某光电科技公司采纳水滴标6 000只。随后，上海某实业公司转账支付3.1万元给广东某光电科技公司，其中包括定金3万元，其余1 000元系支付之前业务的打样费，并向广东某光电科技公司明确收货人。5月12日，广东某光电科技公司按约定将货物发往收货人地址。然而，上海某实业公司一直没有支付剩余货款 7.5 万元。广东省东莞市某光电科技公司因此向上海市浦东新区人民法院起诉。

原告提交的微信截图、网上银行电子回单、物流单和网上查询单等证据，以及微信截图中的报价单上显示的采购数量对应的采购单等电子证据，均被法院采纳。

法院认为：倪先生在上海某实业公司成立前后，即 2015 年 4 月 9 日和 4 月 17 日，均以头像为其公司名称的微信号与原告协商涉案业务。显然，倪先生以被告名义与原告约定了具体采购事宜，而且倪先生确实是被告上海某实业公司的股东兼法定代表人，审理中倪先生也承认，该批货物系转售山东客户而不是自己使用的，因此，法院对被告主张涉案业务的采购方为倪先生个人的意见不采信。

上海市浦东新区人民法院自贸区法庭审理后，对这起买卖合同纠纷案做出判决，倪先生的公司应该支付欠款。

本案值得关注的是，双方没有签订书面合同，协商水滴标采购事宜、单价和价款、转账等都在微信上完成。原告提交的种类电子证据均被法院采纳。

资料来源：温希波等. 电子商务法 [M]. 北京：人民邮电出版社，2019：64.

第一节　传统书面形式制度与数据电文

一、传统书面形式概述

（一）书面形式释义

"书面"一词，由两个词素构成：书，即书写；面，即表面。至于所书写的内容是什么，书写在什么样的物质表面，在这个词里找不到直接答案。从该词的用法来讲，"书面"是个修饰词，很少单独使用，常用的搭配有：书面材料、书面通知、书面语言等。书面是以固体物质为介质，而作用于人的视觉器官的；口头则是以声波为介质，而作用于人的听觉器官的。

这便是书面与口头二者在客观方面的区别。从静态的词义解释来看，书面的含义一清二楚。然而，在实践中却并不那么简单。因为书面一词本身存在着模糊性。

首先，书面上所载的文字多种多样，并且有许多演化物。其次，用作文字载体的物质表面也并不确定，人类曾在金属上铸字、竹简上刻字，随着书写手段和材料科学的发展，书写文字的物质载体，会越来越多样化。所以，书面的确切含义，往往要在具体的语境中予以确定才能避免歧义。由于纸张是现代社会最常见的书写材料，因而书面的引申意，有时又可指作为书写文字载体的纸张。当人们提到书面时，往往是指书写于纸面。从书面中所表现的文字与纸张的关系看，该词定然是造纸业发达时期的产物。

（二）书面形式的法律意义

在法律文件中，书面常常与形式搭配使用，称为"书面形式"。其基本含义同日常所说的书面，没有太大变化。书面形式在法律文件中，也是与口头形式相对应的。现代社会的法律文件，必定是书面形式的。只有这样才能符合法律的公开性、确定性等特征。而法律文件中所规定的法律行为的形式，目前主要有两大类，即口头形式与书面形式。形式是依赖于内容而存在的。民商法上的书面形式的内容，就是以文字所表达的，当事人设立、变更、消灭民事权利义务关系的意思。

简而言之，书面形式的内容就是意思表示。而书面，即所谓文字的表达，则是民商事意思的表现形式。在民商事法律关系理论中，书面形式属于法律事实部分，是法律行为的一种形式因素，是意思表示的外在躯壳。一定的法律事实的发生，之所以能产生一定的法律后果，是以法律规范事先有规定为前提的。同理，书面形式的采用与否，之所以对当事人的权利义务有相应的影响，是因为法律的强制性规定而造成的。法律意义上的书面形式概念，与日常用中的"书面"一词一样，都存在着含义模糊的问题。特别是新兴电子通信技术的广泛应用，使得书面形式的传统概念，在电子通信环境下已经无法使用了。因为在计算机网络通信条件下，文字表达的具体方式已经发生了根本性变化。

二、传统书面形式制度的范围与内涵

商事法律关系的确定，当事人之间权利义务的享有与履行，往往与记载、传递具有法律意义的文件的形式有极其密切的关系。这些文件是口头形式的，还是书面形式的，抑或是其他形式的，不仅影响着当事人的民商事权利，甚至还在某种情况下决定了当事人的权利状态。例如，英美法系国家有所谓的"防欺诈法"，它要求某些合同若要有效，必须以书面签名为证据。大陆法系国家，包括中国，都无一例外地有许多这样的规定，有的甚至还将书面形式的有无，作为法律行为生效的前提条件。对商事交易的书面形式要求，是现行各国国内立法，乃至国际条约与国际惯例的一项常见的契约要求。其主要原因在于，这些立法大都是纸面交易时代的产物。电子商务的特点之一，就是以电子计算机通信记录，取代了一系列的纸面交易文件，实现了交易的"无纸化"。

因此，如何使传统立法中的书面形式要求，与电子商务交易中的无纸特征相兼容和协调就是商事交易中遇到的首要法律困难，其核心是电子网络通信记录所缔结的合同能否有效。值得指出的是，书面形式的法律要求，并非仅仅是对意思表达媒介的强行规定那么简单，而是一整套与纸面交易环境相适应的交易形式制度的总称（或简称），其中包含许多具体的规范，如纸面的手书签名、书面原件的提交等。为了较全面地说明传统书面形式的法律要求问题，以下拟从其广度和深度方面，即书面形式适用的空间和事项范围方面，以及该制度中所包括的具体应用性规范来论述这一问题。

（一）两大法系关于书面形式的一般要求

传统法律对书面形式的要求是与社会生产力发展水平相适应的，具有明显的时代性。从纸张成为法律行为的表示工具以来，世界上大多数国家，都将书面形式列为重要的交易凭据。

1. 大陆法系关于书面形式的要求

大陆法系一般以德国法和法国法为代表。德国在合同形式上，一般以不要式为原则，德国民法典规定，必须以书面形式为有效要件的合同仅仅是一种例外，只限于赠与合同、保证合同、土地买卖、遗产买卖等少数几种。至于其他大多数合同，都可依当事人的意见而决定订约的形式，如货物买卖合同不论标的大小，一律不要求书面形式。关于证据意义上的书面形式要求，在法国适用广泛。《法国民法典》1341条规定："一切物件超过50新法郎者，……均须在公证人面前做成证书，或双方签名做成私证书，证书做成后，当事人不得就与证书内容不同或超出证书所记载的事项以证人证明之。"不过这一规定与国际贸易合同却并无冲突，因为该条第2款接着规定，"前项决定不妨碍有关商业法律所作的规定"，而《法国商法典》第109条则规定，对商人来说，"商事法律行为得采用一切证据方式来证明"。即使50法郎以上的交易，也可用口头或其他非书面方式证明。显然，这主要是为了适应商事交易快捷频繁的特点。与此同时，根据《法国民法典》及判例，还存在着对第1341条的一些其他例外。例如，在缔约或争议发生时，当事人可以放弃"禁止使用证言"的规则，而不提出缺乏书面合同的抗辩。据此，电子商务交易贸易伙伴之间，就可以通过通信协议等形式，事先约定放弃法律对书面形式的要求。由此看来，法国应用电子商务交易时，书面方式方面的法律障碍并不明显。

2. 英美法系关于书面形式的要求

英美合同法理论，将合同分为两大类，即签字蜡封合同和简式合同。对于前者，法律要求其在订立时必须遵守特定的形式，主要是必须以书面形式作出，由当事人加盖印戳并将文书交给对方当事人。这类合同即使没有对价的支持，也视为有效。不过目前这种合同已大大减少，商事贸易中的合同大多是简式合同。英美法对于简式合同一般不要求用特定的形式。但是对于特定的简式合同，法律却有书面形式要求。这种有书面形式要求的简式合同，按其法律意义的不同，又可分为两类：一类以书面形式作为合同有效成立的要件，非此则合同无效；另一类则以书面作为合同证据，否则不能为法庭所接受，也不能对之申请强制执行。例如，在英国，其汇票、本票、海上保险合同等就必须以书面形式作为合同有效成立要件。后者主要源于英国历史上形成的"防欺诈法"。其基本原理是，为了防止欺诈，部分合同必须用书面形式作成，并由承担义务一方签名才可构成证据，进而方能请求法院强制执行。目前，英美法国家的这一类合同主要限于担保合同、不动产合同、订约后一年内不能履行完的合同等。

联合国《国际货物买卖合同公约》于1988年在美国生效。它适用于营业地不在同一国家且当事人都参加了该公约的情况下，所签订的国际货物买卖合同。它将取代各方当事人国内法的适用，除非当事人同意排除该公约在其合同中的适用。就"防欺诈法"而言，该公约采取了大多数欧洲法律体系，并不要求以书面订立合同。其第11条规定，合同不需要以书面订立或以书面为证据，也不受制于任何定约形式的要求。它可以任何方式，包括证人来证明。其第29条规定，合同仅以当事人的协议就可修改或终止，当事人自己也可以规定，合同的修改或终止必须以书面形式进行。对于一般的货物买卖合同，英美法通常并没有书面形式的要求。

（二）书面形式法律要求的内涵

世界各国法律中的书面形式要求，并非是单一的规范，而是同时由许多相互有着紧密联系的规范，共同构成了书面形式的法律体系。各国之所以将书面记载作为重要的民商事法律行为的形式要求，其原因主要在于证据方面，因为书面形式具有长久保存的优点。另外，如再加上手书签名的认证,以及原件等要求的配合,使书面记载符合了法庭理想的证据要求,从而确定民商事责任。换言之,书面要求的更深层的原因,应当在于证据法上的规范要求。具体地说,书面形式要求是一个相对完整的规范体系,其内涵包括了与书面紧密联系的手书签名,以及原件的保存与提交等内容。这是书面形式制度的目的所决定的。单纯的书面形式,并不能起到证明法律事实的作用。只有将当事人的签名,以及书面原件等规范合并起来,才能较完整地达到法律规范的具体适用者——法官的要求。这就是说,书面要求是有其体系规范和层次性要求的。一般的书面形式,即不附加签名或原件要求的,充其量只能起到对文件内容长期保存的作用。如果要求当事人对书面内容承认时,则需要附加签名,这时书面要求的层次就不同了。因为书面内容与特定的当事人联系在一起,既表明了文件的来源,又确定了签名者对文件内容的承认。当书面形式不仅要求以纸面与签名条件,还要求原件时,其真实性、完整性要求的层次,就又提高了一步。因此,要将某一法律行为与特定的当事人相联系,仅仅有单纯的书面形式,是远远不足的。所以,一般情况下,这三项规范性要求是相辅相成的。总而言之,现代法律的书面要求中一般是包含了签名与原件要求在内的。在研究书面问题时,不可只看表面,而忽略了其间紧密联系的规范体系及其根源。

三、关于书面形式问题的解决方案

20世纪80年代,电子商务应用所面临的书面形式障碍问题就引起了联合国贸法会的高度重视。该会除了于1985年提出"计算机记录的法律价值"报告之外,还成立了国际支付工作组对书面问题进行了深入研究。1996年联合国贸法会的《电子商务示范法》为各国提供了一个示范模式"功能等同法"的解决方案。下面介绍这三种数据电文书面形式的解决方案。

(一)合同解决途径

合同解决途径,是指由当事人在协议中约定将电子信息及其记录视为"书面"。[①] 其方法大致有两种:①当事人协议约定数据电文即为书面文件。例如,国际海事委员会《电子提单规则》规定电子商务交易所载信息,包括货物清单、收货日期和地点、装货时间和地点及运输条件,"应视同这些信息被载入书面提单具有同样的效力与效果"。《美国律师协会协议》明确规定,"按照本协议适当传递的任何(信息)应被视同'书面'"。这种方法被称为"定义法"。②由当事人在协议中作出声明,放弃根据应适用的法律对数据电文的有效性和强制执行力提出异议的权利。《贸易电子数据交换系统协议》(草案)第10条第1款规定:"各方当事人明确表示,他们以电子数据交换(Electronic Data Interchange,EDI)进行交易时,将放弃以缺乏书面形式为由主张该项交易权利。"

(二)法律解释途径方法

法律解释途径是指在法律中将"书面"作扩大解释,将数据电文纳入书面范畴。例如,《联

---

① 资料来源:单文华.电子贸易的法律问题[J].民商法论丛,1998(10):31.

合国国际货物销售合同公约》中"书面"形式的定义已经扩及电报与电传。贸易法委员会的《国际商事仲裁示范法》则把书面的概念进一步扩展到包括电话、电传或提供仲裁协议记录的其他电信手段。

我国《合同法》第 10 条规定:"当事人订立合同,有书面形式、口头形式和其他形式。"第 11 条规定:"书面形式是指合同书、信件和数据电文(包括电报、电传、传真、电子数据交换和电子邮件)等可以有形地表现所载内容的形式。"

可见,我国合同法是采取对书面形式作扩大解释的方式。基于数据电文的可读性特征,直接将数据电文纳入了书面形式。

(三) 功能等同法

功能等同法是指在电子商务活动中,除法律另有规定外,对与传统民商事活动功能相同的行为或制度赋予同等法律效力。

联合国贸法会的《电子商务示范法》利用"功能等同"原则确立数据电文的法律效力,这是联合国贸法会为电子商务法创立的原则,其基本目标是把现代通信技术(主要指数据电文)赋予与传统的书面文件相同的法律效力,前提是二者必须具备相同的功能。功能等同原则应对了电子商务给传统法律带来的挑战,是目前解决数据电文法律效力的好方法。

一般认为,书面文件具有以下功能:

(1) 可读性,指书面文件中记载的信息能为人们识读和了解;

(2) 可保存性,指书面文件可以长久保存,能够提供经久不变的文件信息或交易记录;

(3) 可复制性,指书面文件可以被复制,使相关各方当事人持有内容相同的副本;

(4) 可签署性,指书面文件可以承载当事人的签名,从而将合同项下的权利义务归属于特定的主体。

数据电文虽然不是直观的,但可以借助工具(如计算机、手机等)通过某种形式显示,满足可读性;数据电文可以通过技术手段保存并进行复制;数据电文虽不能采用手写签名,但可能通过电子签名的方式实现手写签名的效果,因而备有可签署性。

在功能等同原则下,如果某种具体的电子形式(如电据电文)具备了可读性、可保存性、可复制性和可签署性的功能,即认为其与书面形式具备同等法律效力。功能等同方法立足于分析传统书面文件的目的和作用,进而确定电子信息技术达到这些目的和作用的方式。

第二节 数据电文制度产生的必然性

一、书面形式的极限

多年来,各国关于法律文件的书面形式制度,一直妨碍着电子商务的全面应用。其原因是这些规范都产生于传统书面条件下,已不能满足现代通信计算技术应用的需要。书面形式固然存在其价值,但其空间毕竟有限,不能容纳形式多样的数据电信及其记录。这也正是一些国际组织和国家采取相应法律措施的原因所在。

通过前文对于书面问题的解决方案的分析，可以了解书面形式规范的演变是一个渐进过程：首先是个案解决，即在个别案例中扩大书面概念的方法；再到各类纳入，即通过解释将某一种通信记录列入其中；最后到制定开放性条款作概括性规定，以囊括所有现行与未来的新技术。其实，这是一个由量变到质变的过程。当书面概念泛化到失去自身特征时，新的交易类型——数据电文，就应运而生了。在电子签名技术的应用上，情况亦是如此，首先是技术特定化电子签名方案率先出台，然后再扩大到所有功能类似的技术标准。实质上，它是由个别到一般、封闭到开放的过程。从全球范围来看，目前关于书面形式要求的条文与规则正处于变化之中，大有重新解释、重新定位以及符合电子交易需要的趋势。当今的立法者与法学家们，已建立了一种信念：电子记录从许多目的来看，是书面形式的。法律界已普遍认为，全面承认电子商务的合法性是有益的，而不应让无意义的法律技术阻止其使用。此外，在商事主体的权利保障与经济制度方面，如公证、诉讼等程序的进行，都必须以书面材料的提交为基本条件。这些规范性的要求，都与电子商务所构成的交易环境是不相容的。当然，在某些领域，如消费借贷交易，法律需要选择是坚持要求书面形式，还是以其他方式调整电子商务形式。但是，无论如何，书面形式的规定，必须服从、让位于商业交易的需要，而不应使电子商务中的交易关系，为适应僵化的规范而削足适履。

二、数据电文制度的确立

以适合新的电子交易形式的法律制度，即数据电文制度，来调整数据电文交易手段所引起的商事关系的趋势是必然的。无论从数据电文的自身特征，还是其在商事交易中所占的重要地位来讲，都有必要使数据电文制度独立于口头、传统书面形式之外，而成为一种新的独立的法律行为的形式。从近年来关于商事交易形式的立法趋势来看，数据电文制度在联合国贸法会及一些电子商务应用较早的国家内已经基本形成。然而，法律关于书面形式的要求，在电子商务环境中适用问题中，必须同所有相关的法律相结合，仅仅通过修改某一部法律，并不能从根本上消除传统法律对电子商务所构成的障碍。因为在诸如诉讼法、证据法、消费者保护法，以及其他一些法律之中，都包含着一些传统的书面形式要求。数据电文制度与书面制度一样，同样也应具有体系化的结构，以适应电子商务交易的多重需求。只有全面清理现行的书面制度规范，重新确定其效力，才能为数据电文制度的建立奠定基础。

第三节　数据电文法律制度的基本内容

电子商务的快速发展使商务活动更加便捷高效，因为其交易费用低、覆盖范围广的优势更能适应信息时代和全球化经济的需要。但电子商务带来的革命性变革却遇到了传统法律的障碍。其引发的法律问题主要体现在传统法律制度中关于商务文书的书面形式、原件和保存以及签名问题上。如果这些问题不解决，电子商务就难以顺利发展，所以必须在法律上建立相应的数据电文法律制度。

一、数据电文的概念

（一）国外对数据电文概念的定义

"数据电文"一词源于英文的"data message"，也称为电子信息、电子数据、电子记录、电子文件等，一般是指通过电子手段形成的各种信息。数据电文一词最早在国际法律文件中出现是在1986年联合国欧洲经济委员会和国际标准化组织共同制定的《行政、商业和运输、电子数据交换规则》中。该规则规定，贸易数据电文是指当事人之间为缔结或履行贸易交易而交换的贸易数据。

1996年，联合国国际贸易法委员会（以下简称联合国贸法会）在其《电子商务示范法》中使用了"数据电文"这一术语。根据其《电子商务示范法》第2条规定，"数据电文"是指"经由电子手段、光学手段或者类似手段生成、储存或者传递的信息，这些手段包括但不限于电子数据交换、电子邮件、电报、电传或者传真"。联合国贸法会在《电子商务示范法》颁布指南中对数据电文作了更为详细的解释：

（1）"数据电文"的概念并不仅限于通信方面，还应包括计算机产生的并非用于通信的记录。因此，"电文"这一概念应包括"记录"这一概念。

（2）所谓"类似手段"，并不仅指现有的通信技术，而且包括未来可预料的各种技术。"数据电文"定义的目的是要包括所有以无纸形式生成、储存或传输的各类电文。为此，所有信息的通信与储存方式，只要可用于实现与定义内所列举的方式相同的功能，都应当包括在类似手段中。

（3）"数据电文"的定义还包括其废除或修改的情况。一项数据电文如果具有固定的信息内容，可以通过另一数据电文予以撤销或修订。

（二）我国对数据电文概念的定义

在我国，"数据电文"最早出现是在《中华人民共和国合同法》中，《中华人民共和国合同法》第11条规定：书面形式是指合同书、信件和数据电文（包括电报、电传、传真、电子数据交换和电子邮件）等可以有形地表现所载内容的形式；第16条规定：采用数据电文形式订立合同，收件人指定特定系统接收数据电文的，该数据电文进入该特定系统的时间，视为到达时间；未指定特定系统的，该数据电文进入收件人的任何系统的首次时间，视为到达时间。在其后的第26条、第33条、第34条都有提到"数据电文"。

《中华人民共和国电子签名法》借鉴了联合国贸法会的《电子商务示范法》和其他各国的相关法律，在第2条中规定："本法所称数据电文，是指以电子、光学、磁或者类似手段生成、发送、接收或者储存的信息。"

由此可以看出，对数据电文的认识可以从以下两个方面来理解。

（1）数据电文的实质是各种形式的信息。数据电文本质上是以无纸化形式生成、发送、接收或者储存的信息，数据电文既是信息的载体，又是信息的内容。作为表达民商事主体意思的信息，数据电文是交易过程中交易条件的表达手段，如作为要约、合同而发出的数据电文。作为交易对象的信息，数据电文是电子化的信息商品或其衍生物，如数据电文形式的软件、论文著作等。

（2）数据电文使用的是电子、光、磁手段或者其他具有类似功能的手段。所谓类似手段，并不仅指现有的通信技术，还包括未来可预料的各种技术。"数据电文"定义的目的是要包括所有以无纸形式生成、储存或传输的各类电文。为此，所有信息的通信与储存方式，只要可用于实现无纸化生成、存储或传输的功能，都应当包括在类似手段中。

二、数据电文的效力

（一）数据电文的法律承认

书面形式曾经是人类社会记载信息的主要方式，也是过去法律建立的基础，但随着数字时代的到来，新型信息记录和传播工具的出现使得人类越来越多地依赖新的通信工具和记录工具（或技术）。为了鼓励人们对新型工具的使用，必须确立数据电文的法律地位并建立一套安全法律规则。数据电文是以电子形式出现的，不同于书面文件，但是法律不能仅因为这一点而不承认其法律效力。只要符合法律规定的条件，数据电文与书面文件应具有同等的法律效力。因此，有关国际组织、国家和地区的电子商务法或电子签名法一般都对电子签名、数据电文的法律效力问题作出规定，要求不得因为采用电子形式而区别化对待。

联合国贸法会《电子商务示范法》第5条规定："不得仅仅以某项信息采用数据电文形式为理由而否定其法律效力、有效性或可执行性。"这是对数据电文法律效力的基本原则规定，即不应对数据电文区别化对待，应把数据电文与书面文件同等对待。这个基本原则应尽可能普遍适用，它还适用于对"书面形式"或"原件"的任何法律要求。需要注意的是，这一规定只是表明不能仅仅以某项信息的出现形式或保留形式作为唯一理由来否认其法律效力、有效性或可执行性，不应被错误解释为在确立某一数据电文或其中所含任何信息的法律有效性。

联合国贸法会《电子商务示范法》第5条关于数据电文的基本原则还需要从不同的方面予以落实，以便达到对数据电文效力全面承认的效果。

（二）数据电文的证据效力

1. 数据电文的举证问题

证据是诉讼证明的基本手段。通过对事实认定的系统化分析，以及通过明确司法认知、推定、自认等手段的证明作用以及对证据的间接影响，可以发现证据作为证明手段的最后性和不可替代性。

理论上，证据种类有多种分类方法。以证据的来源不同，可以把证据分为原始证据和传来证据；诉讼证据根据其表现形式可以分为言词证据和实物证据；依据一个证据与案件主要事实的证明关系可以分为直接证据与间接证据等。我国诉讼法将证据分为七大类，即书证、物证、视听资料、证人证言、当事人的陈述、鉴定结论和勘验笔录。

有学者将国外证据立法分为三类，并且对这三类证据立法中数据电文及其表现形式用作证据的作了不同的规定：第一类证据法允许自由地提出所有证据，如德国、奥地利、丹麦等。原则上，在这些国家中任何有关证据均可采纳，因此通常允许数据电文及其表现形式用作证据；第二类证据法一般是开立一份关于可接受的证据清单，所开立证据清单有所不同。在不同的国家中，有的对于计算机记录暂时还不能接受为证据，有的可以依靠计算机记录进行裁判，有的则在商业纠纷中可以接受计算机记录作为证据。例如，在智利、塞内加尔、缅甸等国，计算机记录均未列入可接受证据清单之内，因此暂且不能将数据电文采纳为证据；第三类证据法主要指普通国家的证据法，在诉讼中大多使用口头和对质的程序，对于通过次要来源，如个人所了解的情况（被称为"传闻证据"），法庭上一般不接受其作为证据。由于很难口头证明数据电文的正常性质，因此，在举证时数据电文容易被提出异议而列入"传闻证据"。由此可见，不同的证据法对待数据电文的举证问题是有不同的规定的。

我国没有专门的证据法，证据法律内容体现在《中华人民共和国民事诉讼法》《中华人民共和国行政诉讼法》《中华人民共和国刑事诉讼法》及相关司法解释之中，我国证据立法均采用列举式提出可接受的证据清单。按照我国三大诉讼法，可以说数据电文证据并未在法律条文中明确规定，也并不在七大类证据清单内。

2. 数据电文作为证据的可接受性问题

数据电文能否在法律上作为证据使用，一直是各国电子商务、电子签名立法中争议比较大的问题。这主要是因为：

（1）数据电文以电子形式出现，修正、更改或者补充各种数据非常方便，并且可以不留下任何痕迹。一般认为，除非将储存在计算机硬盘或其他类似载体的数据电文用纸质媒介打印出来，否则，在计算机储存的数据电文可以人为地或非人为地被销毁或改变而不留下任何痕迹。即使对数据电文进行加密也不能绝对保证安全，因为各种加密技术都有被解密的可能。

（2）当交易以电子形式进行时，数据电文只存在于交易双方的信息系统之中，缺乏第三人佐证。

（3）如果当事人在纠纷发生时不能用数据电文作为论据证明他们之间的权利义务关系，将使交易安全无法保证，使当事人对电子交易缺乏信心。

同时，证据，特别是书面证据，其主要功能就是通过原始形式准确、完整地展现所载内容，在数据电文能够满足法律规定的原件形式要求的情况下，数据电文在一定程度上已经可以起到证据的作用。因此，不应否定数据电文的证据效力，但可以规定一定条件。联合国贸法会《电子商务示范法》第9条第（1）款就对此作出了规定，在任何法律诉讼中，证据规则的适用在任何方面均不得以下述任何理由来否定数据电文作为证据：（a）仅仅以它是数据电文为由；（b）如果它是举证人按合理预期所能得到的最佳证据，以它并不是原样为由。

联合国贸法会的《电子商务示范法》明确规定，数据电文适用于证据的可接受性，因为在某些法域，这方面可能会发生特别复杂的争议。"最佳证据"是普通法系中某些法域容易理解的用语，也是必要的用语。但是，对于尚未熟知这一规则的法律系统，"最佳证据"概念有可能产生很多不确定性。在这一词语会被认为毫无意义甚至会产生误解的国家，应当避免提及"最佳证据"规则。

一些国家也在电子商务法、电子签名法中对数据电文作为证据的可接受性作出了规定。例如，美国《统一电子交易法案》第13条规定："诉讼程序中，不得仅仅因为记录或签名采取电子形式而否认其作为证据的效力。"韩国的《电子商务基本法》第7条对电子讯息作为证据的可接受性作出了规定："一项电子讯息，不得仅因为其以电子形式存在而在诉讼或其他法律程序中被认为是不可接受的证据。"此外，我国香港特别行政区的《电子交易条例》、澳大利亚的《电子交易法》也作了类似的规定。

我国借鉴了联合国贸法会的《电子商务示范法》的规定，在《中华人民共和国电子签名法》第七条对数据电文的证据可接受性作出了规定，数据电文不能仅因为其是以电子、光学、磁或者类似手段生成、发送、接收或者储存的而被拒绝作为证据使用。这样的规定可以认为是弥补了我国因没有专门的证据法而产生的空白。

3. 数据电文作为证据的证明力问题

不能以电子形式或不是原件为由拒绝承认数据电文为证据，只是为数据电文被法院承认为证据扫清了第一道障碍，即数据电文具有可接受性。但是数据电文作为证据的关键在于确定数据电文作为证据的证明力。一项数据电文作为证据是否真实，以及在多大的程度上具有证据力，需要综合考虑多种因素。联合国贸法会的《电子商务示范法》第9条第（2）款就对此作出了规定："对于以数据电文为形式的信息，应给予应有的证据力。在评估一项数据电文的证据力时，应考虑到生成、储存或传递该数据电文的办法的可靠性，保持信息完整性的办法的可靠性，用以鉴别发件人方法的可靠性，以及任何其他相关因素。"

《中华人民共和国电子签名法》借鉴了联合国贸法会《电子商务示范法》以及一些国家的规定。《中华人民共和国电子签名法》第8条规定，审查数据电文作为证据的真实性，应当考虑以下因素。

（1）生成、储存或者传递数据电文方法的可靠性；
（2）保持内容完整性方法的可靠性；
（3）用以鉴别发件人方法的可靠性；
（4）其他相关因素。

生成、储存或者传递数据电文方法的可靠性即在数据电文的生成、储存、传递等环节对其可靠性进行审查。在生成环节，考虑生成或录入数据电文的系统是否被非法人员控制、系统的维护和调试是否处于正常控制下、自动信息系统的程序是否可靠、录入者是否是在严格的控制下按照严格的操作程序并采用可靠的操作方法合法录入等；在储存环节，主要考虑数据电文采用了什么样的储存方法，这种方法是否可靠；在传递环节，要考虑传递、接收数据电文时所采用的技术手段或方法是否科学、可靠，传递数据电文的网络运营商是否公正、专业，传递的过程中有无加密措施、有无可能被非法截获等。

保持内容完整性方法的可靠性一般应考虑记录数据电文的信息系统是否处于正常的运行状态；在正常的运行状态下，系统对数据电文的操作是否有完整的记录；该记录是否是在该数据电文操作的当时或之后制作的等。

用以鉴别发件人方法的可靠性，一般考虑该数据电文是否有发件人的电子签名、该电子签名所采用的方法是否可靠、是否采用了第三方认证等。

其他相关因素是指可以证明数据电文可靠、完整的其他因素。

三、数据电文的通信与保存规则

（一）数据电文传递的当事人及信息系统等概念

在讨论数据电文的传递与保存之前，有必要弄清数据电文的发端人（发件人）、收件人、中间人、信息系统等概念。我国法律并未对这些概念进行定义，而是直接借鉴了联合国贸法会的《电子商务示范法》和其他一些国家、地区的相关规定。

1. 数据电文的发端人与收件人

联合国贸法会的《电子商务示范法》第2条第（c）、（d）款规定：一项数据电文的"发端人"系指可认定是由其或代表其发送或生成该数据电文然后予以储存的人，但不包括作为中间人来处理该数据电文的人；一项数据电文的"收件人"系指发端人意欲由其接收数据电文的人，但不包括作为中间人来处理该数据电文的人。

在大多数法律制度下，"人"这一概念是用来指明权利和义务的主体，应当解释为既包括自然人，也包括公司机构或其他法人实体。在没有人的直接干预的情况下由计算机自动产生的数据电文，也应认为包括在数据电文"发端人"的定义范围之内。但是，不应把《电子商务示范法》错误地解释为允许计算机成为权利和义务的主体。在没有人直接干预的情况下由计算机自动产生的电文应当视为由法人实体利用计算机"发出"电文。在这方面发生的有关代理的问题应由《电子商务示范法》以外的其他规则解决。《电子商务示范法》中的"收件人"是发端人意图通过传递数据电文来进行通信的人，有别于在传递过程中接收、转送、拷贝数据电文的任何人。"发端人"是做成数据电文的人，即使该电文是由另一人发送的。"收件人"的定义与"发端人"的定义不同，后者不以意图为重点。应当指出，按照《电子商务示范法》中对"发端人"与"收件人"的定义，某项数据电文的发端人和收件人有可能是同一个人。例如，一项数据电文是由作者存储起来的。但是，收件人将某一发端人传送的电文存储起来，这种情况将不能视为"发端人"。

此外，我国香港特别行政区的《电子交易条例》第2条规定：就发讯者所发出的任何电子记录而言，"收讯者"（addressee）指发讯者指明接收该记录的人，但不包括中介人。

2. 中间人

联合国贸法会的《电子商务示范法》第2条第（e）款规定：就某一特定数据电文而言，"中间人"是指代表另一人发送、接收或储存该数据电文或就该数据电文提供其他服务的人。

《电子商务示范法》并未忽略中间人在电子通信领域中的至关重要性。此外，《电子商务示范法》中需要有"中间人"这一概念，以确定发端人或收件人与第三方之间的必要区别。"中间人"的定义旨在包括除发端人和收件人之外起到中间人作用的任何人，无论是专业的还是非专业的。规定中列出了中间人的主要作用，即代表另一人接收、发送或储存数据电文。《电子商务示范法》所定义的"中间人"不是一般类别，而是针对每一个数据电文，因而承认同一个人可以是一项数据电文的发端人或收件人，但却只能是另一数据电文的中间人。

此外，我国香港特别行政区的《电子交易条例》第2条规定：就某特定电子记录而言，"中介人"（intermediary）指代他人发出、接收或储存该记录，或就该记录提供其他附带服务的人。

3. 信息系统

联合国贸法会《电子商务示范法》第2条第（f）款规定："信息系统"是指生成、发送、接收、储存或用其他方法处理数据电文的一个系统。

"信息系统"的定义包括了用来发送、接收和储存信息的各种技术手段。例如，根据实际情况，"信息系统"的概念可以指一个通信网络，在其他情况下，又可包括一个电子邮箱，甚至电传复印机。

此外，许多国家和地区也遵循了联合国贸法会的《电子商务示范法》的思路，对信系统的要求作出了规定。我国香港特别行政区的《电子交易条例》第 2 条规定,"资讯系统"是指符合以下所有说明的系统:(a)处理资讯的;(b)记录资讯的;(c)能用作使资讯记录或储存在不论位于何处的其他资讯系统内,或能用作将资讯在该等系统内以其他方式处理的;(d)能用作检索资讯的。

美国的《统一电子交易法案》第 2 条第(11)款规定:"信息处理系统"是指创制、生成、发送、接收、存储、显示或处理信息的系统。

澳大利亚的《电子交易法》第 5 条规定:"信息系统"是指为了产生、传送、接受、储存或处理电子信息通信的任何系统。

(二)数据电文的归属与确认收讫

1. 数据电文的归属

一项数据电文发出以后,当收件人收到该数据电文时,往往需要确认该数据电文是否为发送人的真实意思。在传统的商业合同订立过程中,这种当事人意思确认并不难,而在网上交易的过程中,由于当事人在交易过程中运用了电子化的信息处理和传输系统,交易各方在交易过程中往往并不见面或者相互并不了解。在这种情况下,如何有效地确认一项数据电文的发送主体,并防止数据电文的发送主体在其发送数据电文后对其意思表示予以抵赖,这就需要确立有关确认数据电文归属的规则。

联合国贸法会《电子商务示范法》第 13 条规定:

(1)一项数据电文,如果是由发端人自己发送,即为该发端人的数据电文。

(2)就发端人与收件人之间而言,数据电文在下列情况下发送时,应视为发端人的数据电文:

(a)由有权代表发端人行事的人发送;

(b)由发端人设计程序或他人代为设计程序的一个自动动作的信息系统发送。

(3)就发端人与收件人之间而言,收件人有权将一项数据电文视为发端人的数据电文,并按此推断行事,如果:

(a)为了确定该数据电文是否为发端人的数据电文,收件人正确地使用了一种事先经发端人同意的核对程序;

(b)收件人收到的数据电文是由某一人的行为而产生的,该人由于与发端人或与发端人代理人的关系,得以使用本应由发端人用来鉴定数据电文确属源自其本人的某一方法。

(4)第(3)款自下列时间起不适用:

(a)自收件人收到发端人的通知,获悉有关数据电文并非该发端人的数据电文起,但收件人要有合理的时间采取相应的行动;

(b)如属第(3)款(b)项所述的情况,自收件人只要适当加以注意或使用任何商定程序便知道或理应知道该数据电文并非发端人的数据电文的任何时间起。

(5)凡一项数据电文确属发端人的数据电文或视为发端人的数据电文,或收件人有权按此推断行事,则就发端人与收件人之间而言,收件人有权将所收到的数据电文视为发端人所要发送的电文,并按此推断行事。当收件人要适当加以注意或使用任何商定程序便知道或理应知道所收到的数据电文在传送中出现错误,即无此种权利。

(6)收件人有权将其收到的每一份数据电文都视为一份单独的数据电文并按此推断行

事，除非它重复另一数据电文，而收件人只要加以适当注意或使用任何商定程序便知道或理应知道数据电文是一份复本。

第（1）款陈述了发端人如果事实上发送了一项数据电文，就得受该电文的约束；第（2）款说明了当数据电文不是由发端人发出，而是由有权代替发端人行事的另一人发出时的情况；第（3）款处理了收件人可以相信一项数据电文是发端人的数据电文的两种情况；第（4）款的意思不是规定收到（a）项所述的通知后原先的电文即宣布作废，而是发端人可免受电文的约束；此外，第（4）款关于"合理的时间"的含义，应理解为，通知的发出应足以使收件人有充分时间来采取行动。例如，假若要求收件人按时供货，应让收件人有时间调整其生产环节。第（5）款的用意是，电文一经发出，发端人便不得推翻或否认，除非收件人知道或本应知道该数据电文并非发端人的电文；第（6）款涉及数据电文的错误重复问题。

有可能造成这种结果：如果收件人适时运用了商定的核对程序，即使他明知该数据电文并不是发端人的电文，也有权根据数据电文行事。《电子商务示范法》规定人们应当承受这种情况的风险，为的是保持核证程序的可靠性。

《中华人民共和国电子签名法》借鉴了联合国贸法会《电子商务示范法》，在第9条对数据电文的归属作了如下规定：

（1）经发件人授权发送的；

（2）发件人的信息系统自动发送的；

（3）收件人按照发件人认可的方法对数据电文进行验证后结果相符的。

依据民法上的代理原理，代理人以被代理人的名义从事民事法律行为，其行为结果归属于被代理人。而代理人取得代理权往往需要有被代理人的授权。在电子商务中，经发件人授权的人代理发件人发送数据电文，其行为的后果自然由发件人承担，其所发送的数据电文自然被视为是发件人的数据电文。

随着现代计算机和互联网技术的发展，计算机自动信息系统被越来越多地应用于电子商务领域，当事人的意思表示在很多情况下是通过计算机自动信息系统来做出的。当事人通过在自己的计算机系统中设置一定的程序来实现计算机的自动操作，从而实现在现代电子商务环境下一方当事人重复作出大量相同或者类似的意思表示的要求，节省交易时间，提高交易效率。当然，发件人利用计算机信息系统自动发送的情况下，信息系统必须是为发件人所能够控制的，第三方通过不合法的手段进入发件人的信息系统或者篡改发件人设计的自动发送程序发送信息的，发件人有权主张对其所发出的信息不承担责任。

收件人收到发件人发出的一项数据电文以后，可以运用一定的方法或者手段对数据电文的发送主体进行验证，确认其所收到的数据电文为某一人发出。这些可以运用的方法或者手段包括验证发件人的电子签名或者其他发件人认可的方法。一旦运用发件人认可的方法对数据电文进行验证，发现验证后的数据电文与原件相符的，则该数据电文被视为是发件人发送的。

《中华人民共和国电子签名法》第9条第（2）款规定赋予了当事人约定的优先权。例如，当事人之间可以约定一项数据电文必须经由发件人亲自发送才视为发件人发送，或者约定发件人的信息系统自动发送的数据电文不作为是发件人发送的数据电文。在这些情况下，当事人的约定优先于本条第（1）款的规定适用。

2. 数据电文收讫的确认

是否使用功能性的收讫确认，由电子商务用户作出决定，但是为了保证数据电文传输的可靠性，许多信息系统都设置了收讫确认功能。考虑到确认收讫所具有的商业价值以及在电子商务上广泛使用此种系统，并因此产生了一系列的法律问题，联合国贸法会的《电子商务示范法》对确认收讫程序而产生的一系列法律事项作了规定。

联合国贸法会的《电子商务示范法》第 14 条作了如下规定：

（1）本条第（2）～（4）款适用于发端人发送一项数据电文之时或之前，或通过该数据电文，要求或与收件人商定该数据电文需确认收讫的情况。

（2）如发端人未与收件人商定以某种特定形式或某种特定方法确认收讫，收件人可通过足以向发端人表明该数据电文已经收到的任何自动化传递或其他方式的传递，或收件人的任何行为，来确认收讫。

（3）如发端人已声明数据电文须以收到该项确认为条件，则在收到确认之前，数据电文可视为从未发送。

（4）如发端人并未声明数据电文须以收到该项确认为条件，而且在规定或商定时间内，或在未规定或商定时间的情况下，在一段合理时间内，发端人并未收到此项确认时：

（a）可向收件人发出通知，说明并未收到其收讫确认，并定出必须收到该项确认的合理时限；

（b）如在（a）项所规定的时限内仍未收到该项确认，发端人可在通知收件人之后，将数据电文视为从未发送，或行使其所拥有的其他权利。

（5）如发端人收到收件人的收讫确认，即可推定有关数据电文已由收件人收到。这种推断并不含有该数据电文与所收电文相符的意思。

（6）如所收到的收讫确认指出有关数据电文符合商定的或在适用标准所规定的技术要求时，即可推定这些要求已被满足。

（7）除涉及数据电文的发送或接收外，本条无意处理源自该数据电文或其收讫确认的法律后果。

对上述条款的理解，我们可以简单总结为以下几点：

（1）收件人知道或者应当知道数据电文不属于发件人的，不可将该数据电文视为发件人发送；

（2）数据电文根据双方约定或者法律规定，需要确认收讫的，应当确认收讫。在收到确认之前，数据电文可视为未发送；

（3）数据电文根据双方约定需要确认收讫，但未约定确认收讫方式的，收件人可以通过足以向发件人表明该数据电文已经收到的方式确认收讫；

（4）发件人收到收件人的收讫确认，即可推定有关数据电文已由收件人收到。但此项推定并不表示该数据电文与所收到的电文相符。

《中华人民共和国电子签名法》第 10 条规定：法律、行政法规规定或者当事人约定数据电文需要确认收讫的，应当确认收讫。发件人收到收件人的收讫确认时，数据电文视为已经收到。

依据本条的规定，如果有其他法律、行政法规规定数据电文需要确认收讫的，收件人应当依法确认收讫。目前，我国尚未有法律、行政法规对数据电文的确认收讫作出明确的要求。但是，随着我国电子商务的迅速发展以及相关法律制度的不断健全，今后可能会有一些法律或者行政法规针对某些以数据电文形式储存或者传递的文件或者单证等作出规定，要求这些文件或者单证必须要经过收件人的确认收讫。在这些情况下，数据电文必须经收讫确认：如果从事电子商务或者其他活动的当事人之间约定，数据电文必须经过收讫确认才能对当事人产生约束力，那么在这种情况下，数据电文同样需要确认收讫；在确认收讫的情况下，数据电文的收到时间为发件人收到收件人的收讫确认的时间。

（三）数据电文发送与接收的时间与地点

在许多现有法律规则的实施中，必须确认收到信息的时间和地点。通信技术的发展使得收到信息的时间和地点难以确定。例如，电子商务的使用者将信息从一国发到另一国，但并不知道通信作业经由哪些地点的信息系统来完成。此外，某些通信系统可能在通信各方并不知道的情况下改变了所在地。因此，有必要对数据电文发送与接收的时间和地点作出相应的法律规定。

1. 数据电文发送与接收的时间

联合国贸法会《电子商务示范法》第 15 条前 3 款规定：

（1）除非发端人与收件人另有协议，否则一项数据电文的发出时间以它进入发端人或代表发端人发送数据电文的人控制范围之外的某一信息系统的时间为准。

（2）除非发端人与收件人另有协议，否则数据电文的收到时间按下述办法确定：

（a）如收件人为接收数据电文而指定了某一信息系统：①以数据电文进入该指定信息系统的时间为收到时间；②如果数据电文发给了收件人的一个信息系统但不是指定的信息系统，则以收件人检索到该数据电文的时间为收到时间。

（b）如果收件人并未指定某一信息系统，则以数据电文进入收件人的任一信息系统的时间为收到时间。

（3）即使设置信息系统的地点有同于根据第（4）款规定所视为的收到数据电文的地点，第 2 款的规定仍然适用。

2. 数据电文发送与接收的地点

联合国贸法会《电子商务示范法》第 15 条第（4）款对数据电文发送与接收的地点作出如下规定：除非发端人与收件人另有协议，数据电文应以发端人设有营业地的地点视为其发出地点，而以收件人设有营业地的地点视为其收到地点。就本款的目的而言：（a）如果发端人或收件人有一个以上的营业地，应以对基础交易具有最密切关系的营业地为准，又如果并无任何基础交易，则以其主要的营业地为准；（b）如果发端人或收件人没有营业地，则以其惯常居住地为准。

在电子商务中，收件人收到数据电文的信息系统或者检索到数据电文的信息系统常常是设在并非收件人所在地的一个管辖区内，现行法律并不能妥善解决这一问题。因此，《电子商务示范法》作出这一规定的出发点是要确保一个信息系统的地点不作为决定性因素，确保收件人与视为收到地点的所在地有着某种合理的联系，而且发端人可以随时查到该地点。《电子商务示范法》并不具体规定应以何种方式指定一个信息系统，也不具体规定在指定之后收件人可否再予更改。

该款内提及的"基础交易"既指实有的也指预期的基础交易。该款内使用"营业地""主要的营业地"和"惯常居住地"这些词语，是为了使其与《联合国国际货物销售合同公约》第 10 条相一致。

《中华人民共和国电子签名法》对数据电文发送与接收的地点的规定借鉴了《电子商务示范法》的相关规定，在第12条规定：发件人的主营业地为数据电文的发送地点，收件人的主营业地为数据电文的接收地点。没有主营业地的，应以其经常居住地为发送或者接收地点。当事人对数据电文的发送地点、接收地点另有约定的，应遵从其约定。

《中华人民共和国电子签名法》第12条的规定与《中华人民共和国合同法》的规定基本上是一致的。《中华人民共和国合同法》第34条规定，采用数据电文形式订立合同的，收件人的主营业地为合同成立的地点；没有主营业地的，其经常居住地为合同成立的地点。与《中华人民共和国电子签名法》不同的是，《中华人民共和国合同法》规定是要通过主营业地来确认合同成立的地点，而《中华人民共和国电子签名法》规定是要通过主营业地来确定数据电文的发送和接收地点，因为数据电文的发送和接收地点不仅与合同成立的地点相联系，在其他领域的法律关系中，如确认以数据电文形式发布的公告或者通知的生效地点，以主营业地作为标准来确认数据电文的发送和接收地点同样具有法律意义。第（2）款规定赋予了当事人约定的优先权。当事人可以对数据电文的发送地点、接收地点作出与本条规定不同的约定。例如，作为企业法人的当事人可以约定数据电文的发送或者接收地点为双方的注册登记地。在当事人之间有约定的情况下，当事人的约定优先于本条的规定适用。

（四）数据电文的保存

在一些法律中，为了使某一文书所含信息在一定的时间内均可以调取查用，会对其保存期限提出要求。例如，《中华人民共和国税收征收管理法》规定，从事生产、经营的纳税人、扣缴义务人必须按照国务院财政、税务主管部门规定的保管期限保管账簿、记账凭证及其他有关资料。一项文书如果要达到法律规定的保存要求，一般要满足以下条件：

（1）该文书能够被随时调取查用；

（2）该文书所载内容能够被准确地再现，即每次调取查用时，所呈现的文书内容同该文书最初形成时的内容是完全一致的；

（3）对文书原始性的要求，即最好能够保存与原始文书有关的各种信息。

传统法律对文件保存的要求主要是针对纸质书面文书提出的，对数据电文的保存规定很难适用，据此联合国贸法会《电子商务示范法》第10条规定：

（1）如法律要求某些文件、记录或信息须留存，则此种要求可通过留存数据电文的方式予以满足，但要符合下述条件：（a）其中所含信息可以调取，以备日后查用；（b）按其生成、发送或接收时的格式留存了该数据电文，或以可证明能使所生成、发送或接收的信息准确重现的格式留存了该数据电文；（c）如果有的话，留存可据以查明数据电文的来源和目的地以及该电文被发送或接收的日期和时间的任何信息。

（2）按第（1）款规定留存文件、记录或信息的义务应包括为了使电文能够发送或接收而使用的所有信息。

（3）任何人均可通过使用任何其他人的服务来满足第（1）款所述的要求，但要满足第（1）款（a）、（b）和（c）项所列条件。

对数据电文保存的规定是针对现有的信息储存要求（如为审计或税收目的）确立了一套替代规则，因为现有的要求可能造成对发展现代贸易的障碍。

本章小结

数据电文是随科学技术的进步、计算机的普及而日益发展起来的一种新兴的"书面合同"形式。数据电文使用中的规范化以及与之配套的法律制度的建立，是当今社会必须解决的问题。本章的内容就是让大家了解和掌握数据电文操作过程中应注意的事项，主要有数据电文的形式、效力、发送与接收、归属与保存等。通过本章的学习有助于读者在电子商务活动中运用这些规则，以解决所面临的问题。

复习思考题

1. 简述数据电文与传统书面的异同。
2. 简述我国合同法中的"数据电文"与示范法中的"数据电文"的关系。
3. 简述数据电文的归属与保存规则。
4. 讨论数据电文是否能够完全代替纸面文件。

在线测试题

扫描书背面的二维码，获取答题权限。

第四章
电子签名法律法规

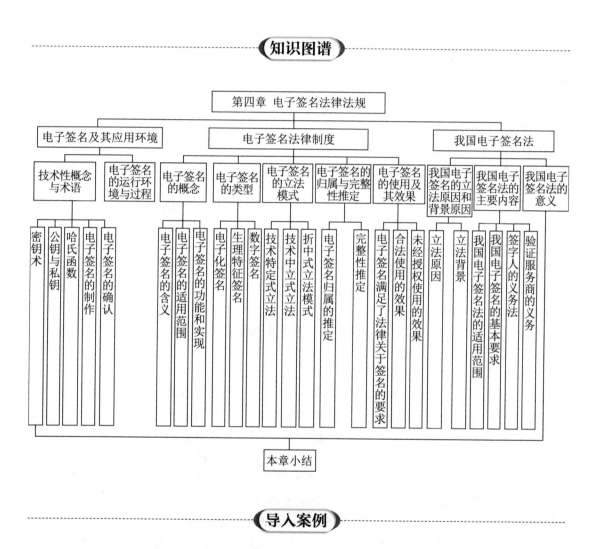

导入案例

司法部发布第二批疫情防控和企业复工复产公共法律服务典型案例之四：广州实行电子司法鉴定意见书——电子司法鉴定意见书在疫情期间发挥突出的服务和管理效能。

为应对新冠病毒肺炎疫情暴发汹涌之势，2020年1月15日，广州市司法局、广州市中级人民法院、广州市人民检察院、广州市公安局联合发出通告，广州率先建成"公法链"，全市鉴定机构统一接入，全市年约10万件鉴定检案全面实行电子司法鉴定意见书对外存、取证服务和管理新模式，同时全面停止传统手写签名和盖章的纸质鉴定意见书，不再主动提供上门领取和快递送达服务。电子司法鉴定意见书遵循《中华人民共和国电子签名法》的规定，运用区块链等新技术高效加密、防篡改，通过人脸识别技术确认承办司法鉴定检案的鉴定人、复核人身份，审核司法鉴定意见书文稿后签发。司法鉴定人签名及司法鉴定机构印章数字证书由权威CA证书授权中心（Certificate Authority，CA）机构颁发，电子司法鉴定意见书生成后，委托人、使用人即可通过接收到的统一案号、校验码在"广州公法链示证平台"查询、调阅和下载。电子司法鉴定意见书与纸质司法鉴定意见书同等效力，社会反响十分热烈。

（一）多措并举，强化监督管理。一是通过手机即时人脸识别技术，签发电子司法鉴定意见书，有效破解了鉴定人不实际参与鉴定，提前签名带来的鉴定人负责制得不到落实、鉴定质量得不到保障、执业风险得不到管控等问题。二是复核人复核司法鉴定意见书纳入即时人脸识别签批，从根本上解决了司法鉴定意见书复核制度落实不到位的问题，为司法鉴定意见的科学性、客观性、可靠性加了一把安全锁。三是签发司法鉴定意见书实行一案一刷脸，增加了鉴定人的仪式感，强化了鉴定人的责任感。四是破解纸质司法鉴定意见书查验不便，尤其是被篡改使用带来的严重司法不公和社会危害性问题。五是应用区块链加密分布式存储等技术，全流程记录鉴定意见书文本上传、鉴定人身份识别、鉴定人签章、复核签发、电子鉴定意见书生成以及委托人提取意见书与源文件哈希值比对查伪等步骤，为司法鉴定出现争议时提供可靠证据，对鉴定人、鉴定机构，乃至负责管理系统的工程技术人员都形成严格互相监督制约机制，从程序上防范各种风险发生。

（二）网络平台推送，提高办案效能。鉴定人不受地域限制可随时随地签发电子司法鉴定意见书；系统自动向检案委托人发送统一案号和查询校验码的手机短信，实现司法鉴定意见书的签发和提取使用同步，解决了鉴定意见书领取或送达费时费力，特别是办案机关在办理时效性极强的"酒驾"、毒品鉴定时多次往返和长时间在鉴定机构等候及往返占用大量警力的问题；满足了诸如互联网法院等办案机关需远程提取或提供电子证据的新业态需求；逐步实现办案证据公、检、法、司等部门之间的无缝、可靠、机制化流转，真正实现了信息多跑路，群众少跑腿。

（三）规范业务办理，提高鉴定质量。根据《中华人民共和国电子签名法》《司法鉴定程序通则》和《全国司法鉴定管理信息系统技术规范》，结合广州市司法鉴定行业实际，在"广州公法链"中统一设定文书流转程序规则，通过人脸识别身份认证、电子签名、权限控制等技术，监督鉴定人员在规定的流程范围、规定的职权范围处理鉴定事项，确保了所有鉴定机构和鉴定人按照整齐划一的程序标准出具电子司法鉴定意见书，规范了司法鉴定执业活动，有效地提高了司法鉴定质量及服务水平。

案例评析：司法鉴定管理难一直是困扰司法机关和社会的难题，广州市司法局深入贯彻落实习总书记关于区块链的战略部署，充分运用区块链、人脸识别和电子鉴定文书等新技术较好地破解了司法鉴定管理的难题。依托公法链技术的强大支撑，在疫情面前，鉴定机构和广大服务对象没有按下鉴定活动"暂停键"。通过这一创新模式办理了公安机关侦破酒驾、毒品、交通事故类案件，行政执法机关追查野生动物非法交易等各类司法鉴定案件4 000多件，大大减少了人与人的密切接触、节约了办案人力和路途往返时间、降低了鉴定相关人员病毒传染概率，便捷、高效的司法鉴定服务和管理在疫情期间发挥了极为特殊的作用。

资料来源："北大法宝"中国法律信息总库.司法部发布第二批疫情防控和企业复工复产公共法律服务典

型案例之四：广州实行电子司法鉴定意见书——电子司法鉴定意见书在疫情期间发挥突出服务和管理效能 [eb/ol]-https://www.pkulaw.com/pfnl/a6bdb3332ec0adc42eaef508f0b8fdce40e2cfb6f9a5841dbdfb.html，2020-04-01/2020-10-22。

第一节　电子签名及其应用环境

一、技术性概念与术语

（一）密钥术

密钥术是应用数学的一个分支，研究如何将原信息转换为表面无法理解并可予以复原的科学。电子签名是通过加密术生成和确认的。它是基于一种被称为"公钥"的密钥术，建立在可以产生两组不同，但有数学关系的"密钥"的算法上（使用一组数学公式，用通过运算得到的密钥生成电子签名或将数据转化为无法理解的形式，用另一个密钥来确认电子签名或将信息还原为原形式。计算机设备和使用这两组密钥的软件统称为"密钥系统"，更具体地说是"非对称密钥系统"，因为它们依赖于使用不对称的算法，尽管使用加密术是电子签名的一个主要特征，但是，电子签名仅是被用来确认一个信息里包含数字形式的信息这一事实，不应与更常见的为保密目的而使用的密钥术相混淆。为保密目的而加密是一种将整个电子通信编码的方法，该方法使得只有信息的发件人与收件人才能识别。许多国家的法律将用于保密目的的加密术限制在涉及国防的公共政策场合。然而，为认证目的使用密钥术生成电子签名，并不一定意味着在通信过程中使用密钥术是为了对信息保密，因为被加密的电子签名可能仅仅附在没有加密的信息之后。

（二）公钥与私钥

被用于电子签名的补充密钥称作"私钥（私密钥）"，它只能由签署者用来生成电子签名。而为公众所熟知的"公钥（公共密钥）"，则主要是被对方用于确认数据签名。密钥用户必须对其私密钥保密。应注意的是，一般个人用户并不需要知道私密钥，它可能保存于智能卡中，或是通过个人身份号码，最好是使用诸如指纹辨别的仿生识别设施来查取。如果需要确认签署者的电子签名的人数众多，那么其公共密钥必须让所有需要的人能够查取或者分发给他们。例如，将公共密钥放在网上数据库，或在其他容易查取的公开目录中。尽管这些密钥对在数学上是相关的，但所设计出来的不对称密钥系统能够安全运作，要根据已知的公共密钥来推导出私密钥，几乎是不可能的。在通过公共密钥和私密钥进行加密中，最常见的算法是根据质数所具有的重要特征：一旦它们相乘，将产生一个新的数字，要想弄清这个新的、非常巨大的数字是由哪两个质数产生，是极其困难且耗神费力的，因此，尽管许多人可能知道签署者的公共密钥，并用来确认数据签名，但根本不可能发现签署者的私密钥，更谈不上用来伪造电子签名。然而，公钥编码术并不一定使用上述基于质数的算术法，例如使用椭圆形曲线的密钥系统等能够通过很短的密钥达到更高的安全度。

(三)哈氏函数

除了产生密钥对以外另一个被称为"哈氏函数功能"的基础过程,也被用来生成和确认电子签名。哈氏函数功能其实是一种数学计算过程。该过程建立在以"哈氏函数值"或"哈氏函数结果"形式,生成信息的数字表达式或压缩形式(通常称作"信息摘要"或"信息标识")的计算方法之上,信息的哈氏函数值或哈氏函数结果的标准长度,通常比信息本身小得多,但可以从实质上将两者等同起来。当使用统一哈氏函数功能时,对信息的任何改变都不可避免地产生不同的哈氏函数结果。在安全的哈氏函数功能(有时称作单向哈氏函数功能)情形下,要想从已知的哈氏函数结果中推导出原信息来,实际上是不可能的。因而哈氏函数功能可以使软件以较少数据量运作生成电子签名,保持与原信息内容之间密切相关,且有效地保证信息在经数字签署后不被修改。

(四)电子签名的制作

签署文件或其他条款时,签署者首先须准确界定要签署内容的范围,再用签名软件中的哈氏函数功能计算出被签署信息唯一的哈氏函数值(为实用目的),然后使用其私密钥将哈氏函数值转化为电子签名。得到的电子签名对于被签署的信息和用以生成电子签名的私密钥而言,都是独一无二的。通常,电子签名(对一条信息的哈氏函数结果的数字签署)被附在信息之后,并随同原信息一起储存和传送。然而,只要能保持与相应信息之间联系的可靠性,就可作为单独的数据元被存储和传送。因为电子签名与所签署的信息之间具有唯一性。假如电子签名与信息完全没有联系,则变得毫无意义。

(五)电子签名的确认

签名的确认是参照原信息和给定的公共密钥来查验电子签名的过程,进而确定同一信息使用私密钥生成的电子签名与被参照的公共密钥是否保持一致。通过使用与生成电子签名相同的哈氏函数值,来计算出原信息新的哈氏函数值,以达到对数据签名的确认。接着,使用公共密钥和新的哈氏函数值确认者可以检查电子签名是否是使用相应的私密钥签署的,新计算出来的哈氏函数结果是否与在签名过程中被转化为电子签名的原哈氏函数值相匹配。如果满足以下两个条件,则鉴别软件将判定电子签名为"已获确认":第一,签署者是以其私密钥对信息进行数据签名的。其公共密钥只能用于确认其使用私密钥签署的电子签名。而事实上,该公共密钥已经确认了签名是由其私密钥作出的。第二,信息未曾被改变。可通过将鉴别者计算出来的哈氏函数值与从电子签名中得到的哈氏函数结果相对比,而得出确认结论。

二、电子签名的运行环境与过程

为了确认电子签名,信息接收方必须取得签署者的公共密钥,并且保证其与签署者私密钥相匹配。然而,公共密钥与私密钥对并不天然地与任何人相联系,它只是一组数字而已。因此,需要一种组织机制,可靠地将这组密钥与某个特定的人或实体联系起来。如果要使公共密钥执行其应有的作用,则需要一种渠道向公众发送该密钥。对发送人而言,许多需要公共密钥的都是陌生人,事先并不与其存在信任关系。为了达到确认的目的,相关当事人必须完全信任发出的公共密钥及私密钥。

上述信任可能产生于有信任关系的当事人之间。他们可能经过了长时间的相互交往，可能在封闭的社区里有所交往，也可能在封闭的团体里共事，或者有合同关系约束他们，如贸易伙伴协议等。在仅涉及双方当事人的场合，每方当事人只需交换其密钥对中的公共密钥（通过相对安全的渠道，如信使或电话，其本身就有内在的语音识别特征）。然而，同样的信任却很难在未建立经常交往关系的当事人之间产生。他们不在同一集团内共事，没有贸易伙伴协议或其他法律来约束他们，只能通过开放性系统来互相交流（如因特网上的万维网）。

签署者可以发表声明，表示某一公共密钥确认的签名可以当作他发出的。然而其他人却可能不接受此声明，特别是事先没有合同确立公开声明的法律效力时。在开放性系统中，信赖如此一个缺乏基础的公开声明的人，将承担因疏忽大意而受骗的风险，或者当交易可能证明对接受签名者不利时，还将承担反驳否认电子签名的责任（称为"不得否认"）。

第二节 电子签名法律制度

一、电子签名的概念

（一）电子签名的含义

从上述法律规定来看，凡是能在电子通信中，起到证明当事人的身份、证明当事人对文件内容的认可的电子技术手段，都可被称为电子签名，即只要符合下列条件就可认定为电子签名：必须体现为电子形式；必须依附于数据电文；必须识别签名人的身份并表明签名人认可与电子签名相联系的数据电文内容。

（二）电子签名的适用范围

电子签名是现代认证技术的一般性概念，它是电子商务安全的重要保障手段。但在下列文书中不得使用电子签名。

（1）涉及婚姻、收养、继承等人身关系的。

（2）涉及停止供水、供热、供气、供电等公用事业服务的。

（3）法律、行政法规规定的不适用电子文书的其他情形。

（三）电子签名的功能和实现

1. 电子签名的功能

签名的基本功能在于标示当事人的身份及其对文件内容的承认、同意。电子签名作为一种新型的签名形式，除了具有上述基本功能外，还具有传统签名所不具有的特殊功能。

（1）保密功能。经过电子签名的数据电文只有在接收方知道发送方的公钥时，才能够对密文进行解密从而得到该数据电文的内容。双方的通信内容高度保密，第三方在没有获取发送方的公钥时是无从知晓明文的。虽然，互联网遵循传输控制协议/网际协议

（transmission control protocol/internet protocol，TCPP），是一个开放、公开的网络环境，其他人在网络上可能会截取该数据电文，但由于缺乏发送方设置的该数据电文的公钥也无法解密。由此可见，在数据电文上使用电子签名可以极大地增强其保密性和安全性。

（2）完整性。鉴于电子签名的保密性，数据电文的内容很难被其他人任意改动或篡改。因此，电子签名对保证数据电文内容的完整性有较强的作用。

（3）身份认证。在网络中，人们使用域名连接到特定的服务器从而成功完成交易。如果客户在连接服务器时发生了错误，就可能会面临被欺诈的风险。例如，在电子商务交易中客户一旦连接到错误的服务器，当输入银行账户和密码时就可能被盗，给交易方造成重大的经济损失。那么，使用电子签名的服务器证书就能够证明客户访问的服务器确实是客户想要访问的服务器，从而有效避免被欺。

（4）证明性。数据电文的发送方一旦将附有电子签名的信息发出，就不能再否认，即不可抵赖或否认发送方曾实施过该行为。

（5）其他功能，如数字时间戳、虚拟专用网证书、软件发行者证书等其他新增功能。

2. 电子签名的实现

实现电子签名的技术手段具有多样性。目前，在世界先进国家和我国普遍使用的电子签名技术一般是基于公钥基础设施（public key infrastructure，PKI）的电子签名技术。其过程 [电子签名（见图 4-1）阶段和电子签名核查阶段（见图 4-2）] 一般包括以下环节：

图 4-1　电子签名阶段

资料来源：张楚. 电子商务法 [M]. 北京：中国人民大学出版社，2011.

以上七个环节为电子签名实现的第一个阶段，即电子签名阶段。

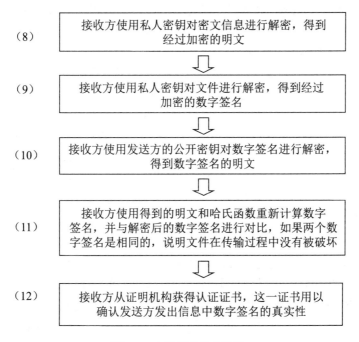

图 4-2　电子签名核查阶段

资料来源：张楚．电子商务法 [M]．北京：中国人民大学出版社，2011．

以上五个环节为电子签名实现的第二个阶段，即电子签名核查阶段。

二、电子签名的类型

电子签名的具体方式是多样化和开放性且处在不断发展之中。所有能够与传统签名的功能相等价的电子签名方式，都可以包含在其中，它包括了从普通的个人口令、密码，到电子签名以及生物特征鉴别法等高级的电子签名方式。

（一）电子化签名

这种签名将手写签名和数字化技术相结合。使用者在特别设计的感应板上输入其亲笔签名，电脑感应后再经过密码化处理，将该签名资料与其所要签署的文件相结合，达到原先以纸张作为媒介时亲笔签名所要完成的签署和证明动作，使他人无法修改已经签署的文件。在没有经过授权的情况下，无法看到原本文件上的签名，对经过签署的文件的任何修改都会留下记录。在进行鉴定时，仍需要采用传统的笔迹鉴定技术，签署方要先把其签名样式交给公信单位留存，以备查验。这种方式的优点在于仍维持传统手写的方式，符合一般大众使用笔为书写工具及签名表示身份并确认意思表示的习惯。

（二）生理特征签名

生理特征签名是指一种把签名与用户的个人生理特征（如指纹、视网膜纹、脑电波或声波等）相联系的测定方法。采用这种方法必须首先收集用户的生理特征的测定样本，然后从这一样本中抽取生理测定数据，并创建一个参考模板，最后将个人的生理特征测定数据与储存在参考模板上的生理特征数据进行比较，从而确认生理测定样本所涉及人的身份，并证实由该人发出的通信的真实性。

生理特征签名方法虽然安全性较高，但是也存在一定的缺陷。例如，要将用户的生理特征转化为电子资料的设备以及技术比较昂贵，如果要完成签名，还需要昂贵的软件和大量的计算机存储，需要事先建立庞大的资料库以供事后确认和比对，这些过程所需的成本都很高。[①] 而且，生理特征测定方法也存在一定的风险。由于生理特征测定模式一般不能被废止，当测定系统失密后，合法用户不能追诉，只能废止身份查验数据，并转向另一套未失密的身份查验数据。因此，这是有可能导致生物测定数据库的滥用。

（三）数字签名

数字签名是一种应用非对称密码系统对信息运作产生的转换体，它是随着加密技术的发展而产生的，是以确保电文的真实性，并保证这些电文内容的完整性的一种技术应用程序。数字签名技术是公钥加密体制（非对称加密体制）的一种应用，其加密密钥与解密密钥为两个不同的密钥，一把用来对普通文本加密，另一把用于将加密文本还原为普通文本，使用时，密钥使用者自己保存其中的一把，并对该密钥保密，这把密钥被称为"私钥"，另一把可以保存在系统目录、未加密的电子邮件服务、电话黄页中或公告牌上，向他人公开，这便是人们所说的"公钥"。这是两个相互依赖的密钥。数据签名的主要运作方式是：信息发送者通过运行散列函数，生成一个欲发送报文的信息摘要，然后用所持有的私钥对该信息摘要进行加密以形成发送方的数字签名。这个数字签名将作为报文的附件和报文一起发送给接收方。接收方在收到信息后，首先运行和发送相联系的散列函数生成接收报文的信息摘要，然后再用发送方的公钥来对报文所附的数字签名进行解密，产生原始报文的信息摘要，通过比较两个信息摘要是否相同就可以确认发送方。通过数字签名能够实现对原始报文完整性的鉴别和不可抵赖性。

由于数字签名运作方式简便，成本低廉，安全性高，被认为是迄今为止发展最为成熟和完善的一类电子签名。

三、电子签名的立法模式

电子签名是保障电子商务安全的重要措施，其法律规范大都包含在电子商务法或电子签名法中。目前，至少已有不少国家制定了专门的电子签名法，或者在其电子商务法中包含了电子签名法律制度。

世界各国已颁布的电子签名法规，不仅名目繁多，而且内容各异，反映了不同的立法思想。总体来说，与本章前述三种电子签名概念相对应，其法律规范也可分为三大类：技术特定式；技术中立式；折中式（技术特定和技术中立方式并用）。三类立法模式各有千秋，利弊共存。

---

① 资料来源：郭德忠. 技术特定与技术中立之争——电子签名立法模式之比较研究[J]. 湖南政法管理干部学院学报，2001（4）：46.

（一）技术特定式立法

该方式将电子签名技术作为电子签名的法定技术，集中规定了电子签名的技术规则和法律效果，又可分为三小类：纯技术标准型、确认法律效果型和组织机构型。

1. 纯技术标准型

纯技术标准型模式是将电子签名技术作为电子商务的安全技术标准，涉及了电子签名的一般应用，却没解决由此而产生的法律后果的问题，不包含有关责任分担条款，如德国的《电子签名法》。

2. 确认法律效果型

确认法律效果型模式不但给电子签名以法律确认，而且规定了有关责任分配条款，如美国犹他州的《电子签名法》、明尼苏达州的《电子认证法》及华盛顿州的《电子认证法》等。

3. 组织机构型

组织机构型模式未将电子签名作为一个技术标准，而是对认证机构提出具体要求，如规范其管理、操作、系统和设备的安全性等。其目的是通过确保认证机构的可靠性与安全性，来增强对电子商务的信心。该方式不是直接对认证关系各方进行责任分配，而是建议认证机构自己制定政策，以明确其自身与证书使用者之间的权利义务，并要求将该政策在认证机构的业务声明中公开，如日本电子商务促进委员会的《认证机构指南》。电子签名技术是目前比较成熟且能够推向市场的电子签名技术，将其作为法定技术标准，可使电子交易在稳定、明确的环境下进行，消除在开放的计算机网络上进行交易存在的风险忧患，其主要缺陷是限制了其他同类技术的发展和应用。

（二）技术中立式立法

此法模式又称最低要求主义、功能等价方式，它并不确定具体的技术方案，而是采取技术中立的立场，对广义范围的电子签名给予法律确认。由于此种立法方式不特别要求某种电子签名技术作为法定技术，因此也就没有关于认证活动各方责任分配的内容。例如，联合国贸法会的《示范法》、澳大利亚的《电子交易法案》、加拿大的《统一电子商务法案》、美国的《统一电子商务法》、英国的《电信法案》均属于技术中立式立法。该方式立法的优点在于由市场和用户对电子签名技术手段的优劣作出抉择，有利于各种电子签名技术的自由发展。其不利之处是，法律仅对广义的电子签名的法律效力予以确认，规定过于笼统，可操作性不强，在实践中的作用有限。

（三）折中式立法模式

一方面对广义电子签名给予法律确认，一方面又规定了应用电子签名或以电子签名为范例的安全电子签名的法律后果，通常包含有责任分配的条款，其具体内容与美国犹他州《电子签名法》相似，但都没有犹他州《电子签名法》详细。欧盟的《关于电子签名的共同框架的指令》、新加坡的《电子交易法》、联合国贸法会的《电子签名示范法》，以及我国的《电子签名法》等属于折中式立法。该方法不失为一种较理想的模式，它结合了技术特定与技术中立方案的优点，避免了二者的缺点，既能够切实地满足当前电子商务实践的需要，又为将来的技术发展预留了空间。

四、电子签名的归属与完整性推定

电子签名的归属与完整性推定规则是对其基本功能的补充措施。在当事人就签名者是谁，或其内容如何等问题发生争议时，而又没有充足的证据予以确认时就需要该推定规则作出决策。由于在电子商务环境下，交易人的意思表示和认证手段都是以数据电文形式实现的，因而有时存在着举证成本大、困难多、技术要求复杂等特点。该规则对于依照交易案例推测当事人的真实意思和迅速解决纠纷具有重要的作用。它既是当事人之间的行为规范，又是审判机关的司法规范。

（一）电子签名归属的推定

电子签名归属的推定是在交易当事人对签署者的身份发生争议时，所应采用的规则。贸法会的《统一规则（草案）》在其第4条"关于强化电子签名的归属推定"中规定："（1）已生成的称谓的强化电子签名，被推定为是某人的，或代表他的，除非已确定使用的强化电子签名，既不是称谓的签署人，也不是某个对其享有代理权的人所为……"贸法会草案规定的电子签名归属的推定是可辩驳形式的推定。当确定了两种不适用推定的情况，即强化电子签名既不是称谓者签署的，也不是对其享有代理权的人所为之时，此推定将归于无效。

（二）完整性推定

贸法会的《统一规则（草案）》在其第5条关于"完整性推定"中规定："当安全程序可靠性，即强化电子签名，适当地使用于数据电文指定的部分，并表明数据电文的指定部分自某一时间点以来没有变化，就推定该数据电文的指定部分自该时间点以来没有变化……"该条文包括以下两方面的内容：其一，确定了推定数据电文完整性的依据，即当具有安全可靠性的电子签名适用于某一数据电文时，该数据电文就被推定为保持了原始的完整性。这是交易人使用电子签名以消除交易风险的直接目的之一。其二，规定了完整性推定的范围，即作为电子签名的数据电文所指定的部分，就是其完整性得到推定的部分。

五、电子签名的使用及其效果

电子签名的使用，依照其应用环境，可分为在封闭型交易网络中使用的和在开放网络环境下使用的。在封闭环境中，交易当事人之间一般事先就交易数据的通信签有协议或已接受了其所加入的交易系统的规则。因而，交易人之间使用电子签名而形成的法律后果应优先适用其协议的规定。

以电子商务法（有可能称为"电子交易法"或"电子签名法"）形式对电子签名的效果进行规范的，主要是针对后一种情况，即就开放性网络环境下使用电子签名而形成的法律后果的规定。因为在开放性网络条件下，交易人之间可能素不相识，缺乏信用联系，存在着较大的不确定性。就一些特殊行业来讲，可能涉及公众的利益。所以需要法律直接就电子签名的效果作出规定。

（一）电子签名满足了法律关于签名的要求

电子签名的首要作用就是它能够满足一般乃至绝大部分法律关于签名的要求。换言之，电子签名可以扫除法律对于电子签名应用的障碍，而成为具有法律效果的电子形式的签名。贸法会在其《统一规则（草案）》第 3 条"签署的推定"中规定："当法律要求签名时，以强化电子签名可满足该要求。除非已证明强化电子签名没有满足《示范法》第 5 章电子签名条的要求……"该条文以明确的排除条件方法为强化电子签名提供了规则，并确立了应用强化电子签名的法律基础。它不仅重申了《示范法》第 7 条的原则，而且规定强化电子签名确实可以在哪些条件下适用。条文中采用的排除条件，实质上将把主张强化电子签名不符合法律规定的证明责任推给了否定方，使之成为一种例外情况，从而坚实地确立了强化电子签名的法律地位。

（二）合法使用的效果

所谓电子签名的合法使用，是指其签名拥有人完全遵守了法律规范和交易惯例的要求，以电子签名对交易数据电文进行签署。

1. 对签署人的效力

交易当事人以合法的方式签署了电子签名，那么将从法律上对签署人产生以下约束：签署人不可否认地承认自己是数据电文的发送人，如果该数据电文构成一项法律文件，那么签署人就是该文件的发送人；签署人承认、认可、证实了数据电文的内容，如果该数据电文成了一项法律文件，签署人就不能对该文件内容否认其所作出的承认、认可或证实。

2. 对数据电文内容的效力

以电子签名签署的数据电文，在交易当事人之间应作为原件对待，尽管在传输中，或在系统服务中可能有所变化。例如，认证机构可能根据数据发送人的要求，对该数据电文打上时间戳，以证明其发送时间。如果该数据电文构成了一项法律文件，那么，经过当事人以电子签名签署，不仅可在当事人之间作为原件，而且符合证据法上对原件的要求，并可向法庭作为原始证据而提交。在某种意义上说，电子签名的效力已经超出了私法范围，而延伸到了公法领域。关于证据法上的效力，《示范法》在其第 9 条"数据电文的可接受性和证据力"中作了规定。

3. 对法律行为的效力

电子签名的使用是开放网络环境中商事交易法律行为的事实构成要素之一。当法律规定某种法律行为必须以书面签名形式作出时，以电子签名对数据电文的签署就充分地满足了这一要求。当然，某一电子签名签署的具体的法律行为是否成立或生效，最终要以调整该法律行为的特别法来衡量。例如，不能以合同法规范对电子签名签署的要约、承诺的生效与否进行判断，因为其合同法上的效力不是电子签名本身所能决定的。但是，无论如何，电子签名对法律行为的成立与生效起着极其重要的作用。当以电子签名签署的要约、承诺本身符合合同法的基本规范时，则对该要约或承诺的电子签名的签署就决定着合同成立与生效时间、地点等重要的法律行为因素。

（三）未经授权使用的效果

如前所述，在电子签名合法使用的情况下，电子签名拥有者一般应对两种签名负责：

一是对自己直接签署的电子签名负责，这是行为者自负后果的表现；二是要对使用其独占控制的方式生成，或附加于数据电文中的电子签名负责任。因为电子签名的拥有者负有妥善保护其电子签名不被泄露、不被滥用的义务，即必须将电子签名保持于其独占控制之下。而在后一种签名情况下，即当电子签名由拥有者之外的人使用时，又存在着授权的使用和未经授权的使用两种类别。所谓未经授权使用强化电子签名，是指该签名既不是拥有者本人签署的，也不是其代表人签署的情况，即缺乏合法权利来源的使用。授权的使用当然属于合法使用，应由签名的拥有者负责任，而未经授权的使用的后果和责任也是需要明确的。

依照签名归属规则，推定为拥有者的电子签名，责任理所当然应由该拥有者承担。其具体规定为："已生成的称谓的电子签名，被推定为是某人的，或代表他的，除非已确定使用的电子签名既不是称谓的签署人，也不是某个对其享有代理权的人所为……"但是，这种签名的归属规则与签名责任的归属，却并不是完全相同的。也就是说，存在着电子签名不是由拥有者本人签署，也不是由其代表人签署，而后果与责任却要由签名拥有者承担的情况。这就是《统一规则（草案）》第 7 条所规定的，"未经授权使用强化电子签名的责任"。因为除了对本人或其代表人的电子签名负有责任外，签名拥有人还承担着履行合理注意的义务，以防止其签名被未经授权而使用，并且设法使收件人免于对该类签名的信赖。

贸法会的《统一规则（草案）》将未经授权使用电子签名的责任规定为："强化电子签名的使用是未经授权的，并且被称谓的签署者没有履行合理的注意，以避免对其签名的未经使用并防止收件人信赖该签名。

（1）该签名仍被认为是授权的，除非信赖方知道或应当知道该签名是未经授权的。

（2）称谓的签署者可能只对当事人恢复其未经授权使用强化电子签名前的状态的成本负责任，除非信赖方知道或应当知道该签名不是称谓者的。

（3）称谓签署人对造成的损害负责任，并向信赖方支付损害赔偿，除非信赖方知道或应当知道该签名不是称谓者的。"

上述贸法会的方案是在总结了各国立法经验，并吸收了多方专家意见的基础上制定的。目前尚处于争议的是，签名拥有人对未经授权签名所应承担责任的大小问题。本书认为"称谓签署人对造成的损害负责任，应向信赖方支付损害赔偿"，这一责任方案是可取的。这样，可以加强电子签名拥有人对其签名妥善保管义务的遵守。但同时应开设电子签名意外责任险种业务，以使签名拥有人的财产赔偿责任能在日常的开支中得到合理的分摊。而在此类险种尚未设立之前，则应考虑因"黑客"攻击造成的冒用签名的情况作为减轻签名拥有人责任的事由，以便将未经授权签名的风险在签名拥有人与受害人之间得到均衡的分担。因为后一种情况的发生并非签名拥有人未尽妥善保管义务所致，"黑客"的攻击对于普通证书用户来讲，实际上是一种不可抗力的事由。

第三节　我国电子签名法

2004 年 8 月 28 日，第十届全国人大常委会第十一次会议表决通过了《中华人民共和国电子签名法》。这部法律规定，可靠的电子签名与手写签名或者盖章具有同等的法律效力。我国《电子签名法》的通过标志着首部"真正意义上的信息化法律"正式诞生，此法于 2005 年 4 月 1 日起施行。

一、我国电子签名的立法原因和立法背景

（一）立法原因

1. 网络世界的纠纷需要现实世界法律的调整

20 世纪 80 年代至今，以互联网和电子商务为代表的信息产业获得了飞速发展，世界也随之迈入了网络时代。起初，人们认为网络上所发生的一切行为都与现实世界无关，但这一认识很快就被各种因数据交换和互联网而频繁发生的纠纷所否定——从电子商务的交易安全问题到域名争端，从版权革命到隐私权的保障。事实证明，网络其实是与现实世界紧密连接的整体，而绝非想象的异邦。

2. 纯粹技术解决方案无法解决复杂的现实问题

人们在最初遇到数据交换和互联网运行过程中的纠纷时，常常首先求助于技术性的解决方案。以电子签名为例，由于电子商务的交易各方不再像过去那样面对面地磋商，为了证明交易人的真实性，确保交易安全，先后出现了多种不同的技术，如对称或非对称密钥、纹识别、声波识别等。可以说，如果仅从技术角度考虑的话，以非对称密钥为代表的电子签名技术已经完全能够满足商业交易过程中的"签章"需求，其防伪能力大大高于纸面文件上的传统手写签名。据计算，如果想通过穷举的方法破解现有电子签名技术所产生的密钥，那需要集中全世界现有的计算机并计算上百年的时间。

然而，纯粹的技术手段毕竟不能解决纷繁复杂的现实问题。以电子签名技术本身为例，在众多的方案中，究竟什么样的签名技术才能受到法律的承认，什么样的数据电文才能作为证据在法庭上使用，如何保障消费者的隐私权和交易者的商业秘密，谁可以作为认证电子签名的权威机构，由谁来承担电子签名失效后仍被使用的法律责任，等等，诸多问题均不是可以单纯依靠技术解决的。要真正保障交易安全，使业已成熟的技术发挥其应有的作用，相应的法律制度是不可或缺的条件。

（二）立法背景

20 世纪 80 年代以来，以联合国贸发会为代表的国际组织就已经着手研究和制定有关计算机上的数据认证和电子签名的法律文件，至今已经形成了以《示范法》和《电子签名示范法》为代表的一系列示范性文本供各国立法参考。美国犹他州于 1995 年颁布的《电子签名法》是全世界范围内第一部全面规范电子签名的法律，欧盟和欧洲各国也很快出台了相关法律，以印度、新加坡、马来西亚为代表的一批发展中国家，为了在信息网络时代的竞争中取得优势，也早已颁布了规范电子签名和电子商务运行的法律，至今世界上已有数十个国家出台了与之相关的实质性规范。从这个意义上讲，"电子签名法"其实已不是一个新鲜的事物了。在我国广东、上海等地也较早地完成了与电子签名有关的地方性法规和规章的建设，并出现了一些电子签章的认证机构，中央一级的立法则是从 2002 年开始的，当时国务院信息办委托有关单位开始起草《中华人民共和国电子签章条例》，最初的定位

是行政法规，但在网络经济迅猛发展的背景下，国务院决定直接将该立法的层级提高为法律。在对原来起草的条例内容进行了较大幅度地修改后，形成了《中华人民共和国电子签名法（草案）》，2004年3月24日，在温家宝总理主持的国务院常务会议上，我国《电子签名法（草案）》获得原则通过，随即被提交全国人大讨论。4月2日，十届全国人大常委会第八次会议第一次对该法进行审议；6月21日，十届全国人大常委会第十次会议又再次对该草案进行了审议；2004年8月28日中华人民共和国第十届全国人民代表大会常务委员会第十次会议通过了《中华人民共和国电子签名法》，并于2005年4月1日起施行。

二、我国电子签名法的主要内容

（一）我国电子签名法的适用范围

我国《电子签名法》对电子签名适用范围的规定如下：第3条第1款规定"民事活动中的合同或者其他文件、单证等文书，当事人可以约定使用或者不使用电子签名、数据电文"。又在第3款规定中列举了不适用电子签名的具体情况，主要有：涉及婚姻、收养、继承等人身关系的；涉及土地、房屋等不动产权益转让的；涉及停止供水、供热、供气、供电等公用事业服务的；法律、行政法规规定的不适用电子文书的其他情形。

由以上可以看出，电子签名主要适用电子商务，但不局限于商务活动，考虑到行政管理活动中使用数据电文、电子签名的特殊情况，授权国务院依据电子签名法制定政务活动和其他社会活动中使用电子签名、数据电文的具体办法。其中，涉及停止供水、供热、供气、供电等公用事业服务之所以不适用电子签名是因为对消费者不利的不能用电子签名，这是为了保护消费者利益，用传统方法更加正式和稳妥。

（二）我国电子签名的基本要求

可靠性是电子签名的最基本特征，我国《电子签名法》第13条规定可靠的电子签名需要满足的条件，其目的在于确保可靠的电子签名具有与手写签名同样的法律效果。我国《电子签名法》第13条规定可靠的电子签名需要满足的条件：（1）电子签名制作数据用于电子签名时，属于电子签名人专有；（2）签署时电子签名制作数据仅由电子签名人控制；（3）签署后对电子签名的任何改动能够被发现；（4）签署后对数据电文内容和形式的任何改动能够被发现。另外还规定"当事人也可以选择使用符合其约定的可靠条件的电子签名"。这条规定与《电子签名示范法》第6条的主旨是相同的。

（三）签字人的义务法

对于签字人的义务规定如下：（1）电子签名人应当妥善保管电子签名制作数据；（2）电子签名人知悉电子签名制作数据已经失密或者可能已经失密时，应当及时告知有关各方，并终止使用该电子签名制作数据。电子签名人向电子认证服务提供者申请电子签名认证证书，应当提供真实、完整和准确的信息，虽然这部分内容在表述上与《电子签名示范法》不尽相同，但实质内容相差不大。

（四）验证服务商的义务

我国《电子签名法》对于验证服务商的义务规定如下：（1）电子认证服务提供者收到电子签名认证证书申请后，应当对申请人的身份进行查验，并对有关材料进行审查；（2）电子认证服务提供者应当保证电子签名认证证书内容在有效期内完整、准确，并保证电子签名依赖方能够证实或者了解电子签名认证证书所载内容及其他有关事项；（3）电子认证服务提供者拟暂停或者终止电子认证服务的，应当在暂停或者终止服务90日前，就业务承接及其他有关事项通知有关各方；（4）电子认证服务提供者拟暂停或者终止电子认证服务的，应当在暂停或者终止服务90日前向国务院信息产业主管部门报告，并与其他电子认证服务提供者就业务承接进行协商，作出妥善安排；（5）电子认证服务提供者应当妥善保存与认证相关的信息，信息保存期限至少为电子签名认证证书失效后5年。

三、我国电子签名法的意义

尽管我国电子签名法的立法过程不长，但由于已有众多可资借鉴的立法案例，且该法是从电子商务的关键问题——电子签名入手，在抓住核心问题的同时避免了大而全的立法所可能遇到的困难，因此从总体上讲，这部法律有相当高的质量。我国《电子签名法》的出台，是自2002年12月全国人大常委会通过《全国人大常委会关于维护互联网安全的决定》以来第二部立法层次最高的网络立法，是电子商务领域的第一部法律，意义重大。

首先，它为解决司法实践中亟待回答的问题，扫清网络交易行为的障碍提供了立法保障，承认数据电文的证明力使参与到电子商务中的交易各方受到法律的保护，扫清电子商务、电子政务运行过程中的法律障碍。

其次，为互联网从单纯的媒体时代过渡到全面应用时代奠定了基础。电子签名获得法律效力，意味着互联网上用户的身份确定成为可能，使用电子签名业务的用户将不再对与其交流信息的对方一无所知，在这个基础上，网络才有可能真正跃出媒体之外，充分运用到政务、商业、科学研究、日常生活等方面，从而使"虚拟空间"真正地与现实世界接轨。

最后，规范网上行为，保障用户的各项权利。尽管电子签名技术本身已能够确保其真实性，但由于网络时代的随机性和选择空间的同时增大，加之有相对复杂的技术原理，普通人很难确认所采用的电子签名的可靠程度。因此，法律中有必要对电子签名的认证过程、数据电文的传输规则、电子签名服务者的责任等问题作出规范，以保障人们的各项权利不受侵害。

我国《电子签名法》考虑到了这一因素，因而并不是仅解决电子签名本身的问题。在法案中，规定了认证机构的资质条件和认证机构的责任。例如，立法中明确提到：电子认证服务提供者应当保证电子签名证书内容在有效期内完整、准确，并保证电子签名依赖方能够证实或者了解有关事项。在举证责任上，我国《电子签名法》采取严格责任原则，规定电子签名人或者电子签名依赖方在电子签名活动中，依据电子认证服务提供者提供的服务从事商务活动而遭受损失的，电子认证服务提供者不能证明自己无过错时，那么电子认证服务提供者应当依法承担相应的民事责任。我国《电子签名法》还对签名的认证机构暂停或终止认证业务时其业务的承担问题做了规定，从而保障了用户的利益。此外，我国《电子签名法》还具体界定了"安全（可靠）电子签名"条件，只要符合这些条件的电子签名，就具有与手写签名或者盖章同等的效力。这些规范的意义在于确保电子签名的效力持久性，降低了用户的权益受损害的可能性。

另外，我国《电子签名法》还在一定程度上强调了立法本身的可扩展性。例如，它没有具体指定必须确立哪一种电子签名技术，而只是对安全（可靠）电子签名及其认证机构所需达到的条件作出要求，为未来网络产业的发展提供了较宽广的空间。此外，我国《电子签名法》并非完全是强行性的规范，它允许电子签名的使用者自主协商确定数据电文发送和接收的标准，这实际上也为未来技术的进一步发展提供了制度上的可能性。

本章小结

电子签名是电子商务的安全保障手段之一，既是一个将电子商务法律主题的身份与其电子记录联系起来的技术性问题，又是一个全新的法律问题。电子签名侧重于解决身份辨别与文件归属问题。本章主要对电子签名的技术性概念与术语及其运行环境与过程，电子签名的基本概念、类型、立法模式、归属与完整性推定、使用及其效果，以及我国电子签名法的立法原因、立法背景、主要内容和意义等内容进行了介绍。现在来看，我国的电子签名还只适用于企业电子商务活动。但从国外的经验来看，电子签名同样适用于电子政务领域，今后我国电子政务的发展也离不开电子签名。不仅如此，随着信息化建设的加速，国民经济和社会信息化的领域越来越宽，应用也越来越深入，电子签名的应用范围也会越来越广。

复习思考题

1. 简述电子签名的运行方式及其运行过程。
2. 简述电子签名的含义。
3. 简述电子签名的立法模式。
4. 简述电子签名人的法律责任。
5. 简要讨论我国《电子签名法》的立法背景、主要内容及需要完善的地方。

在线测试题

扫描书背面的二维码，获取答题权限。

第五章
电子认证法律法规

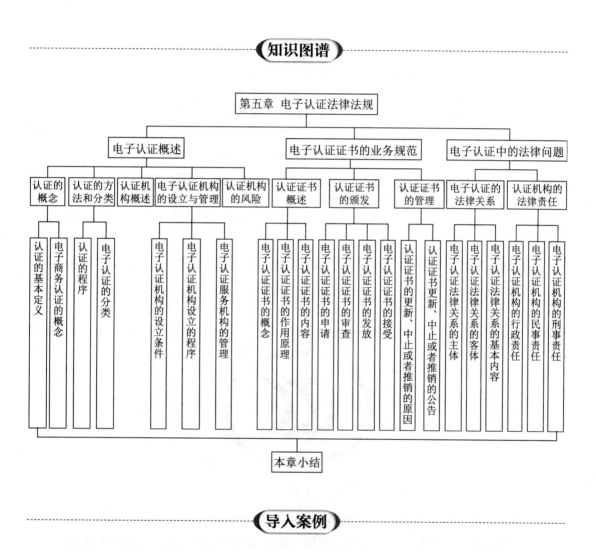

导入案例

原告蔡先生在被告某市银行网站自助开通了网上银行，并申请了数字证书。一天蔡先生上网查询时，发现自己账户里的16多万元人民币不翼而飞。经调查发现，王某利用病毒木马程序窃取了蔡先生的账号、密码和数字证书，然后用窃得的数字证书登录银行网站转走了蔡先生账户里的资金。由于被盗资金难以追回，蔡先生将某市银行告上法院。试分析银行是否应当承担责任。

资料来源：李国旗. 电子商务法实务研究[M]. 杭州：浙江大学出版社，2015：64.

第一节 电子认证概述

一、认证的概念

（一）认证的基本定义

认证，是指由权威的机构或组织，对产品、服务、管理体系等是否符合技术规范的强制性要求或者标准，进行合格评定和证明的活动。

从字义层面来说，"认证"一词中的"认"是指辨别、辨认；"证"是指证明、证实。基于此我们可以将"认证"一词理解为对某物或某事辨认并加以证明。所以，从根本上来说，认证是一种信用的保证。

一般情况下，可以将认证划分为两种基本情况，即强制性认证和自愿性认证。认证的对象，通常分为体系认证和产品认证两种。强制性认证是按照国家法律强制进行的认证。目前，"中国强制性产品认证（China compulsory certification，CCC）"和"官方认证"属于我国的强制性认证，CCC认证标志如图5-1所示。CCC认证主要是试图通过"统一目录，统一标准、技术法规、合格评定程序，统一认证标志，统一收费标准"等一揽子解决方案，彻底解决长期以来中国产品认证制度中出现的政出多门、重复评审、重复收费，以及认证行为与执法行为不分的问题，并建立与国际规则相一致的技术法规、标准和合格评定程序，以促进贸易便利化和自由化。自愿性认证，是企业根据自身情况和消费者要求，自愿向第三方机构申请的认证。目前，我国自愿性认证多是管理体系认证，也包括企业对未列入CCC认证目录的产品所申请的认证。

图 5-1 国家 CCC 认证标志

《中华人民共和国认证认可条例》中对于认证有明确规定，按照条例中第2条规定，认证是指由认证机构证明产品、服务、管理体系符合相关技术规范、相关技术规范的强制性要求或者标准的合格评定活动。

（二）电子商务认证的概念

电子商务认证并不是电子商务与认证的简单相加，而是指由指定的可充分信任的第三方机构，出具电子商务参与者的身份、资格、产品、服务等符合特定标准或规范性文件的证明活动。

通常由专门的第三方认证机构从事电子商务认证工作，目的在于保证电子商务交易安全、正常的进行。例如，对电子商务参与者的身份、资格等信息进行辨认、证明，从而保障电子商务活动的可靠性，对电子商务经营者提供的产品、服务等相关内容，进行审查、检验，以保证电子商务交易秩序稳定，维护参与方的权益。电子商务认证属于数字认证或电子认证的范围。

二、认证的方法和分类

（一）认证的程序

在进行电子认证时，发件人在做电子签名前，签署者必须将其公钥送到一个经合法注册、具有从事电子认证服务许可证的第三方，即认证中心（certificate authority，CA），登记并由该认证中心签发电子印鉴证明。随后，发件人将电子签名文件同电子印鉴证明一并发送给对方，收件方经由电子印鉴证明及电子签名的验证，即可确信电子签名文件的真实性和可信性。

电子商务认证必须通过电子 CA 认证中心认证，这类机构在认证过程中是认证具有权威性的保障。而经 CA 认证机关颁发的电子印鉴证明就是证明两者之间的对应关系的一种电子资料，该资料指明及确认使用者名称及其公钥。使用者从公开地方取得证明后，只要查验证明书内容确实是由 CA 机关所发，即可推断证明书内的公开密钥确实为该证明书内相对应的使用者本人所拥有。只有这样，该公钥持有人无法否认与之相对应的该密钥为其所有，进而也无法否认经该密钥所验证通过的电子签名不为其所签署。

随着电子商务的不断发展，CA 的概念已经渗透到电子商务的各个角落，但由于我国在该领域起步较晚，因此在应用方面存在很多不足之处。在 CA 建设和分布格局上，无论是在建的还是已经启用的，都还存在一些问题。在技术层面上，由于受到美国出口限制的影响，国内的 CA 认证技术完全靠自己研发。又由于参与部门很多，导致认证的标准不统一，既有国际上的通行标准，又有自主研发的标准，即便是同样的标准，其核心内容也有所偏差，这将导致交叉认证过程中出现"公说公有理，婆说婆有理"的局面。在应用层面上，一些 CA 认证机构对证书的发放和审核不够严谨。为了抢占市场，在没有进行严格的身份确认和验证就随意发放证书，难以保证认证的权威性和公正性。在分布格局上，很多 CA 认证机构还存在明显的地域性和行业性，无法满足充当面向全社会的第三方权威认证机构的基本要求。就互联网而言，不应该也不可能存在地域限制。

（二）电子认证的分类

1. 根据认证主体进行分类

（1）双方认证。双方认证也可以称为交叉认证，这种认证方式通常会在封闭型的网络通信中进行，因为在此种情况下，通信各方相互了解，认证比较容易，因而无需第三方的参与，双方当事人可以互为认证。

（2）第三方认证。第三方认证是一种通过第三方进行认证的方式，但必须保证进行认证的第三方同时为交易双方当事人共同接受的，在公正公平可信赖的条件下进行第三方认证，这种认证方式一般用于开放性的网络通信或大规模的封闭型网络通信。这里所讨论的认证，主要指可信赖的第三方，即认证机构对交易双方或多方当事人身份的认证，同时，它还能提供一些对交易有参考作用的信用信息。

认证机构通过向其用户提供可靠的目录，保证证书名单上的用户名称与公开密钥是正确的，从而解决了可能被欺骗的问题。如果甲与乙都是用户，认证机构的在线目录就将同时包含两者的证书。该证书是包括用户名称、公开密钥、电子邮件地址及其他信息的数字化的文件。认证机构还对每个证书都附加电子签名，以此证明证书的内容是可靠的。然而，无论用户多么小心谨慎，其私钥都有丢失或被盗的可能。一旦该类事件发生，遭受危险的私钥和与其相应的公钥，就不能再用来加密信息。为了应付这种危险状况，大多数认证机构将提供经常更新的证书撤销列表（certificate revocation list，CRL），以列举那些失效的密钥。

2. 根据认证对象进行分类

（1）身份认证。交易人的身份认证，是许多应用系统的第一道防线，其目的在于识别合法用户和非法用户，从而阻止非法用户访问系统，这对确保系统和数据的安全性是极为重要的。

（2）数据电文认证。数据电文认证，必须允许接收方能够确定：该电文是由确定的发送方发出的；该电文的内容没有被篡改或发生错误；该电文按确定的次序接收；该电文传送给确定的收方。经过站点认证后，接收和发送双方便可进行电文通信、而电文认证使每个通信者能够验证每份电文的来源、内容、时间和目的地的真实性。

（3）站点认证。为了确保通信安全，在正式传送数据电文之前，应首先认证通信是否在指定的站点之间进行，这一过程被称为站点认证。这是通过验证加密的数据能否成功地在两个站点间进行传送来实现的。

（4）电文源的认证。有两种基本的方法实现电文源的认证：第一，以收发双方共享的保密的数据加密密钥来认证电文源；第二，以收发双方共享的保密的通行字为基础来认证电文源。

三、认证机构概述

上面已经提到，电子商务认证必须由专门的认证机构进行，认证机构也可以称为认证中心、验证机构或凭证管理中心等。为了保证电子签名的真实性，保障交易安全，发件人在做电子签名前，必须将公共密钥送到经合法注册、具有从事电子认证服务许可证的第三方，即电子认证机构登记，并由该认证中心签发电子印鉴证明。可见，CA 起到一个具有权威性公证第三人的作用。电子认证的目的就是通过 CA 对公共密钥进行辨别和认证（包括跨国认证），以防止或减少因密钥的丢失、损毁或解密等原因造成电子文件环境交易的不确定因素及不安全性等风险。

电子认证机构的功能很多，主要是接受电子认证的注册请求，按照相关规定处理和批准请求，对通过审查的申请人颁发数字证书并进行数字证书的管理，保管公共密钥，应有关当事人的申请进行身份认证。根据我国《电子认证服务管理办法》第17条规定："电子认证服务机构应当保证提供下列服务：（一）制作、签发、管理电子签名认证证书；

（二）确认签发的电子签名认证证书的真实性；（三）提供电子签名认证证书目录信息查询服务；（四）提供电子签名认证证书状态信息查询服务。"

四、电子认证机构的设立与管理

（一）电子认证机构的设立条件

电子认证机构在电子商务领域发挥着重要作用，其基本工作是为通过审核的申请者颁发认证证书，是实现在电子商务实践的各个层面应用 CA 技术的基础机构。电子认证工作是一项复杂的技术工程，需要有专门技术人才从事电子认证工作。同时，作为具有权威性的第三方认证机构还需要具有相应的人力、物力、管理等条件。按照我国《电子签名法》规定，只有具备以下条件的认证机构才可以为电子商务从业者提供电子认证服务。

1. 具备充足资金和经营场所

认证机构必须具备一定的资金作为营业财产。根据我国《电子认证服务管理办法》规定，电子认证服务机构的注册资金不低于人民币 3 000 万元，具有固定的经营场所和满足电子认证服务要求的物理环境。

2. 具备符合国家标准的技术和设备

认证机构开展业务必须具有的设备包括硬件和软件两个方面。我国《电子认证服务管理办法》规定，电子认证服务机构需要具备符合国家有关安全标准的技术和设备。

3. 具备专业技术人员和管理人员

认证机构人员素质的高低，直接影响着认证行为的效果，对证书用户或信赖证书的交易影响重大。法律、法规规定了认证人员必须具备的条件。我国《电子认证服务管理办法》规定，电子认证服务机构中从事电子认证服务的专业技术人员、运营管理人员、安全管理人员和客户服务人员不少于 30 名。

4. 具备国家密码管理机构同意使用密码的证明文件

安全是电子认证机构的设立基础。因此，为保障信息安全，保障国家、社会以及其他合法权益，我国法律、法规规定，电子认证服务机构应当具有国家密码管理机构同意使用密码的证明文件。

此外，除了要满足以上条件外，电子认证机构还需要满足法律及行政法规规定的其他条件。

（二）电子认证机构设立的程序

按照我国《电子签名法》规定，从事电子认证服务的电子认证机构，必须按照要求向国务院信息产业主管部门提交设立申请，同时还需要按照规定提交相关材料。国务院信息产业主管部门接到申请后经依法审查，征求国务院商务主管部门等有关部门的意见后，自接到申请之日起 45 日内作出许可或者不予许可的决定。不予许可的申请，应当书面通知申请人并告知理由。予以许可的申请，颁发电子认证许可证书，并公布下列信息：《电子认证服务许可证》编号；电子认证服务机构名称；发证机关和发证日期。《电子认证服务许可证》如图 5-2 所示。

图 5-2 《电子认证服务许可证》示例图

一般情况下,我国《电子认证服务许可证》的有效期为 5 年。当电子认证服务机构的许可证有效期满时,要继续提供相应服务的,需要按照要求在许可证有效期满 30 日前向信息产业部申请办理续展手续。电子认证服务许可相关信息发生变更的,信息产业部应当及时公布。

(三)电子认证服务机构的管理

据统计,截至 2017 年年底全国已有 36 家机构通过了工业和信息化部的行政许可审查并获得"电子认证服务许可证"。根据工业和信息化部的统计,截至 2017 年 12 月 31 日,我国有效电子认证证书持有量合计 3.41 亿张,其中机构证书 5 900 万张,个人证书 2.78 亿张,设备证书 364 万张;这些电子证书主要应用于网上税收、工商管理、社区服务、招标采购、网上银行、企业供应链管理、电子商务平台等领域。[①]

1. 电子认证服务机构的监督管理

为了电子商务行业的健康发展,必须重视电子认证服务机构的监督与管理,其中比较重要的两个方面为审计监督和业务监督。审计监督是指主管部门应对认证机构的资产和财务状况进行定期审查,以避免发生财务危机;业务监管是指认证机构的业务主管部门应对其信息披露与保密情况、安全系统的运行情况等方面进行定期或不定期的检查。

2. 电子认证服务提供者的资质管理

市场的安全稳定少不了政府监管,政府通过对电子认证服务提供者的资质进行严格管理,实现有效的电子商务认证管理,只有具备较高经营条件的组织才可承担电子认证服务业务。为此,我国《电子签名法》及《电子认证服务管理办法》作出了相应规定。

1) 保证电子认证服务机构具备相应的经营条件

提供电子认证业务的机构应当具备的条件:一是具有独立的企业法人资格;二是从事电子认证服务的专业技术人员、运营管理人员、安全管理人员和客户服务人员不少于 30 名;三是注册资金不低于人民币 3 000 万元;四是具备固定的经营场所和满足电子认证服务要求的物理环境;五是具备符合国家有关安全标准的技术和设备;六是具有国家密码管理机构同意使用密码的证明文件;七是法律、行政法规规定的其他条件。

---

① 资料来源:杨立钒,张延波. 经济法与电子商务法简明教程[M]. 北京:中国人民大学出版社,2019:180.

2）保证电子认证服务机构获得相应业务许可

我国政府对电子认证业务经营实行许可制度，电子认证服务提供者从事电子认证服务活动必须取得工业和信息化部颁发的《电子认证服务许可证》，未取得许可证的任何组织或者个人不得从事相应的经营活动。许可证的有效期为五年，到期后，经审查符合继续从事电子认证服务条件的，予以换发。

3）保证电子认证服务机构按照规定提出申请

申请经营电子认证服务业务，应当向工业和信息化部提出申请，并提交相关文件。工业和信息化部自接到申请之日起45日内作出许可或者不予许可的书面决定。不予许可的，说明理由并书面通知申请人。

4）保证对电子认证服务机构进行年度检查

工业和信息化部对电子认证服务机构进行年度检查并公布检查结果。年度检查采取报告审查和现场核查相结合的方式。

5）保证电子认证服务机构按照要求进行初始登记和变更登记

经批准经营电子认证服务的，应当持我国《电子认证服务许可证》到工商行政管理机关办理相关手续。电子认证服务机构在许可证的有效期内变更法人名称、住所、注册资本、法定代表人的，应自完成相关变更手续之日起5日内公布变更后的信息，并自公布之日起15日内向工业和信息化部备案。电子认证业务规则发生变更的，电子认证服务机构也应当予以公布，并自公布之日起30日内向工业和信息化部备案。

6）保证电子认证服务机构按照规定停止经营

电子认证服务机构在许可证的有效期内拟终止电子认证服务的，应在终止服务60日前向工业和信息化部报告，同时向工业和信息化部申请办理证书注销手续，并持工业和信息化部的相关证明文件向工商行政管理机关申请办理注销登记或者变更登记。电子认证服务机构拟暂停或者终止电子认证服务的，应在暂停或者终止电子认证服务60日前，就业务承接及其他有关事项通知有关各方。

3. 电子认证服务机构的内部管理

1）保证电子认证服务机构严格遵守业务规则

电子认证业务规则是电子认证服务机构对所提供的认证及相关业务的全面描述。在我国《电子签名法》颁布之前，我国认证机构的业务规则比较混乱。2005年4月，随着我国《电子签名法》的实施，工业和信息化部电子认证服务管理办公室编制了《电子认证业务规则规范（试行）》。该规则包括了认证机构的责任范围、作业操作规范和信息安全保障措施等内容，对电子认证服务机构改善管理、提高服务水平起到了很好的推动作用。

我国《电子认证业务规则规范（试行）》主要由以下几部分组成：概括性描述；信息发布与信息管理；身份标识与鉴别；证书生命周期操作要求；认证机构设施、管理和操作控制；认证系统技术安全控制；证书、证书吊销列表和在线证书状态协议；认证机构审计和其他评估；法律责任和其他业务条款。

2）构建严格的审查制度

审查是认证安全的基础保证，因此，电子认证服务提供者必须对电子签名认证证书申请进行严格审查，这主要是指对提出申请的申请人身份及相关材料进行严格审查。签发的电子签名认证证书应当准确无误，并应当载明有关电子认证服务提供者名称、证书持有人名称、证书序列号、证书有效期、证书持有人的电子签名验证数据、电子认证服务提供者的电子签名以及国务院信息产业主管部门规定的其他内容。

电子认证服务提供者在审查当事人的真实身份时应尽量合理地注意，无过错的不应承担责任，而不适宜采用无过错的责任原则。

在电子商务领域，电子签名的真实有效具有重要意义，这是交易安全的基础保障。为了维护电子签名依赖方的利益，电子认证服务提供者应保证电子签名认证证书内容在有效期内完整、准确。一方面，电子签名认证证书所载内容及其他有关事项应真实、可靠，并可以为电子签名依赖方证实或了解；另一方面，电子签名制作数据的运作状况在电子认证服务提供者的控制之内。

3）实行科学的举证责任

我国《电子签名法》第28条规定，电子签名人或者电子签名依赖方因依据电子认证服务提供者提供的电子签名认证服务从事民事活动遭受损失，电子认证服务提供者不能证明自己无过错的，应当承担赔偿责任。我国《电子签名法》对电子认证服务提供者的归责原则采用了过错推定原则，这一原则采取举证责任倒置的方法，即电子认证服务机构必须就自己没有过错而举证，如果不能证明自己没有过错，则应当承担民事责任。

五、认证机构的风险

需要注意的是，认证机构不仅承担着诸多责任，在其提供认证服务的过程中还存在很多风险。认证机构面临的主要风险包括：因技术过失致使数字记录丢失；对信息未进行严格审查致使证书含虚假陈述，第三人信赖其陈述，并基于证书的等级进行交易，将损坏认证机构的可信度；未经过合理适当地辨别而终止或撤销证书；由于服务器故障或周期性离线修整而造成认证服务中断；内部人员即认证机构有权访问证书数据库的雇员制作虚假证书或涂改证书记录；外部人员使用多种方法改造认证机构的通用协议；技术更新导致认证机构的淘汰率高，服务可能难以长期维持，但是某些长期证书的管理又需要服务一直持续不能中断。

第二节　电子认证证书的业务规范

一、认证证书概述

（一）电子认证证书的概念

数字证书是指由认证中心经过电子签名后发给网上交易主体（企业或个人）的一段电子文档。在这段电子文档中包含着大量信息，包括主体名称、证书序号、发证机构名称、证书有效期、密码算法标识、公钥信息和其他信息等。结合相应的安全代理软件，利用数字证书可以在网上交易过程中检验对方的身份真伪，加强交易双方的相互信任度，并保证交易信息的真实性、完整性、私密性和不可否认性。

（二）电子认证证书的作用原理

从技术层面来说，数字证书采用的是公钥体制，也就是利用一对互相匹配的密钥进行加密、解密。每个用户设定一把特定的、仅为本人所有的私有密钥（私密），用来进行解密和签名；同时设定一把公共密钥（公钥）并由本人公开，为一组用户所共享，用来加密和验证签名。当发送一份保密文件时，发送方使用接收方的公钥对数据加密，而接收方则使用自己的私钥解密，这样信息就可以安全无误地到达目的地了。使用数字手段保证加密过程是一个不可逆过程，即只有用私有密钥才能解密。公开密钥技术解决了密钥发布的管理问题，用户可以公开其公开密钥，而保留其私有密钥。

用户还可以按照自身需要采用私钥进行信息处理，利用秘钥进行处理的信息是仅由用户自己所有的，生成的是别人无法生成的文件，这就是属于用户自己的电子签名。采用电子签名，能够确认以下两点：第一，保证信息是由签名者自己签名发送的，签名者不能否认或难以否认。第二，保证信息自签发之后到收到为止未曾作过任何修改，签发的文件是真实原始文件。

（三）电子认证证书的内容

我国《电子签名法》第34条第（3）项规定，电子签名认证证书是指可证实电子签名人与电子签名制作数据有联系的数据电文或者其他电子记录。

我国《电子签名法》中明确规定了电子签名认证证书的内容，电子认证服务提供者签发的电子签名认证证书应当准确无误，并应当载明下列内容：（1）电子认证服务提供者名称；（2）证书持有人名称；（3）证书序列号；（4）证书有效期；（5）证书持有人的电子签名验证数据；（6）电子认证服务提供者的电子签名；（7）国务院信息产业主管部门规定的其他内容。

二、认证证书的颁发

实际上，我国《电子签名法》《电子认证服务管理办法》和原信息产业部电子认证服务管理办公室制定的《电子认证业务规则规范（试行）》中均有关于电子认证证书颁发的相关规定，这些法律法规将电子认证证书的颁发大致上划分为申请、审查、发放和接受等环节。

（一）电子认证证书的申请

我国《电子认证服务管理办法》中明确规定了电子认证证书的申请办法，管理办法中指出，合法电子认证机构需要在受理电子签名认证申请后与证书申请人就相关事项签订合同，合同中需要明确双方的权利义务。根据我国《电子认证业务规则规范（试行）》的规定，电子认证证书的申请包括：第一，提交电子认证申请的主体，包括证书申请者、注册机构等；第二，申请人在提交证书申请时所使用的注册过程，以及在此过程中各方的责任。在电子认证证书的申请过程中，电子认证机构或注册机构可能负有建立注册过程的责任。同样，证书申请者可能负有在其证书申请中提供准确信息的责任。

（二）电子认证证书的审查

合法的第三方电子认证机构负责接收处理电子认证证书申请，认证机构需要按照国家相关规定和要求对申请者及其提交的材料进行严格的审查核实。例如，为了验证证书申请，电子认证机构或注册机构可能要执行身份标识和鉴别流程，根据这些步骤，电子认证机构或注册机构将可能依照某些准则批准或者拒绝该证书申请。最后，要设置电子认证机构或注册机构必须受理并处理证书申请的时间期限。

（三）电子认证证书的发放

上面已经提到，电子认证服务机构会对电子认证申请进行严格审核，通过审核符合法律法规、规范性标准的，电子认证机构应该为其签发电子认证证书。证书签发过程包括：第一，电子认证机构的行为，如电子认证机构验证注册机构签名和确认注册机构的权限并生成证书的过程；第二，电子认证机构签发证书时对订户（从电子认证服务机构接收证书的实体，在电子签名应用中，订户即为电子签名人）的通告机制，如电子认证机构用电子邮件将证书发送给订户或注册机构，或者用电子邮件将允许订户到网站下载证书的信息告知用户。

（四）电子认证证书的接受

经过审查的电子认证申请人，应该按照电子认证机构确定的方式、系统和方法接受电子认证证书。这里所说的接受证书是一项由连续性操作构成的行为，包括表示接受的确认步骤、暗示接受的操作、没能成功反对证书或其内容。电子认证机构需要对证书的发布方式加以确定。例如，电子认证机构可以将证书发布到 X.500 或 LDAP 证书库。电子认证机构在颁发证书时需要对其他实体进行通告。例如，电子认证机构可能将证书发送到注册机构。

三、认证证书的管理

从实践上来说，认证证书的管理包含十分丰富的内容，如认证证书的申请、审查、发放和接受等环节都包含在内，但由于上面已经对相关内容进行了较为详细的分析，本部分着重研究认证证书的更新、中止或撤销。

（一）认证证书的更新、中止或者撤销的原因

公钥认证证书并不能永久生效，也就是说其生命周期是有限的，根据不同情况公钥认证证书使用时间可以分为几年、几个月、几个小时。认证证书的更新是由于相关资料信息的变化，对证书中的信息进行修改。认证证书的中止是在认证证书中加入了停止使用的记号，使得该证书暂时没有效力。认证证书的撤销是指证书在某个特定的时刻以后被永久撤销，不能再加以使用。在这两种情况下，其他当事方不能再信赖该证书的内容，不能再信赖该证书所证明的公用密钥，认证机构以及用户都有可能不再对公用密钥的安全性负责。

按照我国《电子认证服务管理办法》的规定，存在以下情形之一的，电子认证服务机构可以撤销其签发的电子签名认证证书：①证书持有人申请撤销证书；②证书持有人提供

的信息不真实；③证书持有人没有履行双方合同规定的义务；④证书的安全性不能得到保证；⑤法律、行政法规规定的其他情况。

这些因素也可以是引发认证机构更新、中止相关认证证书的原因。另外，如果用户名称发生变更，用户和认证机构的关系发生变化，则同样可能会引起认证证书的中止或者撤销。

拓展阅读 5.1
深圳某金融服务有限公司、何某合同纠纷二审民事裁定书

（二）认证证书更新、中止或者撤销的公告

按照我国《电子认证服务管理办法》，电子认证机构可以在一定情况下更新、中止或者撤销其颁发的电子签名认证证书，但是电子认证机构必须对其更新、中止或撤销的行为予以公告。也就是说，在作出了更新、中止或者撤销证书的决定后，认证机构必须通知可能的证书用户及有关信赖方。

一般情况下，电子认证机构会通过以下几种方式公告电子签名认证证书的撤销。第一，定期公布证书撤销表。这是一个包含有被撤销证书的列表，经认证机构的电子签名后定期公布在认证机构的网站上。局限性是撤销证书的时间间隔会使得传递信息不够及时。第二，广播证书撤销表。当有新的证书撤销被公布时，认证机构会立即将证书撤销表通知证书使用系统。其不足是需要逐个判断并一一通知相应证书使用系统，工作量大。第三，在线状态检查。公钥使用系统通过认证机构的在线事务处理程序。随时检查相应证书的撤销状态信息。第四，间接证书撤销表。这是指某一个认证机构所发放的证书撤销表中包括了其他认证机构所发放的证书。

第三节　电子认证中的法律问题

一、电子认证的法律关系

在电子认证中，签名方、依赖方与认证机构之间会产生各种权利义务关系，这种关系就是电子认证法律关系，这种权利义务关系存在于签名方与认证机构、依赖方与认证机构、签名方与依赖方之间。签名方即申请方、签署方，认证机构即电子认证服务提供者，信赖方即依赖方。

拓展阅读 5.2
广州 A 公司与 B 公司侵害作品信息网络传播权纠纷上诉案

（一）电子认证法律关系的主体

1. 电子认证机构

电子认证机构是电子认证活动中提供电子认证服务的第三方机构，电子签名人和电子签名依赖方都需要依附于这类机构而存在。电子认证服务是指为电子签名相关各方提供真实性、可靠性验证的公众服务。

2. 电子认证签名方

电子签名方是指持有电子签名制作数据，并以本人身份或者以其所代表的人的名义实

施电子签名的人。电子签名方是向认证机构申请数字证书的申请方,他与认证机构的关系存在很多争议。电子签名方又是用数字证书向依赖方签发证书的签署方。

3. 电子认证依赖方

电子签名依赖方是指基于对电子签名认证证书或者电子签名的信赖,从事有关活动的人,是接收电子签名的一方。

(二)电子认证法律关系的客体

电子认证法律关系的客体就是电子认证的作用对象,也就是电子认证服务。认证机构根据签名方的申请,用自己的资金、技术、设备和行为,为申请人提供认证服务,申请人根据完成的工作情况支付一定的报酬。认证服务是当事人权利义务共同指向的对象,即各方的权利义务是基于认证服务产生的。

(三)电子认证法律关系的基本内容

1. 认证机构与签名方之间的权利义务关系

电子签名方与认证机构之间的关系可以简单地概括为,电子认证机构受签名方的委托并为其制作电子签名证书,为其提供相应服务。签名方与认证机构之间的关系到底属于何种性质,在理论界尚存争议,但一般认为二者之间的权利义务如下。

1)电子认证机构的义务

首先,电子认证机构需要保证其提供的证书信息真实、准确、完整,这是其最基本的义务。电子认证服务提供者收到电子签名认证证书申请后,应当对申请人的身份进行查验,并对有关材料进行审查,认证机构签发的电子签名认证证书应当准确无误,电子认证服务提供者应当保证电子签名认证证书内容在有效期内真实、完整、准确。

其次,电子认证机构需要承担谨慎审核的义务。这主要是是指电子认证机构需要严格审查核实证书申请人的各项信息资料,确保其提交的信息真实有效。现实中,虽然可以通过网络填写申请表格向认证机构申请数字证书,但仍然需要申请人或其代理人到认证机构指定的数字证书注册机构(registration authority,RA)进行实地审核。审核员复核申请表内容与录入员录入的信息是否一致,并审批申请人是否具有证书申请资格。《中华人民共和国电子签名法》第20条规定:"电子认证服务提供者收到电子签名认证证书申请后,应当对申请人的身份进行查验,并对有关材料进行审查。"

最后,电子认证机构需要承担保障安全的义务。这主要是指其需要保证其认证系统是安全可靠的。安全可靠的系统是发展电子商务的基础条件之一。《中华人民共和国电子签名法》第19条规定:"电子认证服务提供者应当制定、公布符合国家有关规定的电子认证业务规则,并向国务院信息产业主管部门备案。电子认证业务规则应当包括责任范围、作业操作规范、信息安全保障措施等事项。"电子认证服务机构在成立时应当具备的条件之一就是:已经拥有国家有关认证检测机构出具的技术设备、物理环境符合国家有关安全标准的凭证。

2)电子签名方的义务

首先,电子签名方必须保证自身的陈述具有真实性。电子认证机构会对通过审核的申请人提供包含证书所有者信息、证书所有者私钥和颁发数字证书的认证机构签名这三项内容的数字证书。因此,签名方提供真实的信息是有效数字证书的前提。证书申请方根据申请的数字证书类别的不同,向认证机构提供相应的信息。例如,申请个人证书应向认证机构提供身份信息、联系方式等信息;申请服务器证书,应向认证机构提供申请者工商登记资料、IP 地址、域名等信息。《中华人民共和国电子签名法》第 20 条规定:"电子签名人向电子认证服务提供者申请电子签名认证证书时,应当提供真实、完整和准确的信息。"认证机构一般要求申请人对其所提交的资料进行真实性承诺。

其次,电子签名方必须保证对其申领的数字证书进行妥善保管。认证机构颁发给申请人证书以后,作为申请人的签名方应当妥善保管数字证书,这实际上就是保护私钥的安全。一旦用户私钥失密,就可能出现他人假冒证书所有人进行签名的危险。这样,即使认证机构再认真审核、发布信息,都无法保证数字证书的安全性。《中华人民共和国电子签名法》第 15 条规定:"电子签名人应当妥善保管电子签名制作数据。电子签名人知悉电子签名制作数据已经失密或者可能已经失密时,应当及时告知有关各方,并终止使用该电子签名制作数据。"在大多数情况下,认证机构都会提醒数字证书所有人注意保管和安全使用自己的数字证书,以防被他人获取。根据《中华人民共和国电子签名法》,电子签名人知悉电子签名制作数据已经失密或者可能已经失密,未及时告知有关各方并终止使用电子签名制作数据,未向电子认证服务提供者提供真实、完整和准确的信息,或者有其他过错,对电子签名依赖方、电子认证服务提供者造成损失的,应承担赔偿责任。

最后,电子签名方需要按照相关规定向电子认证机构缴纳数字证书使用费用。认证机构为申请人颁发数字证书并收取相应的费用。根据申请类型的不同,认证机构收取的费用也不同,一般按年计费。

2. 认证机构与依赖方之间的权利义务关系

1)电子认证机构的义务

第一,电子认证机构必须保证其提供的电子证书内容具有真实有效性,保证证书信息的完整性。认证机构在为申请人签发、制作数字证书后,同时也就承担着管理数字证书的义务,以保证数字证书在有效期内内容完整。申请人数字证书所载内容发生变更时,认证机构应当及时更新。

第二,电子认证机构必须保证对电子认证服务相关的信息进行妥善保管。电子认证机构应当妥善保管在提供电子认证服务时产生的相关信息,这些信息可能涉及签名方和依赖方。《中华人民共和国电子签名法》第 24 条规定:"电子认证服务提供者应当妥善保存与认证相关的信息,信息保存期限至少为电子签名认证证书失效后五年。"

第三,电子认证机构必须保证依赖方可以通过有效途径验证证书所载内容及相关事项。在电子认证服务中,有时依赖方和签名方都是同一认证机构的用户,这时,依赖方相对比较信任认证机构的数字证书。有时依赖方不是认证机构的用户,依赖方在审查数字证书时就要确认数字证书的真伪,这时,认证机构应当提供有效途径保证依赖方能够查验证书所载内容。

第四,电子认证机构必须保证对其获取的依赖方相关信息严格保密。认证机构在提供认证服务的过程中,会接触到大量申请人的信息,其中很多是非公开信息,一旦泄露就会对用户带来生活或生产经营活动的重大影响。因此,我国《电子认证服务管理办法》第 20 条规定:"电子认证服务机构应当遵守国家的保密规定,建立完善的保密制度。电子认证服务机构对电子签名方和电子签名依赖方的资料有保密的义务。"

第五，电子认证机构必须保证电文信息得到及时地处理，从而保证依赖方及时接收信息。对于电子信息来说，速度就是生命。数据电文信息传输的迅速性要求认证机构在办理证书业务时必须及时、准确，最大限度避免因认证机构业务迟延而对签名方或依赖方造成损失。根据《中华人民共和国电子签名法》第23条"电子认证服务提供者拟暂停或者终止电子认证服务的，应当在暂停或者终止服务九十日前，就业务承接及其他有关事项通知有关各方。电子认证服务提供者拟暂停或者终止电子认证服务的，应当在暂停或者终止服务六十日前向国务院信息产业主管部门报告，并与其他电子认证服务提供者就业务承接进行协商，作出妥善安排。电子认证服务提供者未能就业务承接事项与其他电子认证服务提供者达成协议的，应当申请国务院信息产业主管部门安排其他电子认证服务提供者承接其业务。电子认证服务提供者被依法吊销电子认证许可证书的，其业务承接事项的处理按照国务院信息产业主管部门的规定执行。"和《电子认证服务管理办法》，电子认证服务机构有根据工业和信息化部（原信息产业部）的安排承接其他机构开展的电子认证服务业务的义务。

2）电子签名依赖方的义务

电子签名依赖方最主要的义务就是在接收签名方的数据信息后，应该采取合理的步骤确认签名的真实性，依赖方应在认证机构所建议的证书信用等级范围内与签名方发生业务。

3. 电子签名方与电子签名依赖方之间的权利义务关系

实际上，在电子认证中，主要的法律关系表现在电子认证机构与电子签名方以及电子认证机构与电子签名依赖方之间，而电子签名方与电子签名依赖方之间的法律关系通常表现为合同关系，也就是说二者之间的法律关系主要适用《中华人民共和国合同法》，一般要求向对方作为善意人尽到合理的注意义务即可。

二、认证机构的法律责任

（一）电子认证机构的行政责任

1. 电子认证机构未经许可提供电子认证服务需要承担行政责任

我国《电子签名法》第29条规定："未经许可提供电子认证服务的，由国务院信息产业主管部门责令停止违法行为；有违法所得的，没收违法所得；违法所得三十万元以上的，处违法所得一倍以上三倍以下的罚款；没有违法所得或者违法所得不足三十万元的，处十万元以上三十万元以下的罚款。"

2. 电子认证机构未按要求向主管部门报告暂停或者终止服务的需要承担行政责任

我国《电子签名法》第30条规定："电子认证服务提供者暂停或者终止电子认证服务，未在暂停或者终止服务六十日前向国务院信息产业主管部门报告的，由国务院信息产业主管部门对其直接负责的主管人员处一万元以上五万元以下的罚款。"

此条规定使我国电子认证服务市场的准入制度更加严密，旨在保证市场的有序活动，防止其因未经许可的认证提供者的非法经营活动受到影响。

（二）电子认证机构的民事责任

按照我国现行法律，电子认证机构承担过错推定责任。我国《电子签名法》中明确规定：

"电子签名人或者电子签名依赖方因依据电子认证服务提供者提供的电子签名认证服务从事民事活动遭受损失,电子认证服务提供者不能证明自己无过错的,承担赔偿责任。"可以看出,我国对电子认证服务提供者实行较为严格的过错推定责任认定制度。需要注意的是,在实践中,民事活动损失包括直接损失和间接损失,可预见损失和不可预见损失等,可能数额相当巨大,同时由于电子认证服务的特殊性质及业务风险,对认证机构的风险责任加以限制也是有必要的,而这需要在我国立法中进一步明确,以促进电子认证服务市场的发展。

(三)电子认证机构的刑事责任

我国《电子签名法》第 31 条规定:"电子认证服务提供者不遵守认证业务规则、未妥善保存与认证相关的信息,或者有其他违法行为的,由国务院信息产业主管部门责令限期改正;逾期未改正的,吊销电子认证许可证书,其直接负责的主管人员和其他直接责任人员十年内不得从事电子认证服务。吊销电子认证许可证书的,应当予以公告并通知工商行政管理部门。"

我国《电子签名法》对负责电子认证服务业监督管理工作部门的工作人员违法行为的处罚也作了规定:伪造、冒用、盗用他人的电子签名,构成犯罪的,依法追究刑事责任;给他人造成损失的,依法承担民事责任。依照本法,负责电子认证服务业监督管理工作的部门的工作人员,不依法履行行政许可、监督管理职责的,依法给予行政处分;构成犯罪的,依法追究刑事责任。

本章小结

认证机构的服务在数据电文的商业化应用中是必不可少的。在整个电子交易的过程中需要一个具有权威性的第三方制作的电子签名以证实交易当事人的身份和电子信息的真实性、完整性和不被否认,这个第三方也就是认证机构。电子认证作为一种全新的身份确认方式,必定会带来一些法律上的问题,这些问题涉及电子认证的立法原则、电子认证机构的设立与管理、电子认证证书的业务规范、法律效力、法律关系、法律责任等方面。电子认证是电子商务健康运行的安全保障,它所要解决的问题是电子商务所依托的开放性网络的虚拟化带来的交易双方信任度降低的问题,从立法高度妥善解决此问题将对电子商务的健康发展起到不可估量的作用。

复习思考题

1. 简述电子认证的方法与分类。
2. 简述电子认证证书的业务规范。
3. 简述电子认证机构的法律效力。
4. 讨论我国电子商务认证的发展趋势。

在线测试题

扫描书背面的二维码,获取答题权限。

第六章
电子支付法律法规

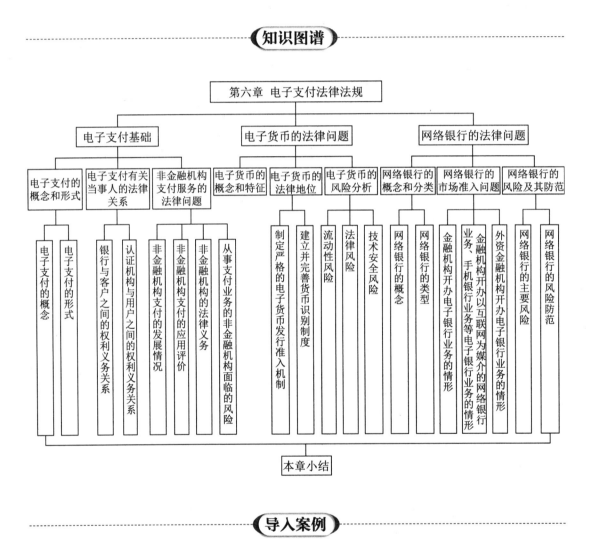

导入案例

2017年4月18日,全球首个无现金联盟在杭州成立。联合国环境署、蚂蚁金服作为理事,和首批15家联盟成员一起加速从现金支付到无现金支付的转化。

随着电子支付的不断发展,移动支付已经成为人们生活中的一部分,不论是家门口的便利店、早餐店、菜市场,还是大型超市、商场等场所,都可以选择电子支付手段结算。一些购物场所会使用扫码器进行无现金结算,还有一些则直接张贴一张收款二维码,消费者自己扫描就能自助结算，人们出门不再需要装一堆硬币。

随着各种电子支付手段在我国的普及使用，中国正在变成一个无现金的社会，并在这个进程中跳过了信用卡。但是，并非所有场所都实现了无现金支付。经过调查发现，地铁、公交、医院这些市民们天天打交道的地方，离实现无现金支付还较远；而北京作为旅游目的地，在游客集中的景点与火车站，无现金支付方面的尝试刚刚起步。

2017年9月21日，杭州又诞生了一个新词——"共享医院"。浙江省卫计委批复同意了杭州一家医疗商场的医疗资源共享模式，允许其中一家医疗门诊部为入驻医疗商场的其他医疗机构提供检验、病理、超声、医学影像等医技科室及药房、手术室等共享服务。而这家医疗商场本身就是由多家医疗机构"拼"起来的，其中地下1～5层为购物区，6～20层则全部是医疗商场。一个由多家医疗机构"拼"起来、实行医疗资源共享的医疗新模式出现了。这一举措在各地的同行中引发了激烈的反响。

资料来源：孙祥和.电子商务法律实务（第2版）[M].北京：中国人民大学出版社，2019：65.

第一节　电子支付基础

一、电子支付的概念和形式

（一）电子支付的概念

电子支付的定义分为狭义层面和广义层面。美国《统一商法典》中关于电子支付的定义即狭义层面的定义，该商法典指出，电子支付是支付命令发送方将存放于商业银行的资金，通过传输线路划入收益方开户银行，以支付收益方的一系列过程。2005年10月26日中国人民银行公布的《电子支付指引（第一号）》第2条第1款规定，电子支付是指单位、个人（以下简称客户）直接或授权他人通过电子终端发出支付指令，实现货币支付与资金转移的行为。可以从上述定义中看出，狭义层面的电子支付定义主要指电子资金划拨业务。

从广义层面来讲，电子支付不仅包括电子资金划拨，而且包括网上银行所开展的各种新型电子货币业务，如电子现金、电子钱包、电子信用卡等。并且随着电子支付行业的不断发展，电子支付的概念范围也在不断拓宽。电子支付实质上是以数字化信息替代货币的存储与流通，从而完成交易的支付。它是网络技术、信息技术及通信技术综合运用的产物，将伴随着科学技术的发展和银行业务的拓宽而发展。

（二）电子支付的形式

对于商务活动而言，我国的传统支付方式主要包括三种：一是现金，常用于企业对个体消费者的商品零售过程；二是票据，多用于企业的商贸过程；三是信用卡，即银行或金融公司发行的，授权持卡人在指定的商店或场所进行记账消费的信用凭证。

但随着网络信息技术的发展和普及应用，电子商务成为必然趋势，传统的支付方式已不适应商务活动电子化的要求，而必须由全新的电子支付方式来代替。随着计算机技术的发展，电子支付的方式越来越多。这些支付方式可以分为三大类：第一类是电子信用卡类，包括智能卡、借记卡、电话卡等；第二类是电子货币类，如电子现金、电子钱包等；第三类是电子支票类，如电子支票、电子汇款（electronic fund transfer，EFT）、电子划款等。这些方式有各自的特点和运作模式，适用于不同的交易过程。

1. 智能卡

智能卡是一种内部嵌入集成电路芯片、能独立进行信息处理与交换的卡片式现代信息工具，也可以称为 IC 卡。

智能卡大体上可以划分为两类，即存储型智能卡和带中央处理器型智能卡。智能存储器型卡中有硬件的逻辑保护，以密码加密的形式来保护其存储内容不被非法更改，较先进的存储卡中有读写的安全模块做算法的加密认证等。智能 CPU 型卡内安装了嵌入式微型控制器芯片，可储存并处理相关数据。卡上的内容受用户的个人识别码（personal identification number，PIN）的保护，只有用户才能合法访问它。另外，超级智能 CPU 型卡不仅内嵌高性能的 CPU 及相关硬件，而且配备独自的基本软件，能够如同个人电脑那样自由地增加和改变功能。这种智能卡还设有"自爆"装置，如果犯罪分子想打开智能卡以非法获取信息，卡内软件上的内容将立即自动消失。

智能卡中可以存储和解释私人密钥与证书，消费者利用智能卡可以便捷快速地进行支付，便携性是其主要优点之一。智能卡是目前最常用的电子货币，可在商场、饭店、车站、互联网等许多场所使用，可采用刷卡记账、销售终端（point of sale，POS）结账、ATM 提取现金、网上结算等方式进行支付。

2. 电子现金

电子现金是一种虚拟货币，还被称为电子货币或数字货币。从本质上说，电子现金就是现实货币的电子或数字模拟，也就是将现金数值通过数字技术转换成为一系列的加密序列数，通过这些序列数来表示现实中各种金额的币值。电子现金是以数字信息形式存在的，存储于银行服务器和用户计算机终端上，通过因特网流通。

因为电子现金的本质是对现实货币的电子化处理，因此其具备现实货币的基本特点，同时由于电子货币和网络结合而具有互通性、多用途、快速简便等特点，因此其已经在国内外的网上支付中广泛使用。数字签字技术的推广应用又使得电子现金的安全性大大提高。在网上交易中，电子现金主要用于小额零星的支付业务，使用起来要比借记卡、信用卡更为方便和节省。不同类型的电子现金都有其自己的协议，每个协议由后端服务器软件（电子现金支付系统）和客户端软件（电子现金软件）执行。

3. 电子钱包

在电子商务活动中，电子钱包也是一种常用的支付工具。电子钱包实际上是一种存放电子现金和电子信用卡的客户端式小数据库，同时电子钱包还包含诸如信用卡账号、数字签字及身份验证等信息。目前世界上常用的电子钱包有"Visa Cash"和"Mondex"两大软件，其他电子钱包软件还有"MasterCard Cash""Clip"和"Proton"等。一些软件公司正在创建电子钱包的应用程序接口以便多种电子现金都可以使用一个钱包。

需要注意的是，一般情况下只有在电子钱包服务系统中才可以进行支付活动。电子钱包软件通常免费提供，顾客可以直接使用与自己银行账号相连接的电子商务系统服务器上的电子钱包软件，也可以采用各种保密方式调用因特网上的电子钱包软件。

4. 电子支票

电子支票是传统纸质支票的电子化形式，其借鉴了传统纸质支票转移支付的优点，可以在数字环境下实现钱款在账户之间的转移。这种电子支票的支付主要是通过专用网络及一套完整的用户识别、标准报文、数据验证等规范化协议完成数据传输，用电子支票支付，事务处理费用较低，并且银行也能为参与电子商务的客户提供标准化的资金信息。因此，电子支票支付可能是目前最有效率的支付手段之一。

电子支票根据其支票处理方式的不同，可以分为借记支票和贷记支票两种类型。使用借记支票（credit check），债权人向银行发出支付指令，以完成向债务人收款的划拨；使用贷记支票（debit check），债务人向银行发出支付指令完成向债权人付款的划拨。

5. 电子资金划拨

电子资金划拨是电子商务活动中的一种常用的支付方式。1978 年美国颁布了《电子资金划拨法》，其中明确指出电子资金划拨是指不以支票、期票或其他类似票据的凭证，而是通过电子终端、电话、电传设施、计算机、磁盘等命令、指示或委托金融机构向某个账户付款或从某个账户提款；或通过零售商店的电子销售、银行的自动提款机等电子设施进行的直接消费、存款或提款等。

二、电子支付有关当事人的法律关系

（一）银行与客户之间的权利义务关系

电子支付涉及的当事人较多，为了厘清相关各方之间的法律关系，可以将这些当事人概括为三种，即指令人（sender）、接收银行（receiving bank）和接收人（transferee）。指令人与接收银行的概念是相对而言的，付款人是付款人银行的指令人，付款人银行则为接收银行；而付款人银行是中介银行的指令人，中介银行则是付款人银行的接收银行，依此类推。

1. 指令人的权利义务

1）指令人的权利

指令人有权要求接收银行按照指令的时间及时将指令的金额支付给指定的收款人，如果接收银行没有按指令完成，指令人有权要求其承担违约责任，赔偿因此造成的损失。

2）指令人的义务

首先，指令人在向接收银行发出指令的同时，自身也受到相应指令的约束，即其承担从其指定账户付款的义务。其次，在需要的情况下，指令人不仅应接受核对签名，而且在符合商业惯例的情况下，应接受认证机构的认证。最后，指令人需要按照接收银行的程序，检查指令有无错误和歧义；并有义务发出修正指令，修改错误或有歧义的指令。

2. 接收银行的权利义务

1）接收银行的权利

首先，接收银行拥有要求付款人或指令人支付所指定的资金并承担因支付而发生的费用的权利。其次，接收银行有权拒绝或要求指令人修复其发出的无法执行的、不符合规定程序和要求的指令。最后，只要接收银行能证明由于指令人的过错而致使其他人，包括指令人的现任或前任雇员或其他与指令人有关系的当事人,假冒指令人通过了认证程序,就有权要求指令人承担因此造成的后果。

2)接收银行的义务

首先,接收银行必须按照指令人的指令完成资金支付行为。其次,就接收银行本身或后手[①]的违约行为,接收银行需要按照相关法律法规向其前手[②]和付款人承担法律责任。通常资金的支付从付款人开始,经过付款人银行、中介银行、认证机构、收款人银行等一系列的当事人,每一当事人只接受其直接指令人的指令,并向其接收人发出指令,并与他们存在合同上的法律关系。因此,当指令是由于接收银行自身或其后手的原因没有履行、延迟履行或不当履行,付款人或指令人是无法依据合同关系直接向责任方主张权利的。为保护付款人或指令人的权益,只要接收银行或其后手存在违约行为,均应向其前手或付款人承担法律责任。在这一点上,该义务规定与《票据法》规定的追索权具有类似的法律性质。

3. 接收人的权利义务

在电子支付中,接收人是指接收款项的当事人,其具有特别的法律地位。在电子支付法律关系中,收款人虽然是一方当事人,但由于他与指令人、接收银行并不存在支付合同上的权利义务关系。因此,收款人不能基于电子支付行为向指令人或接收银行主张权利,收款人只是基于和付款人之间的基础法律关系与付款人之间存在权利义务关系。

可以看出,电子支付在这个方面与票据支付比较相似,二者均具有无因性的法律特征。收款人不仅对其所受的资金享有完整的权利,而且不受其基础交易法律性质的影响。《票据法》的相关规定,部分可以适用于电子支付法律关系,即电子支付中的资金一经支付,付款人或第三人不能要求撤销已经完成的电子支付,除非其与收款人之间存在直接的债权债务关系且可以提出抗辩事由。

(二)认证机构与用户之间的权利义务关系

电子支付行为涉及认证法律关系,这种权利义务关系的当事人可以划分为两类,即认证机构和参与认证的其他主体,认证机构外的其他参与主体主要包括付款人、收款人和银行。

1. 认证机构的权利和义务

1)认证机构的权利

首先,认证机构有权要求用户按照相关规定向其提供真实有效的用户信息。其次,认证机构有权随时检查用户使用认证证书的情况,对认证过程中出现的异常情况有权加以干预并在必要时终止服务,以便于迅速排除异常情况。最后,认证机构有权要求用户赔偿因其提供错误、虚假信息或非法使用认证机制而造成的损失。

2)认证机构的义务

需要注意的是,认证机构在电子支付过程中仅作为中间机构,也就是说其并不直接参与支付活动,也不能与交易双方具有利益关系。认证操作分为用户信用认证、交易合法认证两个部分,需要经过用户情况登记、资格审查、认证批准和证书发放四个过程。认证机

---

① 后手指在某一个或者某几个持票人之后签章的其他票据债务人。后手作为票据债务人之一,对最终的持票人也负有保证持票人能够获得付款的义务。
② 前手指在现有持票人之前曾经持有该票据并在票据上签章的人。前手是票据债务人,负有保证持票人能够获得付款的义务。

构必须以信誉为基础，以获得公认的权威可靠性。具体而言，其义务包括以下几个方面：

首先，认证机构需要制定信息控制规则，必须及时发布认证信息，并保证认证信息的真实可靠，保证操作安全和信息安全。信息控制规划包括：认证声明；公开有关认证活动的责任、义务、操作方式及相关措施；信息公开制度；发布相关认证信息，如证书生效、失效等公开信；用户信息保护制度；保护认证机构、用户的机密信息。保护用户有关信息的秘密，不能以任何方式恶意泄露私人信息。认证机构必须确保认证信息的安全，包括管理、储存、传输过程中的安全。

其次，认证机构需要建立完善的定期审查制度。这是指认证机构必须让内部审查人员经常审查认证过程、证书发放运行状态、用户投诉、服务质量和证书注销等情况，保证发放的证书具有可靠的权威性和信任度。

最后，认证机构需要根据实际情况制定严格的认证操作规则，规定具体的操作要求。主要包括以下规则：安全控制规则，规定个人活动范围、处理的业务、期限和权限；密钥管理规则，规定密钥产生、传输和管理的责任制度；审核规则，规定定期审核制度，对参与者进行严格的审查和认证。

2.认证用户的权利和义务

1）认证用户的权利

认证用户的合法权利主要包括以下内容：检查证书本身的合法性和有效性；要求认证机构进行证书失效检查；通过其他方法确认证书的可靠性；要求认证机构保证 24 小时正常运行；有权就认证机构的原因造成的损失要求赔偿。

2）认证用户的义务

认证用户必须承担以下义务：必须保证向认证机构提供真实有效的相关信息；保证合法使用认证机制、获得证书，开展电子商务活动；保证及时检查证书内容和信息；保证妥善保管好私人密码和密钥；保证及时汇报出现的问题，如密钥泄露、交易异常等现象。

三、非金融机构支付服务的法律问题

（一）非金融机构支付的发展情况

随着金融业的不断发展，非金融机构提供支付服务是必然结果。非金融机构支付服务，是指非金融机构在收付款人之间作为中介机构提供下列部分或全部货币资金转移服务：网络支付；预付卡的发行与受理；银行卡收单；中国人民银行确定的其他支付服务。

随着网络技术的快速发展，网络支付已经成为一种主流支付方式。具体来说，网络支付就是指依托公共网络或专用网络在收付款人之间转移货币资金的行为，包括货币汇兑、互联网支付、移动电话支付、固定电话支付、数字电视支付等；预付卡，是指以营利为目的发行的、在发行机构之外购买商品或服务的预付价值，包括采取磁条、芯片等技术以卡片、密码等形式发行的预付卡；银行卡收单，是指通过销售点终端等为银行卡特约商户代收货币资金的行为。

需要注意的是，只有依法获我国《支付业务许可证》的非金融机构才可以提供支付服务。据相关数据统计显示，2019 年第 1 季度中国非金融支付机构综合支付业务的总体交易规模达 589 575.1 亿元人民币，环比升高 0.97%，如图 6-1 所示。其中，支付宝、腾讯金融和银联商务分别以 45.58%、32.95% 和 9.34% 的市场份额位居前三位，三者市场份额总和占交易总额的 87.88%。

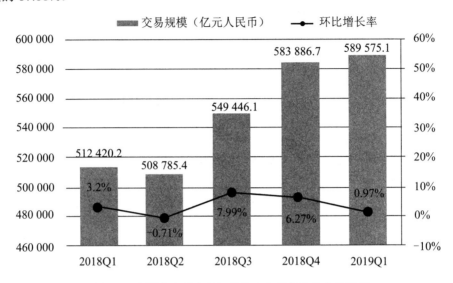

图 6-1 中国非金融支付机构综合支付业务的交易规模

资料来源：综合支付行业数字化进程分析——易观：2019 年第 1 季度中国第三方支付综合支付市场交易规模达 589575 亿元人民币 [EB/OL].https://www.analysys.cn/article/analysis/detail/20019382.

（二）非金融机构支付的应用评价

1. 非金融机构支付的优点

第一，非金融机构支付具有很强的便捷性。对支付者而言，他所面对的是友好的界面，不必考虑背后复杂的技术操作过程。第二，非金融机构支付的支付成本较低。支付中介集中了大量的电子小额交易，形成规模效应，因而支付成本较低。第三，支付担保业务可以在很大程度上保障支付者的利益。

2. 非金融机构支付的缺点

第一，通过非金融机构支付需要用户将大量资金寄存在支付平台账户内，而第三方支付平台并非金融机构，因此有资金寄存的风险。第二，支付者的银行卡信息将暴露给第三方支付平台，如果这个第三方支付平台的信用度或者保密手段欠佳，将带给支付者相关风险。第三，这是一种虚拟支付层的支付模式，需要其他的"实际支付方式"完成实际支付层的操作。第四，第三方结算支付中介的法律地位缺乏规定，一旦该中介破产，消费者所购买的"电子货币"可能成为破产债权，无法得到保障。第五，由于涉及网络，因此当遇到黑客袭击时，资金无安全保障。

（三）非金融机构的法律义务

首先，非金融机构必须严格按照我国《支付业务许可证》核准的业务范围从事经营活动，不得从事核准范围之外的业务，不得将业务外包。支付机构不得转让、出租、出借我国《支付业务许可证》。同时，非金融机构还需要按照审慎经营的要求，制定支付业务办法及客户权益保障措施，建立健全风险管理和内部控制制度，并报所在地中国人民银行分支机构备案。此外，非金融机构需要制定支付服务协议，明确其与客户的权利和义务、纠纷处理原则、违约责任等事项。支付机构应当公开披露支付服务协议的格式条款，并报所在地中国人民银行分支机构备案。

拓展阅读 6.1
非银行支付机构网络支付业务管理办法

其次，非金融机构不得按接受的客户备付金金额开具发票，而是只可以按收取的支付服务费向客户开具发票。支付机构接受的客户备付金不属于支付机构的自有财产。支付机构只能根据客户发起的支付指令转移备付金。禁止支付机构以任何形式挪用客户备付金。

非金融机构必须在银行开设专门的备付金账户，做到专款专用，其从客户方接收的备付金必须存入该专用账户备用。支付机构只能选择一家商业银行作为备付金存管银行，且在该商业银行的一个分支机构只能开立一个备付金专用存款账户。支付机构应当与商业银行的法人机构或授权的分支机构签订备付金存管协议，明确双方的权利、义务和责任。支付机构应当向所在地中国人民银行分支机构报送备付金存管协议和备付金专用存款账户的信息资料。

按照相关法律规定，我国非金融机构的实缴货币资本与客户备付金日均余额的比例不得低于 10%。所谓客户备付金日均余额，是指备付金存管银行的法人机构根据最近 90 日内支付机构每日的客户备付余总量计算的平均值。①

其次，非金融机构必须严格审核并登记客户的真实有效信息，也就是需要核实客户的有效身份证件或其他有效身份证明文件。支付机构明知或应知客户利用其支付业务实施违法犯罪活动的，应当停止为其办理支付业务。同时，非金融机构必须按照相关规定妥善保管客户身份基本信息、支付业务信息、会计档案等资料和商业秘密，不得对外泄露。

最后，非金融机构应当具备必要的技术手段，确保支付指令的完整性、一致性和不可抵赖性，支付业务处理的及时性、准确性和支付业务的安全性；具备灾难恢复处理能力和应急处理能力，确保支付业务的连续性。

此外，为了保障电子支付行业安全，非金融机构需要接受中国人民银行及其分支机构定期或不定期的现场检查和非现场检查，如实提供有关资料，不得拒绝、阻挠、逃避检查，不得谎报、隐匿、销毁相关证据材料。

（四）从事支付业务的非金融机构面临的风险

1. 来自用户的风险

第三方支付与传统银行支付不同，实际上第三方支付将传统的银行转账汇款程序进行了分割，原来的支付程序为"资金转出方—中央银行支付清算系统—资金转入方"，第三方支付程序为"资金转出方—第三方支付机构—商业银行/中央银行支付清算系统—资金转入方"。由于第三方支付机构的介入，传统资金链的完整性破裂，无法追查某笔款项的源头，这可能导致用户道德风险。有的用户会利用第三方支付业务来进行洗钱、非法套现

---

① 资料来源：央行第三方支付管理办法要点[EB/OL]. http://www.chinavalue.net/Biz/Blog/2013-5-25/973297.aspx.

等不法活动。如果第三方支付业务提供方没有做好审核工作，为用户的违法活动提供互联网接入、广告推广、支付结算等帮助，就会存在一定的法律风险，需要承担相应的法律责任。

2. 安全技术风险

第三方支付相较于传统支付方式更加便捷，为人们提供了良好的支付体验，但这种支付方式存在一定安全技术隐患。相较于传统商业银行转账汇款，第三方支付减少了许多操作步骤，每次只需输入支付密码即可完成转账。甚至在用户设置了"小额免密"后，在某个金额以内不需要输入支付密码即可完成支付。现在流行的"二维码扫一扫"也不需要支付密码。因此，第三方支付机构面临的首要风险就是安全技术风险。第三方支付机构的技术软件和支付逻辑、程序是否能够维持所有用户安全支付成功是关键问题。

3. 法律滞后风险

基于网络平台形成和发展的互联网金融是金融行业的巨大创新，但相较于金融行业的发展，我国的金融监管框架存在一定的滞后性。监管体制的缺乏严重阻碍了我国互联网金融的健康发展。由于我国相关法律法规滞后，没有一部单独且完整的监管第三方支付的法律，从而使得许多第三方支付机构行走在灰色地带和法律边界，其行为无法得到有效约束。

在保护电子商务交易的同时，从支付认证、支付标准和交易公开性的角度看，我国必须考虑建立一些标准，为工商管理、税收管理和政府的行业管理做技术上和政策上的准备。如何规范电子支付业务、防范支付风险、保证资金安全、维护广大商户和用户在电子支付活动中的合法权益，已成为影响我国电子支付产业健康发展的关键问题。我国《支付清算组织管理办法》和《电子支付指引（第二号）》的颁布，将在一定程度上解决这个问题。

4. 流动性风险

第三方支付平台的出现无疑促进了我国电子商务的发展，这类非金融支付平台具有很强的资金流动性的优点，但同时也为其带来了一定风险。传统的货币基金并不能像余额宝一样做到 T+0 赎回（指递交赎回申请后，资金当日甚至实时到账），而余额宝类产品能够让用户的余额（实际是货币基金净值）当天内转换成现金或银行账户余额，依靠的是期限错配和流动性错配。一旦有突发金融新闻引起大量用户集中赎回，余额宝等将被迫卖出所持的金融产品来应对巨额赎回，导致流动性风险。

客户通过第三方支付平台开展支付活动，就必然导致其资金滞留于第三方支付平台，这就会出现所谓的资金沉淀，如果缺乏有效的流动性管理，则可能存在资金安全和支付风险。同时，第三方支付机构开立支付结算账户，先代收买家的款项，然后付款给卖家，这实际上已突破了现有的诸多特许经营的限制，可能会为非法转移资金和套现提供便利，因此形成潜在的金融风险。

第二节　电子货币的法律问题

一、电子货币的概念和特征

货币是一种帮助人们实现等价交换的工具，其本质是一般等价物。历史上，货币经历了从实物货币到金属货币再到纸币的发展过程。伴随着经济全球化与电子通信技术的迅猛发展，银行的转账与结算技术已经使货币电子化成为可能。

电子货币在学术界并没有统一定义，不同学者对电子货币的定义并不相同，但我国学术界对电子货币具有几种比较有代表性的理论定义。第一种定义：电子货币的使用者以一定的现金或存款，从发行者处兑换并获得代表相同金额的数据，并以可读写的电子信息方式储存起来，需清偿债务时，使用者可通过某些电子化媒介或方法，将该电子数据直接转移给支付对象，此种电子数据便称为电子货币。第二种定义：电子货币即通过电子信息的交换来完成债务清偿的支付工具。第三种定义：电子货币是货币价值的电子化形式，是以数字化数据形式存储在计算机等一定的电子设备中，并能通过该电子设备而使用的资金，通过对它的交换或者增减就能完成资金的划拨。第四种定义：电子货币可以被认为是由消费者占有的，存储在一定电子装置之中的，代表一定的货币价值的"储值"或"预付价值"的产品。

我们可以通过以上几种具有代表性的观点概括出电子货币具有的几个显著特征：一是电子货币的存在形式是电子数据，如"电子信息""数字化数据""存储在一定电子装置中"等；二是电子货币是一种支付手段；三是电子货币是货币价值的电子化，依附于实体货币，并非独立于现金货币或存款货币之外的一种新的货币形式。因此，电子货币更多地被称为"预付价值"产品。

二、电子货币的法律地位

当前电子货币在电子商务活动中的使用率较低，但是这种支付方式很适合零散的小笔交易，因此具有较好的发展前景。一方面电子货币具有手持现金的一般特点，另一方面又具有网络属性，这也是其可以获得进一步发展的基础。随着上网人数的增加，网上企业对顾客（B2C）、企业对企业（B2B）的电子商务发展已经成为必然，电子货币正是顺应了这一潮流。

可以将电子货币理解为现实货币的电子形式，因此二者的本质相同，即电子货币是一般公认的假想概念，是一种信任和信心，是一般等价物的一种表现形式。但是，其法律地位一直难以确定，这是因为按照货币的实质和网络无国界性来推断，各国中央银行的地位都将受到挑战。因为任何一个有实力的、有信誉的全球性跨国公司，都可以发行购买其产品或服务的数字化等价物，从而避开银行的烦琐交易手续和税收。例如，某公司的软件可以以某公司确定的电子货币与其他法定货币的汇率进行汇兑，就可以完成在其他领域的流通。当然，这些都只是理论的设想，任何国家都不会允许这种扰乱金融秩序的行为存在。但是，电子货币的成熟技术和优势是任何力量都无法阻挡的，而且电子货币有高度流通性，这也是网络交易的基础。尤其是在小额交易中，电子货币要比信用卡、借记卡支付更方便。我国在这方面也已经开始行动，在《中国金融集成电路（IC）卡规范》颁布之后，中国人民银行正在组织北京、上海、长沙的联合试点。试点完成后，将会进一步推动电子货币直接在网上的支付；并且在法律方面也要相应地做出调整，改变金融管理政策和法律。

（一）制定严格的电子货币发行准入机制

严格规定电子货币的发行是保证行业安全的重要手段。一种做法是，只允许银行发行电子货币，这样，许多现行的货币政策和法规就可以应用于电子货币，而无须太大的改动，欧盟正是持这种态度。但也有其他国家或地区对此持反对态度。例如，美国认为限制电子货币的发行人，无疑限制了竞争，会对电子货币技术的发展产生不利影响。当然，完全排斥互联网服务提供商（internet service provider，ISP）及一些大公司的参与，而只由银行担当电子货币唯一的发行人已经不合时宜，否则电子货币在发行及流通中很难得到技术保障，其生命力及影响力都会大打折扣。但同时对于参与电子货币发行工作的大公司及ISP来说，也需要严格审定其资格，尤其是在实力和信誉方面的审核。

（二）建立并完善货币识别制度

电子货币是基于网络平台发行的一种新型货币，很难实现全网发行统一的电子货币，在多种电子货币共存的背景下，科学有效的货币识别制度显得尤为重要。不同的电子货币之间会存在转化、兑换问题，甚至要对一些电子货币进行识别认证。只有建立合理的货币识别体系和制度，国家才能保证其控制经济杠杆的权力。

三、电子货币的风险分析

电子货币在给经济发展带来高效率和积极作用的同时，也给我们带来潜在的风险，尤其是对金融发展的挑战与威胁同样也是巨大的。

（一）流动性风险

流动性风险，是指网络金融机构无法满足客户资金需求而导致的风险，也就是说当网络金融机构无法满足客户的电子货币兑现要求时，可能造成资金流动方面的风险。风险的大小与电子货币的发行规模和余额有关。发行的规模越大，用于结算的余额越大，发行者不能等值赎回其发行的电子货币或清算资金不足的可能性越大。因为目前的电子货币是发行者以既有货币（现行纸币等信用货币）所代表的现有价值为前提发行的，是电子化、信息化了的交易媒介，还不是一种独立的货币。交易者收取电子货币后，并未最终完成支付，还需要从发行电子货币的机构收取实际货币，相应地，电子货币发行者就需要满足这种流动性要求。当发行者实际货币储备不足时，就会产生流动性危机。流动性风险也可由网络系统的安全因素引起。另外，当计算机系统及网络通信发生故障，或遭到病毒破坏造成支付系统不能正常运行时，还会影响正常的支付行为，降低货币的流动性。

（二）法律风险

相较于网络金融的发展速度，我国在这方面的立法速度明显滞后，这就导致现行法律对于网络金融领域出现的问题难以切实处理与解决，从而导致一定交易风险。电子货币在我国还处于起步阶段，许多法律法规尚未明确，如在电子货币的市场准入、交易者的身份认证、电子合同的有效性确认等方面尚无完备的法律规范。因此，在网络金融条件下利用电子货币提供或接受金融服务，签订经济合同就会面临有关权利与义务等方面的相当大的法律风险，容易陷入不应有的纠纷之中，使交易者面临关于交易行为及其结果的更大的不确定性，增大了电子货币的交易费用，甚至影响到电子货币的健康发展。

（三）技术安全风险

在网络金融环境中，因为电子货币的大量风险控制工作是由电脑程序和软件系统完成的，所以电子信息系统的技术性和管理性安全就成为电子货币的最为重要的技术风险。

1. 相关硬件技术性风险

电子货币是基于计算机、互联网等技术形成和发展的，而计算机系统硬件、数据库和应用程序的设计缺陷等不确定因素都可能成为威胁电子货币的技术性风险。根据发达国家的经验，系统停机对金融业造成的损失最大。尽管近几年电信运营商对数据通信设备投入较大，并采取了一些提高通信质量的措施，但数据通信线路异常中断的现象仍时有发生，成为制约电子货币发展的重要因素。金融机构一级法人采用计算机系统数据大集中模式是必然的发展趋势，但在数据集中的同时也带来了风险的集中：数据中心所采用的数据库系统能否支持海量数据处理，应用程序设计是否科学完善。

2. 计算机病毒攻击风险

电子货币的发行和流通都离不开网络平台，而网络病毒会通过这个平台传播并扩散，其传播速度是单机的几十倍，一旦某个程序被感染，则整台机器、整个网络也很快被感染，破坏力极大。另外，当计算机系统及网络通信发生故障，或病毒破坏造成支付系统不能正常运转时，还会影响正常的支付行为，降低货币的流动性，甚至会导致整个网络的瘫痪，这是一种系统性风险。

3. 信誉风险

需要注意的是，金融机构遭受攻击并不仅仅会造成物质层面的直接损失，同时还会严重影响客户对电子货币的接受程度，甚至对整个网络金融行业失去信心，从而导致信誉危机。电子货币无法通过物理方式防伪，只能依赖于加密算法、电子签名等手段。因此，一旦关键数据和密码被攻破，伪造起来相当容易，可以说，伪造电子货币的出现可足以摧毁整个交易与支付系统。更为严重的是，在电子货币和网络金融的背景下，支付、清算风险的波及速度加快，范围变大，风险的发生与传递可能就在同一时间内，这就使得纠正错误的回旋余地缩小，补救成本加大。

4. 电子货币规模扩大可能带来更庞大的国际游资[①]

电子货币相较于传统货币更加便捷，其搭载的电子化交易手段相较于传统交易的成本更低，基于此，各种市场主体会经常性地调整货币的持有结构，减少手持现金和活期存款的比例，增加以追逐高额短期回报为目标的金融资产比例，从而可能形成更大数量的国际游资。同时，电子货币的"无形性"使其活动失去了时间和地域的限制，交易过程更加不透明，导致国际投机资本的运作更具隐蔽性和复杂性，其与金融监管当局之间的信息不对称程度将趋于严重，增加了金融当局对其进行控制的难度。大量国际游资的突发性转移无疑将引发金融市场的波动，而电子货币的快速传播特征又会使这种波动迅速蔓延，造成整个金融体系的不稳定。

通过以上分析可以看出，基于网络平台产生并发展的电子货币本质仍是货币，因此其延续、融合了传统货币风险，但同时也在一定程度上更新、扩充了传统货币风险的内涵和表现形式。因此，电子货币会使传统货币风险在发生程度和作用范围上产生放大效应，如

---

① 国际游资，亦称热币或热钱，是指在国际间频繁流动，以追逐短期汇率、利率、股票市场与其他金融市场价格波动的短期资本。

市场价格波动风险、国际风险发生的突然性、传染性都增强了，危害也更大。因此在电子货币风险的监管和控制上也就应该具有不同于传统货币风险管理的手段和方式。

第三节　网络银行的法律问题

一、网络银行的概念和分类

（一）网络银行的概念

网络银行是商业性金融机构的一种发展形式，是互联网时代与金融行业发展的有机融合。具体来说，网络银行就是指在互联网平台上开设的以金融资产和负债为经营对象，以利润最大化为主要目标，提供多样化服务的信用中介机构，是商业性金融机构的现代化发展。

从狭义层面来说，网络银行仅仅是传统银行业务的一种制度创新，其本质是传统银行上线网络平台，即传统银行利用计算机和互联网技术突破传统银行业务模式，改革传统银行店堂服务流程，以原有传统业务为基础和依托，将原有业务延伸到互联网上，为客户提供原来需要柜台操作的各种业务，实质上并没有脱离原有的银行形态。

从广义层面来说，网络银行还可以称为虚拟银行，网络银行的出现是银行业的一次革命性发展，是使用电子工具通过互联网向客户提供银行的产品和服务的银行。它是银行体制的一种创新，没有银行大厅，没有营业网点，通过与因特网连线的计算机，进入网络银行的网站，就可以全天候在任何地方办理网络银行提供的各项银行业务。本节所谈的网络银行指广义的网络银行。

（二）网络银行的类型

网络银行大体上可以划分为独立型网络银行和依存型网络银行两类，判断标准则是网络银行是否独立于传统银行。独立型网络银行，是指银行的设立和各项业务的提供均通过互联网进行，没有与之相对应的传统银行的网络银行；而依存型网络银行是传统银行利用互联网提供网上服务而设立的网络银行，实质上是传统银行的一个业务部门。目前，我国的网络银行都属于依存型网络银行。

二、网络银行的市场准入问题

按照《中国人民银行法》的规定，不论是银行和非银行金融机构都需要经过中国人民银行的审批才可以设立、变更、终止及明确其业务范围。网络银行作为银行的一种，虽然它的经营方式、业务范围和传统的商业银行相比有所变化，但是，它的营业性质仍属于金融服务，因此，网络银行的设立、变更及经营行为都要受《中国人民银行法》的调整，以确保我国金融业的健康发展。

银行对一个国家的金融发展而言具有根本性作用，因此各国对银行设立都提出了严格的要求和规定。根据我国商业银行法的规定，设立传统银行应该具备五个基本条件：一是具备符合我国《商业银行法》和《公司法》的章程；二是有一定限额的注册资本金；三是有符合专业和专业要求的管理人员；四是有健全的组织机构和管理制度；五是有符合要求的营业场所、设施和安全防范措施等。

网络银行相较于传统银行，运营环境发生了变化，尤其是对于独立型网络银行而言，其设立不仅应该具备传统银行的基本设立条件，还应该设定更为严格的法律法规规定其市场准入条件。根据我国《电子银行业务管理办法》和相关法律法规的规定，电子银行根据其业务的不同，分别规定了相应的条件。金融机构在中华人民共和国境内开办电子银行业务，应当依照相关办法的有关规定，向中国银监会申请或报告。

（一）金融机构开办电子银行业务的情形

我国《电子银行业务管理办法》第9条规定，金融机构开办电子银行业务，应当具备下列条件。

第一，保证金融机构的经营活动维持正常运行状态，建立了较为完善的风险管理体系和内部控制制度，在申请开办电子银行业务的前一年内，金融机构的主要信息管理系统和业务处理系统没有发生过重大事故。

第二，金融机构已经根据自身情况制定了电子银行业务的总体发展战略、发展规划和电子银行安全策略，建立了电子银行业务风险管理的组织体系和制度体系。

第三，金融机构在充分了解并参考电子银行业务发展规划和安全策略的基础上，建立了较为完善的电子银行业务运营的基础设施和系统，并对相关设施和系统进行了必要的安全检测和业务测试。

第四，金融机构正确理解和看待电子银行业务风险，具备良好的业务风险管理能力和业务运营设施与系统等，并对相关业务运营进行了符合监管要求的安全评估。

第五，金融机构要建立明确的电子银行业务管理部门，并为部门顺畅运行配备合格的管理人员和技术人员。

第六，金融机构还需要满足中国银监会要求的其他条件。

（二）金融机构开办以互联网为媒介的网络银行业务、手机银行业务等电子银行业务的情形

我国《电子银行业务管理办法》对这种情形有具体规定，即金融机构开办以互联网为媒介的网络银行业务、手机银行业务等电子银行业务，除应具备第9条所列条件外，还应具备以下条件。

第一，金融机构的电子银行基础设施设备能够保障电子银行的正常运行。

第二，金融机构构建完善的电子银行系统，使其具备必要的业务处理能力，能够满足客户适时业务处理的需要。

第三，金融机构要建立科学有效的外部攻击侦测机制。

第四，中资银行业金融机构的电子银行业务运营系统和业务处理服务器设置在中华人民共和国境内。

第五，外资金融机构的电子银行业务运营系统和业务处理服务器可以设置在中华人民共和国境内或境外。设置在境外时，应在中华人民共和国境内设置可以记录和保存业务交

易数据的设施设备，能够满足金融监管部门现场检查的要求，在出现法律纠纷时，能够满足中国司法机构调查取证的要求。

（三）外资金融机构开办电子银行业务的情形

外资金融机构在我国境内开办电子银行业务，相较于以上几种情形更为复杂，因此其不仅要具备以上所列条件，还应当按照法律、行政法规的有关规定，在中华人民共和国境内设有营业性机构，其所在国家（地区）监管当局具备对电子银行业务进行监管的法律框架和监管能力。

三、网络银行的风险及其防范

（一）网络银行的主要风险

网络银行有别于传统银行的特殊性决定了其业务风险具有非行业性和外生性两大特点。非行业性是指风险超出传统意义上的金融风险的概念，其产生不仅依赖于市场价格的波动、经济增长的质量，而且依赖于软硬件配置和技术设备的可靠程度。外生性是指银行对技术性风险的控制和管理能力，在很大程度上取决于其计算机安全技术的先进程度以及所选择的开发商、供应商、咨询或评估公司的水平，而不像传统银行业务风险那样，仅取决于银行自身的管理水平和内控能力。

一般情况下，带来网络银行风险的主要渠道包括以下三个：一是数据传输，基于网络平台的网络银行离不开数字传输，一旦数据传输系统被攻破，就有可能造成用户的银行资料泄露，并由此威胁用户的资金安全；二是网络银行应用系统的设计，一旦其在安全设计上存在缺陷并被黑客利用，将直接危害系统的安全性，造成严重损失；三是来自计算机病毒的攻击，即由于网络防范不严，导致计算机病毒通过网络银行入侵银行主机系统，从而造成数据丢失等严重后果。

需要注意的是，网络银行面临的风险不仅包括业务性风险，还包括其业务可能涉及的法律风险。目前，各国政府对网络银行和网络交易的法律法规有很多含糊之处，并且缺乏专门规范网络银行的有关法律法规。通过互联网与客户发展关系的一个国家的银行可能并不熟悉另一些国家特定的银行法律和客户保护法律，由此增加了法律风险。

（二）网络银行的风险防范

网络银行搭载于网络平台，网络为其带来高速快捷的优势外，还使其面临更大的风险。因此，网络银行必须建立一套有效的风险防范机制，以减少网络银行业务的风险。

1. 建立健全网络银行的内部运行和管理制度

网络银行应当管理和运用好自己的资金，防止客户透支或其他违法活动，为此必须制定相应的规章，规范网络银行资金划转的条件和程序，严格要求网上支付的工作按规章和流程操作。

2. 建立健全网络银行的身份认证制度

网上支付最大的风险是非真实所有人伪造相关证件，盗用真实所有人的密码或身份资料划拨资金。为防止此类事件发生，网络银行必须建立身份认证制度，设计安全周密身份核验、资金划拨流程，并经常对网上支付状况进行监督。

3. 建立健全网络银行的开户审查和签约制度

对网络银行客户开设条件和程序应有一定的限制和规范。首先，对客户的经济收入、信用度应有一个最低准入标准；其次，开户时要核验开户人的身份证件和必要的法律文件；最后，签约时要向客户提供客户须知的各类资料，使客户了解网上支付流程、规则和安全措施。

4. 建立健全网络银行的服务合同签订制度

网络银行在提供服务前应当与客户签订《网络银行服务协议》，对网络银行业务中可能产生的一系列权利、义务和责任事先予以明确约定，在不违反现行法律法规强制规定的前提下，合理分配风险和责任。一般而言，该服务协议至少应包括以下内容：支付指令的接受、安全程序的选定、网上资金划拨的终结点、银行和客户的责任、证据的存留与效力。

5. 建立健全网络银行的纠纷解决机制

网络银行与客户可通过协议建立一套公平、高效的纠纷化解机制，以备在争议发生后，按照协议约定，查明事实，分清责任，公平合理地解决纠纷。为避免因协商不成而纠缠不清，最好在服务协议中明确约定合同成立地与生效时间，以及诉讼的协议管辖问题。

网络银行除了要建立以上机制制度外，还应该加强对相关法律风险的重视。尤其是在经济全球化趋势下，国际市场竞争日益激烈，网络银行在争夺市场的过程中可能面临一系列的法律问题。因此，在拓展网络银行业务时，应密切关注国际网络银行的最新法律法规，并注意吸收国外先进的风险防范经验，以切实保障我国网络银行业务健康有序地发展。

本章小结

电子支付是电子商务中的核心环节，也是电子商务得以进行的基础条件。电子商务较之传统商务的优越性，吸引越来越多的组织和个人网上购物和消费。然而，如何通过电子支付安全地完成整个交易过程，又是人们在选择网上交易时所必须面对的而且是首先要考虑的问题。为了保证电子支付的健康有序发展，必须制定相应的法律和法规，对电子支付当事人的权利、义务和责任，以及电子货币的法律地位、争议解决办法、风险分担制度作出明确的规定。本章首先研究了电子支付的基础，其次重点探讨了电子货币以及网络银行的法律问题。

复习思考题

1. 简述电子支付的形式。
2. 试述电子支付中各当事人的主要权利和义务。
3. 简述电子货币的风险。
4. 试述网络银行的风险及其防范。

在线测试题

扫描书背面的二维码，获取答题权限。

第七章
电子合同法律法规

知识图谱

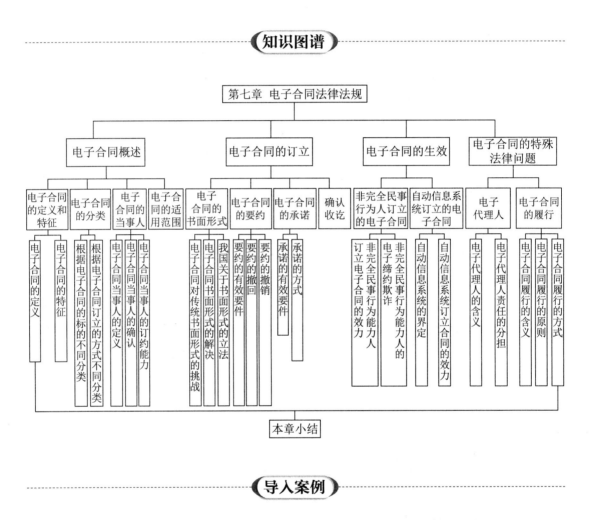

导入案例

上海的一家律师事务所通过京东商城订购了一台165元的电风扇。收货后发现，电风扇的撑杆存在缺陷，导致电风扇整体没办法安装。在距离订货期约20天的时候，该单位向京东商城提出换货申请，却被拒绝。

京东商城拒绝的理由是：当初在订购电风扇时，由其自行在网络表单中填写的发票明细中，记载的内容是"办公用品"，而不是这款电风扇的品牌、型号。上海的这家律师事务所麾下有一群精研民商事法的律师，大家认为京东商城没道理，要求它不仅承担电风扇的质保责任，还要求法院认定该网站的相关条款无效。京东商城解释，他们只有拿到列清商品明细的发票,才能从供货商处得到保修等售后支持,所以事先建议客户购物时把发票填写清楚,并提示了不如此操作,可能无法享受正常质保的后果。如今,明明是律师事务所自己没有开对发票,京东商城据此不为其提供换货服务,完全是合法有据的。为此,这家律师事务所将京东商城告上法庭。

法院一审判决京东商城应当向律师事务所提供故障风扇的换货服务。可律师事务所并不满足,因为一审没有明确京东商城的退货条款无效。于是,他们又提起上诉。

二审中,法官亲自对京东商城的购物流程进行了操作。发现被质疑的退货条款,是该网站主页下方"售后服务"—"退换货说明"—"特殊说明"中的第一条,该条款针对不特定消费者而制订,且对条款的内容不能协商,属于格式条款。

法官还发现,客户在购物时,对发票内容是可以自行选择的,这也是京东商城为了迎合部分消费者报销等需求,特别设立的流程。而按照国家有关规定,销售方应当向消费者出具内容真实的购物凭证或者服务单据,可京东商城制订的在线购物流程中,使购物者可以不按实际购买货物的品名选择填写发票内容,双方的行为均有违发票管理办法的规定,税务部门对此可予以处理。

法院认为,虽然双方均未按规定如实开具发票,但买卖合同关系依然有效成立。既然电扇属于"三包规定"范围之内,京东商城就有义务修理、换货或退货。至于发票的内容的可选择性,是由京东商城向消费者提供选择所致,所以就不应以此为由,免除其应承担的义务。

资料来源:郭鹏.电子商务法(第2版)[M].北京:北京大学出版社,2017:45.

第一节　电子合同概述

一、电子合同的定义和特征

(一)电子合同的定义

目前电子合同没有统一的定义,一般认为,以数据电文的形式订立的合同称为电子合同。例如,联合国国际贸易法委员会《电子签名示范法》通过界定"数据电文"并赋予其书面效力来定义电子合同。结合相关规定,我国商务部在《电子合同在线订立流程规范》中对电子合同进行了界定:"电子合同是平等主体的自然人、法人、其他组织之间以数据电文为载体,并利用电子通信手段设立、变更、终止民事权利义务关系的协议。"关于电子合同,学界有不同的论述,主要分为广义和狭义两种。广义的电子合同是指所有以数据电文形式订立的合同,包括以电报、电传、传真、电子数据交换和电子邮件等形式出现的合同。狭义的电子合同则指以电子数据交换和电子邮件等形式订立的合同。[1]

---

[1] 资料来源:贺琼琼.电子商务法[M].武汉:武汉大学出版社,2016:43.

（二）电子合同的特征

（1）订立者互不见面。电子合同通过网络利用现代信息技术手段订立合同，订立者不是坐在一起协商、讨论合同内容后当面所签订的，而是通常在互相不见面的情况下，以网络作为联结工具而签订的。

（2）小额交易不需订立合同。小额的网络交易，不需要订立正式的合同。

（3）使用电子签名。对于电子合同，我们无法采用传统的签名和盖章形式，而需要采用电子签名的确认和证实手段。这是由电子合同的磁介质特征决定的，也是保证电子合同合法有效的必要手段。

（4）合同生效地为收件人的主营业地。电子合同的当事人如果没有特殊约定，合同的生效地为收件人的主营业地；收件人的主营业地为合同成立的地点；没有主营业地的，其经常居住地为合同成立的地点。当事人另有约定的，按照其约定。

（5）采用电子数据形式。电子合同载体，与传统合同相比有质的改变，其载体形式是数据电文，即通常所说的电子数据形式。①

二、电子合同的分类

（一）根据电子合同的标的不同分类

拓展阅读 7.1
最高人民法院发布第一批涉互联网典型案例

根据电子合同的标的不同，可以将电子合同分为信息产品合同和非信息产品合同。

信息产品，是指可以被数字化并通过网络来传输的商品，如计算机软件、多媒体交互产品、计算机数据和数据库等。标的物为信息产品的合同，是信息产品合同；反之，为非信息产品合同。

信息产品合同中，根据数字化的信息是否存在实体形式，信息产品可以分为有形信息产品和无形信息产品。有形信息产品是指数字化信息附着在有形载体（如光盘）上的产品，此类信息产品的交付无法在线进行；无形信息产品是指数字化的，不存在有形载体的信息产品，合同当事人可以直接通过网络在线交付，如电子邮件传输、在线下载等。有形信息产品的交付可以直接适用我国《合同法》的有关规定，而无形信息产品在履行时间、履行方式、检验、退货和风险承担等方面都有其特殊性。

（二）根据电子合同订立的方式不同分类

根据电子合同订立的方式不同，主要可以分为点击合同、以电子数据交换（electronic date interchange，EDI）方式订立的合同和以电子邮件（E-mail）方式订立的合同。

点击合同，即电子形式的格式合同。点击合同在电子商务活动中应用非常广泛，这和互联网技术的高度智能化有关。几乎所有的电子商务企业和网站都会运用点击合同来规定其与消费者或用户之间的一般性权利和义务。

---

① 资料来源：温希波，刑志良，薛梅. 电子商务法：法律法规与案例分析（微课版）[M]. 北京：人民邮电出版社，2019：92.

EDI，是指按照一个公认的标准，将商业或行政事务处理转换成结构化的事务处理报文数据格式，并借助计算机网络实现的一种数据电文传输方法。一个典型的采用EDI方式订立合同的过程是企业收到一份EDI订单，信息系统自动处理该订单，检查订单是否符合要求，然后通知企业内部管理系统组织生产，向零配件供应商订购相关配件等。

以电子邮件方式订立的合同，是指当事人以电子邮件的方式完成要约和承诺过程而订立合同。电子邮件是互联网上应用最广泛的通信工具，以电子邮件方式订立的合同能够直观地反映订约双方的意思表示。但是，电子邮件在传输过程中其数据包易被截获、修改，安全性较低。在实践中，当事人以电子邮件方式订立合同的，宜采用电子签名来确保真实性和安全性。①

三、电子合同的当事人

（一）电子合同当事人的定义

电子合同的当事人，是指依法订立电子合同的双方或多方，是按照合同约定履行义务和行使权利的自然人、法人及其他组织。通常情况下，合同当事人是指订立合同的双方，但是，有些合同当事人可能是三方或多方。合同当事人是合同的重要内容，法律法规一般对当事人的资格进行限定。

（二）电子合同当事人的确认

电子合同当事人的真实、有效，是电子合同订立的前提。确定电子合同当事人的方式方法与传统合同不同，其确认方法主要采用电子签名、电子认证和其他方法。

（三）电子合同当事人订约能力

订立电子合同的当事人，按照法律法规的规定，应当具有相应的民事权利能力和民事行为能力。在当事人同意的情况下，其依法可以委托代理人订立合同。

我国《合同法》第9条规定，当事人订立合同，应当具有相应的民事权利能力和民事行为能力。当事人依法可以委托代理人订立合同。

四、电子合同的适用范围

从应用技术上说，电子合同仅仅是改变合同的传统形式，不涉及合同的内容，不应有适用范围上的问题。但是，在法律上承认电子订约的国家仍然限定了它的适用范围。这种限制主要包括：涉及不动产、身份权益、政府税收等重要事项；电子文书的应用环境和相关配套设施尚不够完善。随着电子政务和电子商务的发展，有关限制会逐步减少。②

---

① 资料来源：王永钊，李丽君.电子商务法律法规[M].上海：华东师范大学出版社，2014：87-88.
② 资料来源：杨立钒，赵延波.经济法与电子商务法简明教程（第二版）[M].北京：中国人民大学出版社，2019：188.

第二节　电子合同的订立

一、电子合同的书面形式

（一）电子合同对传统书面形式的挑战

传统的书面形式主要是指纸面形式，具体包括手写、打字、印刷、电报以及传真等。传统商事法律几乎都要求合同的签订和履行需满足书面形式的要求。要求书面形式主要是要求保存原件，以证明其所签订的合同的合法性和真实性。对于电子数据而言，传统意义上的书面形式是不存在的，电脑信息里只能有标准化的、构造化的数据，根本没有与纸本文件相同的有形的纸张和文字。电子信息具有易消失和易改动的特点，电子数据存储在计算机系统中是无形的，比留存在纸面合同上更容易消失；电子数据是以磁性介质保存的，改动可以不留痕迹。电子合同是通过数据电文的发送、交换和传输等方式来实现的，并没有书面载体的存在，这种传统法律对书面形式的要求就对电子合同的适用性造成了一定的法律障碍。因此，如何既满足传统法律对书面形式的功能要求，又能充分利用电子交易的快速和便捷就成为了现代电子商务立法的追求。

（二）电子合同书面形式的解决

早在20世纪80年代，联合国国际贸易法委员会就提出了"计算机记录的法律价值"报告并成立工作组对之进行深入研究。随着计算机网络的迅速发展，以及对电子交易规范必要性和可行性的认识的深化，对书面问题的解决形成了几种不同的解决方案。

1. 合同解决方法

所谓合同解决方法，是指由当事人在通信协议中约定，将电子商务通信及其记录视为"书面"文件。在实践中，这种方法主要有两种表现形式：一种是由当事人在通信协议中一致商定电子通信即为书面文件；另一种是由当事人在协议中声明，放弃根据应适用的法律对电子通信的有效性和强制执行力提出异议的权利。该方法具有一定的灵活性，但也有其自身无法逾越的局限性：首先，它不能克服由成文法或判例法产生的强制条款对电子商务造成的法律障碍；其次，交易当事人不能以其双方的合同有效地调节其与第三人之间的权利义务，尤其是对那些没有参与合同协议的人是没有约束力的；最后，这种方法只能在有关国家的法律允许当事人对书面形式要求作出自由处分时，才可以进行，但事实是并非所有的国家都允许当事人这样做。

2. 扩大解释方法

所谓扩大解释方法，是指对"书面"作扩大解释，将电子交易中的通信记录纳入"书面"的范畴。例如，《联合国国际货物销售合同公约》将书面形式的定义扩及电报和电传；《国际商事仲裁示范法》将书面的概念扩展到包括电话、电传或提供仲裁协议记录的其他通信手段。对于采用数据电信缔结的合同能否被视为书面，理论上有肯定和否定两种

拓展阅读 7.2

快递员起诉"闪送"索赔案

学说。

一种观点认为,只要所使用的方法和媒介足以显示当事人对于特定合同条款达成合意,就可以有效成立合同。电子合同存储在电磁媒介上,能够在电脑屏幕上显示,就应该符合书面要求。所谓书面,并不是必须以纸张形式为必要,只要具有相当的安全性和持久性,对于口述发生的错误、人类模糊的记忆甚至于伪证发生时可以纠正,即认为符合书面的要件。因此,储存在电磁媒介中的电子合同,可以凭借机器转换成人类可以阅读的形式,就可以构成书面。另一种观点则认为,无论电脑的储存媒介是硬盘还是软盘,都不能构成书面。书面必须和打字、印刷相同,形式具有有形性,并且必须是当事人有意地将其意思记载在上面。电磁媒介和印刷、打字有着本质区别,并且在没有机器辅助时,人类视力无法阅读,不具有有形性,从而不符合书面的要求。这种方法在各国电子商务法出台之前为解决电子合同所遇到的法律障碍发挥了一定的作用,但由于不同法院可能会作出不同的解释,因而也造成了法律的不确定性,而且,随着科学技术的不断发展,将会有更多更新的技术形式出现,单靠立法对书面形式作扩大的解释并非长久之计。

3. 功能等同方法

所谓"功能等同方法",是指通过将数据电文的效用与纸面形式的功能进行对比,从而摆脱传统书面这一单一媒介条件下产生的僵硬规范的束缚,为电子商务创造一个富有弹性的、开放的规范体系,以利于通信技术多元化的应用。其具体的操作是将传统书面规范体系分层剖析,从中抽象出功能标准,再从电子商务交易形式中找出具有相应效果的手段,以确定其效力。① 只要数据电文符合书面形式的功能,就符合法律规定的书面形式要求,不管它是纸面的还是电子的。这种方法较好地处理了数据电文的有效性问题,也消除了"书面形式"要求的法律障碍,为解决原件问题奠定了基础。

4. 安全电子文件

美国伊利诺伊州的《安全电子商务法》、犹他州的《电子签名法》、新加坡《电子交易法》中均规定了"安全电子文件"概念。为减轻文件接收者鉴定电子文件真伪之负荷,并降低可能存在的风险,将特定安全程序制作的电子文件定为"安全电子文件",以区别于一般的电子文件。凡使用安全程序制作的电子文件,足以验证资料和信息内容自某一特定时间点至验证时间点之间未经篡改者,称为安全电子文件。至于哪一种属于安全的程序,则根据契约自由原则,由当事人约定或使用政府认可的安全程序来制作电子文件。这种方法降低了解决电子商务书面形式障碍时所引起的不确定性,值得我国在进行相关立法时予以借鉴。

(三)我国关于书面形式的立法

我国《合同法》对书面形式采取了扩大解释的方法。我国《合同法》第11条规定:"书面形式是指合同书、信件和数据电文(包括电报、电传、传真、电子数据交换和电子邮件)等可以有形地表现所载内容的形式。"与《合同法》不同,我国《电子签名法》既规定了当事人协商解决的方法,也采纳了功能等同的方法,该法第3条规定:"民事活动中的合同或者其他文件、单证等文书,当事人可以约定使用或者不使用电子签名、数据电文。当

---

① 资料来源:汤文平,吕国民."功能等同法":联结电子商务与传统法律的桥梁[J].经济论坛,2005(8):117.

事人约定使用电子签名、数据电文的文书，不得仅因为其采用电子签名、数据电文的形式而否定其法律效力。"

二、电子合同的要约

要约是一方当事人以缔结合同为目的，向对方当事人提出合同条件，希望和他人订立合同的意思表示。

（一）要约的有效要件

要约的有效要件包括：①内容具体确定，要约的内容明确全面，受要约人通过要约不但能明白地了解要约人的意思，而且还要知道未来订立合同的主要条款；②表明经受要约人承诺，要约人即受该意思表示约束，即要约必须具有缔结合同的目的。

（二）要约的撤回

要约的撤回是指要约人的要约发出后，到达受要约人之前，取消其要约从而阻止要约生效的意思表示。我国《合同法》第17条规定："要约可以撤回。撤回要约的通知应当在要约到达受要约人之前或者与要约同时到达受要约人。"

但是，采用数据电文订立合同的，由于信息传输的高速性，要约人一旦发出要约，受要约人即刻就可收到，要约发出后再要撤回，实际上是不可能的。这无疑对传统的要约理论造成了很大冲击。因此，在电子商务环境下要约能否撤回的问题上，存在两种截然不同的观点：一种观点认为，撤回要约在电子商务环境中是不可能的，在电子合同中谈论要约的撤回是没有实际意义的，我国《合同法》对要约撤回的规定不适用于电子合同；另一种观点认为，电子要约的撤回虽然非常困难，但并非绝对不可能。在服务器发生故障或线路过分拥挤的情况下都可能耽搁要约的收到时间，使一份要约撤回通知先于或同时到达受要约人。因此，应允许当事人撤回要约，我国《合同法》对要约撤回的规定是适用于电子合同的。

（三）要约的撤销

要约的撤销是指要约人在要约到达受要约人并生效以后，将该要约取消，从而使要约的效力归于消失的意思表示。我国《合同法》第18条规定："要约可以撤销。撤销要约的通知应当在受要约人发出承诺之前到达受要约人。"我国《合同法》第19条规定："有下列情形之一的，要约不得撤销：（一）要约人确定了承诺期限或者以其他形式明示要约不可撤销；（二）受要约人有理由认为要约是不可撤销的，并已经为履行合同做了准备工作。"

在电子商务交易中，要约能否撤销取决于交易的具体方式。从我国《合同法》的规定来分析，在受要约人收到要约后、作出承诺之前，一般有一个考虑期限，在考虑期满前，即受要约人承诺前，要约人可以撤销要约。因此，如果是通过电子邮件方式订立合同，在一般情形下，要约是可以撤销的。因为要约人以电子邮件方式发出要约后，受要约人并不一定立即承诺，因而在发出要约与最终作出承诺之间可能会有一段时间间隔，在此期间，要约人可以撤销要约。但如果当事人采用电子自动交易系统从事电子交易，承诺的作出是即时的，要约人则没有机会撤销要约。

三、电子合同的承诺

承诺，是受要约人同意要约的意思表示。承诺的法律意义在于，一经承诺并送达于要约人，合同便生效。

（一）承诺的有效要件

1. 承诺必须由受要约人向要约人作出

一方面，作出承诺的人必须是受要约人。受要约人为特定人时，承诺须作出；受要约人为不特定人时，承诺可以由不特定人中的任何人作出。受要行为，可以由其本人或其授权的代理人作出。另一方面，承诺必须向要约人代理人作出。

2. 承诺的内容必须与要约的内容保持实质性一致

根据我国合同法的规定，如果受要约人对要约的内容作出实质性变更，则不是有效承诺而是新要约。所谓实质性变更是指对合同标的、数量、质量、价款、报酬、履行期限、履行地点、履行方式、违约责任和解决争议方法等内容的变更。对要约的上述内容以外的非实质性内容进行变更的，除非要约人及时表示反对或者要约表明承诺不得对要约的内容作出任何变更，承诺有效。

3. 承诺必须在要约的有效期间内作出

当要约中规定了承诺期限时，承诺必须在此期限内作出。当要约没有规定承诺期限时，如果当事人以对话方式从事电子商务，则承诺应立即作出；如果当事人以非对话方式从事电子商务，则承诺应在合理的期间作出。承诺在要约的有效期届满之后到达要约人的，除要约人及时通知该承诺有效或有证据证明迟到是因客观原因造成的外，不发生承诺的效力，应视为新要约。①

（二）承诺的方式

作为意思表示的承诺，其表示方式应与要约相一致，即要约以什么方式作出，承诺也应以什么方式作出。承诺的表示方式应注意以下几点。

（1）要约以对话方式作出的，除当事人另有约定的以外，承诺人应即时作出承诺的意思表示，过后承诺的，要约人有权拒绝。

（2）承诺的表示一般应以通知的方式作出。通知可以是口头的或书面的，但依法必须以书面形式订立的合同，其承诺必须以书面形式作出。

（3）当事人可约定数据电文作为承诺方式。

（4）根据交易惯例或要约表明可以通过行为作出承诺的，行为也可以作为承诺的表示方式。

（5）承诺应以明示方式作出，缄默或不行为不能作为承诺的表示方式。②

---

① 资料来源：朱晓娟.电子商务法[M].北京：中国人民大学出版社，2019：99.
② 资料来源：王芸，袁颖.电子商务法规（第三版）[M].北京：高等教育出版社，2016：62.

四、确认收讫

通常认为，确认收讫就是指收件人收到发送的信息时，由其本人或指定的代理人通过自动交易系统向发送人发出表明其已收到的通知。联合国《电子商务示范法》指出：确认收讫可以包括各种各样的程序，从简单的确认收讫到一项电文到具体表明同意某一特定数据电文的内容。该法第14条对收讫的应用规定了5项原则：①确认收讫可以用任何方式或行为进行；②发送人要求以确认收讫为条件的，在收到确认之前，视信息从未发送；③发送人未要求以确认收讫为条件的，并在合理期限内未收到确认的，可以通知接收人并指定期限，在上述期限内仍未收到的，视为未发送；④发送人收到确认的，表明信息已由收件人收到，但不表明收到的信息与发送的信息一致；⑤确认收讫的法律后果由当事人或各国自己确定。

新加坡《1998电子商务法》受《电子商务示范法》的影响作了与其完全一致的规定。韩国《电子商务基本法》规定略有不同，该法第12条第3款规定："如果发件人要求收件人确认收讫但未声明以确认收讫为条件，那么，发件人可以撤销发出的电子信息，除非在合理时间内，或在发件人规定的时间内，或在发件人和收件人协商一致的时间内发件人收到了确认通知。"

第三节　电子合同的生效

一、非完全民事行为人订立的电子合同

当前我国的网民呈低龄化趋势，青少年网民的比例越来越高，对于非完全民事行为能力人订立电子合同的效力，学术界争议较多。其他国家和地区多数在使用传统民事行为能力规定的同时，对一些特殊情形下电子合同的效力予以认可。我国对此没有明确。

（一）非完全民事行为能力人订立电子合同的效力

我国《民法通则》将自然人的行为能力分为三类：第一类是18周岁以上的自然人具有完全民事行为能力，此外，16周岁以上不满18周岁的自然人以自己的劳动收入为主要生活来源的，视为具有完全民事行为能力，可以独立进行民事活动。第二类是10周岁以上不满18周岁的自然人称为限制民事行为能力人，可以进行与其年龄、智力相适应的民事活动，超出年龄和智力范围的活动需征得其法定代理人同意或由法定代理人代为进行。第三类是不满10周岁的未成年人为无民事行为能力人，必须由法定代理人代理其进行民事活动。根据我国《合同法》，订立合同的双方当事人必须具有相应的民事权利能力和民事行为能力，10周岁以上的未成年人订立的合同一般为效力未定的合同，经法定代理人追认后，合同有效。但有两种例外，一种是纯获利益的合同，另一种是与其智力、年龄、精神健康状况相适应的合同，可以不需要法定代理人追认即可有效。

随着电子商务的发展，未成年人进行的网上交易越来越多。非完全民事行为能力人订

立的电子合同也表现为多种形式。根据民法的相关规定，未成年人订立的合同必须经过法定代理人的追认才发生效力。在电子商务环境下，电子商务具有即时性和便捷性，这种特点决定了法定代理人行使追认权既不方便也不现实。电子交易不像传统的面对面交易，电子交易双方很难确定主体身份以及对方是否具有行为能力。网络商家如果每次交易都须考察和确认对方的行为能力以及合同在什么情况下生效，无疑将大大影响交易的效率。

我国学者对此存在争议，主要有以下两种观点：第一，坚持根据传统民法当事人行为能力制度来判断非完全民事行为能力人的行为效力。比如，北京市工商行政管理局《电子商务监督管理暂行办法》规定，未成年人在网上交易时如果做出了超出其行为能力范围的意思表示时，需要得到其法定代理人的确认，否则该意思表示无效。经营者可以要求消费者在交易的过程中提供姓名、性别、年龄、住址、电话、电子邮件地址等个人基本资料。第二，根据电子交易的特点确定非完全民事行为能力人的行为效力。该观点认为，为了增强网络商家进行网上交易的信心，应该承认其与非完全民事行为能力人订立合同的效力。因为商家在进行经营时往往面对的是不特定的多数人，商家无法对所有的交易相对人的情况一一辨别。可以规定未经法定代理人追认的合同，善意相对人[①]有撤销权，但如果是订立即履行的电子合同，相对人则无法行使撤销权的，其利益也很难得到保护。

笔者认为，尽管全盘否定传统的缔约能力制度不太合理，但电子缔约的特殊性也不能完全忽视。如果完全根据传统合同法直接认定非完全民事行为能力人订立的电子合同无效，有违民法的公平原则，也对当事人不利。因此，立法应对消费者和经营者的合法权益加以综合地衡量。如果经营者有理由相信与其缔约的对方有相应的缔约能力时，法律就应该对该自然人订立的电子合同的效力予以肯定，否则网络商家则可能随时面临合同被主张无效或撤销的情况，最终的结果是商家不愿意承担此种法律风险，从而放弃网上经营。具体而言，在下列情况下，非完全民事行为能力人订立的电子合同有效：一是纯获利益的电子合同；二是与"生活必需品"相关的电子合同；三是在线服务合同。

（二）非完全民事行为能力人的电子缔约欺诈

电子缔约欺诈，主要是指未成年人利用计算机网络，采用欺诈的手段获得交易机会，订立电子合同的情形。未成年人电子订约欺诈主要表现为两种情形：一是冒用其他有缔约能力人的网上账号或者身份信息，在网上与他人缔结电子合同。例如，冒用父母在淘宝网上的账号，进行网络购物；二是在网上注册虚假的信息，并在网上与他人进行交易时谎称自己具有民事行为能力。

针对未成年人电子交易身份或行为能力欺诈的现象，在电子商务经营实践中，商家们采取了一定的措施。例如，《淘宝网服务协议》规定："在您完成注册程序或以其他淘宝允许的方式实际使用淘宝网服务时，您应当是具备完全民事权利能力和完全民事行为能力的自然人、法人或其他组织。若您不具备前述主体资格，则您及您的监护人应承担因此而导致的一切后果，且淘宝有权注销（永久冻结）您的淘宝账户，并向您及您的监护人索偿。"此外，当当网在《当当网交易条款》中规定："在下订单的同时，您也同时承认了您拥有

---

① 善意相对人一般指善意第三人，该第三人不知道法律关系双方的真实情况，通常在指合法交易中，不知情且已经办理了登记的权利人。

购买这些产品的权利能力和行为能力，并对您在订单中提供的所有信息的真实性负责。"尽管电子商务企业有这些规定，但实际注册时仍有伪造或提供虚假资料的可能性，因为，注册通常要求提供电子邮箱或电话号码，这些都无法真正证明当事人的真实能力。所以，电子商务企业的一些措施往往流于形式或直接成为其避免责任的理由。

我国立法没有专门针对这一问题进行规定。一般情况下，非完全民事行为能力人订立合同的效力适用我国《合同法》的规定。如果未成年人与商家交易时存在欺诈行为，谎称自己有缔约能力，那么该合同有效。因为，网上交易的过程中商家已经尽到了最大的谨慎注意义务，如果此时合同的效力无法被法律承认，则商家的合法权益将无法得到保障。网上交易的诚信原则也会备受质疑，进而有损交易秩序的稳定。如果电子商务经营者或电子商务网站在设计交易网页时已经根据交易的重要及复杂程度、标的数额、交易风险等因素设计了阻止未成年人参与电子交易的必要障碍，而若提供其法定代理人或其他相关人的姓名、身份证号码、信用卡号码、送货地址等信息，使交易相对方相信其为完全民事行为能力人或已得到法定代理人允许的，其法律行为有效。

二、自动信息系统订立的电子合同

随着网络技术的发展，电子商务中自动信息系统的应用越来越广泛。例如，利用自动信息系统过滤信息、挑选接受的电子邮件、分析网上产品的价格以及对交易发出授权；利用自动信息系统进行网络游戏、程序设计、网上购物等。事实证明自动信息系统正以其巨大的技术和功能优势，为现代交易的高效率和低成本做出重要的贡献。

（一）自动信息系统的界定

自动信息系统，也被称为"电子代理人"。通常认为，自动信息系统是一种软件、硬件或其组合，能够交易的智能化系统。但是，关于该软件或交易系统应该达到什么样的自动化程度，在学界存在一定的争议。有学者认为，软件程序都具有一定的自动性，能够帮助或取代人们去做某些工作，但并非所有这些具有自动性的软件程序都可以被称为电子代理人。

加拿大《统一电子商务法》第19条规定："电子代理人是指这样的电脑程序或者任何电子手段，其能够被用以做出某种行为或者对电子文档或者电子运行做出相应的反应，而在这个行为的过程中完全，或者在一定程度上，不需要自然人的干预。"

《国际合同使用电子通信公约》第4条第7款规定："'自动信息系统'是指一种计算机程序或者一种电子手段或其他自动手段，用以引发一个行动全部或部分地对数据电文或执行生成答复，而无须每次在该系统引发行动或生成答复时由自然人进行复查或干预。"该公约认为，无论电文系统是半自动还是全自动的，只要其中至少某一种行动无须人工"复查或干预"来完成其任务即可。

从这些立法来看，即便是自动化程度较低的自动信息系统，也不会影响自动信息系统的属性。事实证明，要对自动信息系统的自动化程度作一个明确的界定，确实很难。而且，随着人工智能的进一步发展，自动信息系统的自动化程度可能会完全超乎我们的想象，如今的智能自动信息系统已经具备了一定的学习功能，它不仅可以根据以往的经历随时调整自身的行为，具有一定的决策能力，而且可以搜寻与自身相关的信息资源，采取相应的措施。因此，从功能或作用的角度来界定自动信息系统似乎更符合其特点，即只要能够在既定的系统环境中自动完成某一特定任务的软件程序，就可称之为自动信息系统。

（二）自动信息系统订立合同的效力

自动信息系统以其技术和功能优势，为实现现代交易的低成本和高效率作出了重要的贡献。目前，大部分国家现行的国内立法都允许使用此种系统，普遍认为，不得纯粹以自动信息系统订立合同这一事实来否定合同的法律有效性、效力和可执行性。

美国1999年《统一电子交易法》第14条明确规定：（1）当事人的电子代理之间的交互行为可以成立合同，即使个人不知道或没有检查电子代理的行为及其相关条款和协议。（2）电子代理和个人的交互行为可以成立合同，个人可以以自己的名义或代表他人作为，包括个人自由地拒绝履行行为，该人已知或有理由知道此种履行将导致电子代理完成交易或履行交易。（3）合同的条款由其使用的实体法决定。根据该法的规定，不得仅仅以某项记录或认证是电子形式为理由而否定其法律有效性或可执行性，而且，即使是当事人不知道电子代理人的活动，合同仍然是有效的，电子代理人的行为可以订立合同，但合同显然不能在没有签约意向的情况下签订。此外，美国法学会和统一州法全国委员会通过的《美国统一商法典》修正第2-204条第1款规定，买卖合同可以通过"电子代理人之间的交互作用和电子代理人与人之间的交互行为"方式成立。根据该条规定，只要能够确定双方达成了利用电子代理人进行交易的协议，即使没有当事人的行为，合同仍然成立。

联合国国际贸易法委员会的《电子商务示范法》没有明确通过此种系统缔结合同的效力和可执行性的具体规则，但《国际合同适用电子通信公约》第12条明确肯定了自动信息系统订立合同的法律效力。该公约第12条规定："通过自动信息系统与自然人之间的交互动作或通过若干自动信息系统之间的交互动作订立的合同，不得仅仅因为无自然人复查或干预而否定这些系统进行的每一动作或由此产生的合同的效力或可执行性。"

第四节　电子合同的特殊法律问题

一、电子代理人

（一）电子代理人的含义

网上商家在电子商务中多采用智能化交易系统，自动发送、接收和处理交易订单，即电子代理人。这些电子交易系统，具有按照预先设定好的程序自动发出要约、承诺，并审单判断的功能，自动完成合同订立的过程，而且在许多情况下可以自动履行合同，较少需要，甚至不需要人工的介入。当事人通常需要在阅读清单时，才知道这些合同的详细发生情况。电子代理人既不是自然人，也不是法人或者其他任何机构，而是一些计算机程序和自动化手段，是一种能够执行人的意思的、智能化的交易工具，能够在没有人进行干预的情况下去完成某些行为，起到了代理人的作用，因此叫作电子代理人。

（二）电子代理人责任的分担

对于一方是电子代理人、一方是自然人达成的合同，澳大利亚《电子交易法》则规定还需满足一定的条件：第一，个人有理由知道其正在同一个电子代理人进行交易；第二，个人还要有理由知道电子代理人对其及时的表述作出反应的能力存在何种限制；第三，该个人还要明白，其作出的举动将使作为相对方的电子代理人完成某项交易。这是因为，如果这些要求没有满足，那么作为自然人的这一方在订立合同时，由于其对相对方为电子代理人的情况并不了解，其意思表示会存在一定的缺陷。此外，自然人对于电子代理人的信息处理权限并不清楚，因而，使用电子代理人的一方就有义务将该电子代理人具体信息处理权限告知相对方。

在使用电子代理人时，可以从以下几个方面来考虑责任的分担。

（1）电子代理人的信息自动交流和处理都是遵从用户预先设定好的程序作出反应，且使用人也可以在程序运行过程中随时予以介入。因此，电子代理人的意思正好是使用人意思的全面反映。通过电子代理人订立合同与自然人之间直接进行信息交流而订立的合同一样，也具有合同当事人的合意，电子代理人行为的后果由其程序使用人承担。

（2）自动交易系统都是由商家提供的，如果该系统没有提供必要的纠错设施，那么，由于电子错误而产生的责任就不能由交易相对人承担，而应当由电子代理人的本人承担。

（3）在电子代理人出现错误时，一当事方遵守约定继续执行合同但另当事方没有继续执行，在如果后者遵守约定执行合同就可以检测到电子代理人错误的情况下，前者可撤销该发生错误的合同，即使合同已经成立。

（4）如果当事方没有约定，一当事方 A 检测到自己的电子代理人发生错误，则应该及时通知另一当事方 B，后者应该在合理的时间内对此加以确认。确认后，发生错误方 A 可以撤销产生错误的合同。当事方 B 否定存在错误时，当事方 A 应该证明错误的存在。如果不能证明，则不能撤销合同。

我国目前还没有关于电子代理人的法律规定。如果在实践中遇到这样的问题，则可以根据以上分析，借鉴澳大利亚和美国的经验，从法律原则、法律理论来推导出电子代理人的法律效力。

二、电子合同的履行

（一）电子合同履行的含义

电子合同的履行，是指当事人全面地、适当地完成合同约定的义务，以使合同得以实现的活动。合同的履行，一般分为执行合同义务的准备、具体合同义务的执行、义务执行的善后三个阶段。当事人首先应该为完成合同中约定的义务进行相应的准备，如买卖合同的卖方对所卖商品进行生产、组织货源、包装等活动。具体合同义务的执行，是对合同中义务的具体实施和行动，如买卖合同的卖方交付商品，买方支付价款等活动。具体合同的执行，是合同履行的核心内容和关键。执行合同义务执行完毕后的善后义务，是与合同相关的一些活动，如合同履行之后的通知、协助、保密事项等义务。

在我国《合同法》理论研究方面，称为"先合同义务""合同义务"和"后合同义务"。所谓"先合同义务"，是指当事人在执行合同义务的准备阶段所承担的义务；所谓"合同义务"，是指具体合同义务的执行阶段所承担的义务；所谓"后合同义务"，是指当事人在合同义务执行的善后阶段所承担的义务。

我国《合同法》第92条规定，合同的权利义务终止后，当事人应当遵循诚实信用原则，根据交易习惯履行通知、协助、保密等义务。这就是一种"后合同义务"的法定内容。

（二）电子合同履行的原则

我国《合同法》第60条规定，当事人应当按照约定全面履行自己的义务。当事人应当遵循诚实信用原则，根据合同的性质、目的和交易习惯履行通知、协助、保密等义务。虽然我国《合同法》并没有明确规定合同的履行原则，但是，从《合同法》的条款和内容中，不难总结出，我国合同履行的原则主要有适当履行原则和协作履行原则。①

1. 适当履行原则

适当履行原则，是指当事人按照合同的约定或法律的规定履行合同义务的原则，又称正确履行原则或全面履行原则。当事人应当按照法律规定或者合同约定的标的及其质量、数量，由适当的主体在适当的履行期限、履行地点，以适当的履行方式，全面完成义务的履行。《中华人民共和国民法通则》第88条第一款规定，合同的当事人应当按照合同的约定，全部履行自己的义务。

2. 协作履行原则

协作履行原则，是指当事人既应该履行自己的合同义务，又应该协助对方当事人履行其合同义务的原则。履行合同，不仅是一方当事人自己的事，也是另一方当事人的事，协助履行往往是合同在履行过程中，需要对方的协助，这是一种履行合同的特殊义务。只有双方当事人在合同履行过程中相互配合、相互协作，协助共力，合同才会得到全面履行。

一般认为，合同的协作履行原则包括的主要内容有：第一，债务人履行债务，债权人应适当受领给付；第二，债务人履行债务，时常要求债权人创造必要的条件，提供方便；第三，合同一方因故不能履行或不能完全履行时，应积极采取措施，避免或减少损失，否则还要对扩大的损失承担责任；第四，当发生纠纷时，合同双方应主动承担责任，不得推诿。②

（三）电子合同履行的方式

1. 在线付款，在线交货

在线支付结算，直接通过网络实现交货。这种方式环节少、履行简单、成本费用低，但是，标的物仅限于信息产品。例如，网上购买的应用计算机程序，如游戏、财务软件等，可以在出卖方的网站或指定网站上，直接下载安装使用。

2. 在线付款，离线交货

在线支付结算，通过物流配送环节实现交货。例如，淘宝网、京东商城等进行的实体商品的交易，多数是在网上支付结算的，而商品是通过物流配送到消费者手中的。

---

① 资料来源：彭万林.民法学[M].北京：中国政法大学出版社，1999：260.
② 资料来源：合同的协作履行原则[EB/OL]. https://wenku.baidu.com/view/47fa9531842458fb770bf78a6529647d272834fc.html.

3. 离线付款，离线交货

在线交易，离线支付结算，通过物流配送环节实现交货。例如，目前一些同城的生鲜电子商务，在线上订货下单，在线下配送，收货后确认，支付现金或者用信用卡付款。

我国《电子商务法》第 51 条规定，合同标的为交付商品并采用快递物流方式交付的，收货人签收时间为交付时间。合同标的为提供服务的，生成的电子凭证或者实物凭证中载明的时间为交付时间。前述凭证没有载明时间或者载明时间与实际提供服务时间不一致的，实际提供服务的时间为交付时间。合同标的为采用在线传输方式交付的，合同标的进入对方当事人指定的特定系统并且能够检索识别的时间为交付时间。合同当事人对交付方式、交付时间另有约定的，从其约定。

拓展阅读 7.3

全国首例"暗刷流量"网络服务合同案

本章小结

随着早期通信技术的发展，电话、电报、传真的使用使合同形式日益电子化。人们把电话达成的合同归类为口头合同，把电报、传真达成的合同归类为书面合同。这些合同在传统合同法体系内仍被可纳入。20 世纪末，随着计算机技术和互联网的迅猛发展，越来越多的协议通过电信网络达成。这些协议本质上为数据电文，不存在原件与复印件的区别，也无法用传统的方式进行签名和盖章，从而出现了法律不得不承认的一个概念——电子合同。本章从电子合同的概念入手，对电子合同的订立、电子合同的生效、电子合同的特殊法律问题进行了深入研究。

复习思考题

1. 简述电子合同的特征。
2. 简述电子合同书面形式的解决方法。
3. 简述如何确定电子合同生效。
4. 简述当前电子合同面临的法律问题。

在线测试题

扫描书背面的二维码，获取答题权限。

扫描此码　在线自测

第八章
电子商务中的消费者权益保护

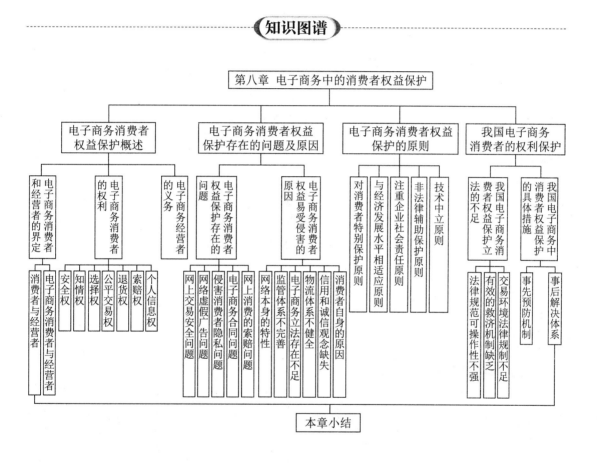

知识图谱

本章小结

导入案例

2015年9月19日，乐视商城开展了"黑色919乐迷节"，活动内容为"超级电视、超级手机直降500元，全天全渠道现货开放购买"。当日，众多消费者通过乐视商城官网订购了活动商品，乐视承诺于付款后一周内发货，但乐视未按约定时间发货。这就是乐视"919发货门"事件。33名消费者认为乐视的行为构成欺诈，对乐视提起了诉讼，向乐视索赔三倍货款。

资料来源：网经社.乐视"919发货门"事件33名消费者状告索赔三倍[EB/OL]. http://www.100ec.cn/detail-6333022.html，2016-05-16/2020-10-20.

第一节 电子商务消费者权益保护概述

一、电子商务消费者和经营者的界定

（一）消费者与经营者

消费者是指为生活消费需要购买、使用商品或者接受服务的人。从消费的性质来看，消费者的消费主要是指个人的生活消费，不包括生产资料的生产消费。例如，汽车厂从轮胎厂采购轮胎的行为就不是生活消费行为。就消费的主体或者权利主体而言，消费者主要指的是自然人。有人认为消费者还包括家庭，但家庭不能成为法律关系的主体。从消费客体范围来看，消费品不仅包括实物商品，也包括各类行为或服务，当然还有精神财富或者说智力成果。从获得商品和服务的手段来看，消费是通过市场交换（即购买）来实现的。

在我国，还有一种特殊的生产资料适用消费者权益保护法，即农民购买、使用直接用于农业的生产资料。虽然农民购买生产资料不是为了生活消费，但在法律上也被视为消费行为。

经营者是指为消费者提供生产、销售的商品或者提供服务的合法主体。经营者既包括生产者又包括销售者，二者都应当尽经营者的义务。消费者有权利选择其一或者共同主张权利。经营者应当是合法的主体，合法既指该经营者是经过国家有关机关批准成立的，又指该经营者是在被许可范围内从事经营的商家。

（二）电子商务消费者与经营者

在电子商务中，消费者的概念与传统的概念并无区别，但由于其自身的特殊性，所以需要补充新的规则。

1. 对于消费者行为能力的认定

由于电子商务活动中，当事人一般不直接面对面发生交易，消费者是否具有相应行为能力，经营者无从得知。在实际的电子商务活动中，通常有两种做法：一种是在交易前要求消费者提供身份证明，以确认消费者有行为能力。例如，要求消费者提交身份证复印件，并承诺提交人就是身份证所显示的本人。在这种情况下，消费者就很难以不具备行为能力为理由来主张交易行为无效。另外一种情况是电子商务经营者仅仅要求提交手机号码或者身份证号码，并不对消费者的行为能力进行其他审查。在这种情况下，对于经营者存在一种风险，即如果消费者提出自己不具备行为能力，则有可能导致交易行为无效。

2. 对于真实身份与虚拟身份的认定

电子商务活动中，无论经营者还是消费者都经常用虚拟的名字从事活动，并且网络交易经常没有销货凭证。因此，一旦发生纠纷，如何证明虚拟身份与真实身份一致就成为首要的问题。在已经发生的一些网络诉讼纠纷中，有些当事人的确以此辩解并逃避应承担的责任。一般认为，可以通过以下几种方法认定"虚拟人"的真实身份：（1）注册信息及个人信息。注册信息是指在注册虚拟身份时向网站提交的信息，它主要由当事人自己提供。

个人信息是当事人在上网活动时被服务器或者网站记录的信息,如 IP 地址信息等。(2)虚拟身份在进行其他活动时的证明。例如,消费者用同一虚拟身份进行其他交易,而这些交易又与涉案交易具有一致性,且其他交易又能证明该虚拟交易的真实身份。(3)通过传统的人证方式,等等。[1]

二、电子商务消费者的权利

(一)安全权

电子商务消费者的安全权,是指消费者购买商品或接受服务中所涉及的生命安全权、健康安全权、财产安全权等权利。消费者安全权包括生命安全权、健康安全权、权益保护的法律法规财产安全权三个方面的内容,前两项称为人身权,第三项称为财产权。

1. 消费者的生命安全权

消费者的生命安全权,是指消费者的生命不受危害的权利。例如,因商品内含有的部件或整件爆炸而致使消费者身体乃至生命受到损害,就是侵害了消费者的生命安全权。

2. 消费者的健康安全权

消费者的健康安全权,是指消费者的身体健康不受损害的权利。例如,因商品含有的有毒物质超标而致使消费者身体受到损害,就是侵害了消费者的健康安全权。

3. 消费者的财产安全权

消费者的财产安全权,是指消费者的财产不受损失的权利。例如,财产的外观损毁、财产的价值减少等。

(二)知情权

消费者的知情权,是指消费者享有知悉其购买、使用的商品或者接受的服务的真实情况的权利。根据商品或者服务的具体情形不同,对商品或服务的信息的要求也会有所差别,在选择、购买、使用商品或服务过程中,与消费者做出正确的判断有直接联系的信息,消费者都应有权了解。消费者知情权的内容包括商品或者服务的基本信息、技术信息和销售信息。

1. 商品或者服务的基本信息

商品或者服务的基本信息主要包括商品名称、商标、产地、生产者名称、生产日期等。例如,电子商务平台上列示的商品的产地、生产者等,都应该是明确的。因为产地、生产者的不同可能决定着商品的品质和性能也不同。

2. 技术信息

技术信息主要包括商品用途、性能、规格、等级、所含成分、有效期限、使用说明书、检验合格证书等,如食品的生产日期、有效期限等。涉及商品的使用中可能出现不当的情况,在说明书中应该明确,如可能会给消费者的人身健康和安全带来危害的电器等。

3. 销售信息

销售信息主要包括商品或服务的价格、运输、安装、售后服务等,如商品的价格,特

---

[1] 资料来源:李国旗.电子商务法实务研究[M].杭州:浙江大学出版社,2015:102-103.

别是服务的收费等。售后服务也是与消费者联系比较密切的事项，如保修期、服务站点、收费等内容，应该明确。

（三）选择权

消费者的选择权，是指消费者根据自己的需要，自主选择自己中意的商品或服务，然后决定是否购买或接受的权利。消费者有权根据自己的情况和意愿，包括收入、需要、意向、兴趣等来自主地选择自己愿意购买的商品或接受的服务。我国《消费者权益保护法》第9条规定，消费者享有自主选择商品或者服务的权利。消费者有权自主选择提供商品或者服务的经营者，自主选择商品品种或者服务方式，自主决定购买或者不购买任何一种商品、接受或者不接受任何一项服务。消费者在自主选择商品或者服务时，有权进行比较、鉴别和挑选。

（四）公平交易权

保证交易的公平性是维护消费者权益的重要内容。公平交易权是消费者在购买商品或者接受服务时所享有的与经营者进行公平交易的权利，具体包括获得质量保障和价格合理、计量正确等公平交易条件的权利。我国《消费者权益保护法》第10条规定，消费者享有公平交易的权利。消费者在购买商品或者接受服务时，有权获得质量保障、价格合理、计量正确等公平交易条件，有权拒绝经营者的强制交易行为。

（五）退货权

消费者的退货权，是指消费者按照法律规定或者约定，在期限内对所购买商品无条件要求退货，而经营者应当无条件予以退货的权利。退货权是消费者的一种特殊权利，其实质是消费者知情权和选择权的延伸，有人称之为"反悔权"，是对处于弱势地位的消费者的保护方法。

（六）索赔权

消费者索赔权，是指消费者购买、使用商品或者接受服务，合法权利受到损害时享有依法获得赔偿的权利。在我国《消费者权益保护法》和相关法律法规中，规定的消费者的索赔权利主要包括：消费者安全权（人身损害和财产）受到损害的索赔权；超时服务的索赔权（事后索赔、事中索赔）；产品存在缺陷造成损害的索赔权等。

（七）个人信息权

个人信息权是指个人享有的对本人信息的支配、控制和排除他人侵害的权利。个人信息权利的内容，主要包括信息决定权、信息保密权、信息查询权、信息更正权、信息封锁权、信息删除权和信息报酬请求权等。

关于个人信息权利，《中华人民共和国民法总则》第111条规定，自然人的个人信息受法律保护。任何组织和个人需要获取他人个人信息的，应当依法取得并确保信息安全，不得非法收集、使用、加工、传输他人个人信息，不得非法买卖、提供或者公开他人个人信息。[①]

---

① 资料来源：温希波，刑志良，薛梅.电子商务法：法律法规与案例分析（微课版）[M].北京：人民邮电出版社，2019：217.

三、电子商务经营者的义务

电子商务消费者权益的保护关键在于明确消费者的权利和经营者的义务。经营者的义务既包括其承担的对消费者的义务，即平等主体间的义务，也包括其对国家和社会承担的义务。履行法定义务本身就是经营者的义务。我国《消费者权益保护法》第16条规定："经营者向消费者提供商品和服务，应当依照本法和其他有关法律、法规规定履行义务。"

结合我国《消费者权益保护法》的规定和电子商务发展的现状，电子商务经营者向消费者提供商品或者服务，应依法履行以下几方面的义务：第一，提供符合要求的商品和服务的义务，即网上经营者有义务向消费者保证提供的商品和服务的质量；第二，保障网上消费者人身和财产安全的义务，即保证商品或服务符合人身和财产安全的要求；第三，标明其真实名称和标记的义务，即网上经营者须对自己的信息作出详细的披露，使消费者对其能够充分了解；第四，不作虚假宣传、不得从事不公平交易和不合理交易的义务，即保证其以广告和商品介绍方式向消费者提供的质量状况与商品实际的质量状况相符，不得侵害消费者的公平交易权和自主选择权；第五，承担"三包"和其他责任的义务；第六，保护网上消费者个人信息的义务，这是由电子商务活动的特殊性决定的，它要求网上经营者不得滥用消费者的个人信息并需要保证这些信息的安全。[①]

第二节　电子商务消费者权益保护存在的问题及原因

一、电子商务消费者权益保护存在的问题

电子商务对消费者权益保护工作提出了新的挑战：消费者面临对可获得法律保护和损害赔偿的考虑，商家面临对管理环境的成本和可预见性的考虑。电子商务对消费者权益保护的影响主要体现在以下几个方面。

（一）网上交易安全问题

随着电子商务的发展，其安全问题也变得越来越突出，电子商务安全已成为制约电子商务发展的主要障碍。消费者在进行网上交易时，其重要的支付信息，如身份证号码、账号、密码等，可能由于技术原因而被泄露或被不法分子截获、破译、篡改、窃取，致使消费者的资金被盗，同时，网上支付系统也有可能遭受黑客的恶意攻击，造成交易双方尤其是消费者的重大财产损失。目前，国内的网上支付体系在签名、认证、支付等方面的安全性还不能完全适应电子商务发展的需要，网上消费者的财产安全也无法得到有效的保障。

---

① 资料来源：王忠元.电子商务法规（第二版）[M].北京：中国人民大学出版社，2016：83.

（二）网络虚假广告问题

在电子商务活动中，网上消费者往往难以确定其交易的对象，只能通过广告对网上经营者的身份以及所销售的产品或提供的服务加以了解，所以消费者的知情权无法得到保障。某些网上经营者利用互联网虚拟性的特点发布虚假的商业信息误导消费者，甚至利用广告进行网络欺诈活动，降低了网络广告的可信度，损害了消费者的合法权益。由于《中华人民共和国广告法》规范的主要是传统媒体的广告，对网络广告行为并没有进行特别规制，加之在技术上很难对广告信息的发布者加以定位，削弱了政府对网络广告行为的监管力度，限制了处罚措施的有效执行，造成网络虚假广告泛滥，滋生了网络欺诈行为。

（三）侵害消费者隐私问题

网络隐私权是指公民在网络中享有的私人生活与私人信息依法受到保护，不被他人非法侵犯、知悉、收集、复制、公开和利用的一种人格权；网络隐私权也指禁止在网上泄露某些与个人有关的敏感信息，包括事实、图像等。在传统商务活动中，消费者的个人信息并不是交易进行的必要条件，因此消费者不必要透露其个人信息，传统消费者保护法也很少涉及消费者隐私的保护。在电子商务环境中，网络用户在浏览网页、申请邮箱、注册为网上会员或者进行网上购物的时候，都会主动或被动地透露其个人信息，而且这些个人信息会在用户不知情的情况下被某些网上经营者收集、储存、处理甚至销售。为了实现商业目的，一些网上经营者往往会借助技术手段有针对性地向网络用户发送商业信息。此外，某些网上经营者也会利用技术手段对网络用户进行追踪、定位。这些行为都对消费者的隐私权构成了威胁。

（四）电子商务合同问题

电子商务合同的格式化以及网上交易过程的即时性对网上消费者权利的行使造成了很大的限制。电子商务交易合同的订立多采用格式合同的形式，网上经营者为了自身的利益，往往利用这些格式合同中的免责条款来减轻或免除其责任，或者使用技术手段将合同条款置于另外的网页上，令消费者无法直观地了解合同内容。对这些格式合同中的交易条件，网上消费者只能被动接受。此外，电子商务合同的订立也对传统合同法产生了冲击。网上消费者通过点击"同意"即时发出的承诺无法撤回，消费者因而失去了在合同成立之前收回自己意思表示的机会。目前，我国《合同法》和《消费者权益保护法》对电子合同中要约和承诺的撤回或撤销无法实现的问题仍未作出相应的补充规定，不利于网上消费者权利的保护。

（五）网上消费的索赔问题

在传统消费活动中，消费者因购买、使用商品或接受服务遭受人身或财产损害的，都可以依法行使其获得赔偿的权利。网上消费与传统消费相比，其交易关系更为复杂。首先，由于网络的虚拟性，很多网上经营者没有实际经营地址或干脆虚构一个经营地址，这就造成了在发生交易纠纷时，因为网上消费者无法找到网上经营者而无法获得赔偿的情况。其次，网上交易的完成需要经过多个环节、多个主体参与，在发生网上消费纠纷时，往往难以确定网上经营者、银行、物流公司在各个环节上的责任,或者因法律无明文规定而造成对当事人不公平的情况。最后,电子商务活动的跨地域性增加了网上消费者退换货的难度,而且目前尚未有针对数字化产品退换货的明确法律规定。

二、电子商务消费者权益易受侵害的原因

(一)网络本身的特性

电子商务的最大特点就是其虚拟性。电子交易主体具有虚拟性,电子交易的场所具有虚拟性。交易双方在整个网络交易过程中不进行面对面的交流,消费者对目标商品服务的了解都是从网站发布的影像文字资料、直接或者间接地与对方沟通以及他人的评论中获得,合同的签订也已电子化、格式化,整个过程都完全虚拟。电子商务是一场商业领域的根本性革命,一方面它打破了时局的限制,改变了贸易形态,为消费者和商品(或服务)提供者提供了广阔的交易空间,交易双方几乎不受任何时间和地点的限制,可以随时随地进行交易。这使得消费者有了丰富的选择空间,也为商品(或服务)提供者提供了更多的销售渠道,同时也为网站经营者提供了交易的机会。另一方面,也正是这些特性为网络侵权提供了便利的条件。由于网络的虚拟性,经营者在网上发布经营信息和产品并没有得到相应机关的严格审核,最多是交易平台审查当事人的资格。若经营者自己搭建网站,则更没有监督程序。这为经营者发布虚假信息、实施网络诈骗提供了便利。网络的开放性给消费者收集交易证据、诉讼维权带来了困难。一旦消费者的合法权益受到侵害,则会因查找不到对方任何信息而束手无策。

(二)监管体系不完善

网络购物市场的规范,还需要行政机关对市场进行严格的行政监督。目前,国内对于购物网站的行政监督仍存在种种缺陷,具体表现为以下两个方面。

1.网络购物行政监管机制不完善

目前,我国还没有形成专门针对购物网站的监督管理体系,还没有明确的主管部门负责统一实施监管,没有形成多个部门分工配合监管的协调机制。有的学者提出应当对电子商务市场进行"专职管理",即设立专门的机构依法对电子商务市场进行监管,有的学者则赞成多部门共同监管。工信部、国家工商总局、国家质检总局都纷纷出台了针对购物网站的监管措施,这些措施的实行有利于规范网络购物市场秩序,但是却缺乏协调执行机构,且效力层级不明确,使得网络购物市场的监管主体愈发不明朗,如果监管制度依然不成体系、监管主体仍然职责不明,最终将导致监管措施的实际效果不理想。因此,确定监管主体、明确监管权责、建立统一的网络购物监管体系已经成为网络购物行政监管工作需要关注的重点。

2.行政监管手段落后且监管范围有待拓宽

在实践中,由于我国行政监管队伍严重缺乏信息技术专业人员,且监管手段和方法落后,监管机构的基础信息设施配置滞后,所以就导致了行政机关的监管力度欠缺、监管范围较窄且监管疏忽过多。最显著的表现为:行政机关没有针对购物网站的支付环境进行安全监

督，没有监督购物网站合理利用消费者的个人信息、保护消费者的私人领域；行政机关没有建立针对购物网站的、权威的、中立的信用评价机构；行政机关没有有效督促购物网站向消费者进行信息披露、及时解决消费纠纷等。

（三）电子商务立法存在不足

我国关于电子商务的立法工作从 20 世纪 90 年代开始启动，至今为止已经取得了令人瞩目的成就。这些法律法规对我国电子商务的发展起到重要的促进作用的同时，也构建起了我国电子商务法的初步框架。但是不难看到，消费者权益在网络购物中的维护，主要还是依靠我国《消费者权益保护法》《产品质量法》《合同法》等传统的法律法规，由于传统立法缺乏针对网络交易的专业性和系统性规范，试图全面维护消费者在网络购物过程中的合法权益自然是收效甚微。即使我国新修订的《消费者权益保护法》也存在诸多不足，如对电子商务消费者 7 天无理由退货权的规定，由于规定过于概括，实践中往往缺乏操作性。电子商务交易平台是电子商务平台在电子网络条件下为用户搭起虚拟的空间平台作为交易市场。另外需要明确的是，网络平台不是法律实体，仅是网站设立人在互联网上设立的站点或者信息库。

（四）物流体系不健全

经济合作与发展组织（以下简称"经合组织"）评价中国的物流配送体系认为，中国与世界经合组织其他成员国相比物流配送体系要落后很多。虽然近些年来，随着铁路及公路体系的建设，物流体系获得了很大的进步，但不可否认，物流配套仍是电子商务发展的瓶颈之一。规范物流配送，明确服务者在收件、投递、交付中的流程和义务，是电子商务消费者权益保护的重点。

（五）信用和诚信观念缺失

诚信观念的缺失是影响中国电子商务发展的一个重要因素。市场内部没有形成统一的行业标准，网站都各自为政、自谋出路，行业内部没有出现真正的领军人物，网站之间存在不正当竞争的情况。交易双方在完成电子合同的订立后，却不按照双方的约定履行义务，如卖方在收到货款后并不发货或者发的货物不符合约定等。

（六）消费者自身的原因

在电子商务交易当中，消费者权益受到侵害的另一个原因还在于消费者自身。消费者在购买商品时，往往缺乏对商品及服务的基本了解，只注重商品的价格优势，而忽略了其他信息，如商品的质量、性能、用途、有效期限等信息。消费者隐私安全观念薄弱，不注意保护自己的隐私信息，常常轻易就将邮箱、账号等信息透漏给网站、商品（服务）提供者。消费者维权积极性不高，如果其合法权益受到了损害，往往由于维权成本较高而选择放弃维权，自认倒霉。[①]

---

① 资料来源：贺琼琼.电子商务法[M].武汉：武汉大学出版社，2016：101-103.

第三节 电子商务消费者权益保护的原则

一、对消费者特别保护原则

消费者购买商品或接受服务是为了个人或家庭的生活需要，在其消费过程中除涉及经济利益得失外，还涉及消费者的生命权和健康权是否得到了有效的保障。而经营者在销售或提供服务的过程中往往只涉及经济利益的得失（除非构成犯罪，否则通常不会对经营者或经营者的相关人员的人身权和政治权进行法律制裁）。而生命权和健康权是消费者最基本的权利，在制定规则时对消费者进行倾斜性保护，体现了法律以人为本的本质。

另外，虽说消费者与经营者在法律的地位上是平等的，但这种平等是一种法律拟制的平等，在现实中由于消费者购买商品或接受服务，依赖于经营者向其提供商品或服务的信息，而经营者在提供商品或服务信息时往往会对信息进行筛选，这就存在信息获知的不平衡。在现代市场经济体制下，由于新技术的使用以及经营者垄断地位的形成，致使消费者的弱势地位更为明显。因此，在市场经济条件下需要加强对消费者的倾斜保护，以平衡强势经营者与弱势消费者之间的利益格局。最后，在线交易中消费者是通过网络购买商品或接受服务，而由于网络的虚拟性，使得消费者的弱势地位更加突出，因此，在线消费者权益保护立法，首先应该确立对消费者特别保护的原则。

二、与经济发展水平相适应原则

经济决定法律规则，这一基本法理对在线消费者权益保护的立法也同样适用。根据罗纳德·科斯的法律经济学观点①，任何法律的制定都必须考虑到法律的成本或法律的经济效益。就在线交易中的消费者权益保护立法而言，既要考虑到在线消费者利益的保护，也要考虑到在线经营者的承受能力以及在线交易的发展。因此对在线消费者权益的保护水平是一个渐进的过程，应当随着我国在线交易的发展逐步提高保护水平。因而立法和司法应当在促进交易与保护消费者权益中寻找到平衡点。

拓展阅读 8.1
海外直邮淘宝商家赔偿案

三、注重企业社会责任原则

在良好的消费环境中，消费者的基本权益能够得到最大限度的保障。企业要为良好消费环境的建立尽到应有的社会责任。企业的真正对手是市场上的竞争者，而非消费者，不应把消费者视为自己的对手或敌人。企业在激烈的竞争中获胜的唯一法宝就是善待自己的消费者，保障消费者的权益，对消费者关注的问题、价值和目标及时作出反应和调整，按

---

① 法律经济学（Law and Economics），亦称"法律的经济分析"（Economic Analysis of Law），是第二次世界大战后发展起来的经济学与法学的交叉学科，采用经济学的理论与分析方法，研究特定社会的法律制度、法律关系以及不同法律规则的效率，即"用经济学阐述法律问题"。

照消费者需求及时调整自己的经营思路和市场营销战略。在线交易的发展，更需要消费者的信任和认可，否则，在线交易将如同昙花一现。在线交易消费者的知情权、安全权、公平交易权、隐私权的保护尤为依赖于经营者的技术和信息优势，因此经营者更应尽到自己的社会责任。在线经营者自觉承担保护消费者权益的社会责任，既是确保消费者合法权益的基础，也是经营者占领在线交易市场份额、赚取利润的远期经营方略之一。

四、非法律辅助保护原则

非法律辅助保护原则，强调在电子商务消费者保护领域，应充分发挥消费者组织、公共利益团体的作用，同时鼓励企业界通过实施行业行为自律规范促进对消费者的保护。在线交易模式利用的是计算机网络技术与互联网作为交易的媒介，由于其专业性强、发展迅速，常使各种监管措施"规制乏力"，外部监控尤其是法律监控常跟不上在线交易技术更新的步伐。在这种情况下，应充分发挥消费者组织、公共利益团体的作用，同时鼓励企业界通过实施行业行为自律规范促进对消费者的保护。在在线交易自律规范的模式方面，美国的自律组织的作用表现得最为突出，可以作为我国在线交易自律体系构建的很好借鉴。

五、技术中立原则

中立原则由技术中立原则与媒体中立原则两部分组成，并被有的学者认为是在线交易立法区别于其他立法所特有的基本原则。"技术中立原则指的是对于那些成为在线立法重要组成部分的技术规则应采取中立的态度，即立法不应偏向于某种技术而歧视另一种技术。媒体中立原则指的是对各种商务媒体（如纸张、电话、网络等）应保持中立，同等对待。"也就是说要求立法中既不能赋予在线交易模式高于传统交易模式的任何标准和要求，也不能赋予在线交易模式优于传统交易模式的任何待遇。具体到在线消费者权益保护中，即立法者不能由于在线交易的特性而提高或降低对消费者的保护水平，对在线消费者的保护水平应至少与传统交易模式中消费者的保护水平相当。针对在线交易中消费者所面临的新的风险，立法者应尽快制定适合在线交易的特殊规则以促进在线交易中消费者权益的保护。

除以上所述原则之外，消费者保护同国际接轨原则，民法中的诚实信用、公平、平等、自愿等基本原则也同样适用于在线交易模式，在具体的制度设计中应具体合理运用、协调这些基本原则。

第四节 我国电子商务消费者的权利保护

一、我国电子商务消费者权益保护立法的不足

（一）法律规范可操作性不强

国务院颁布的《互联网信息服务管理办法》虽然在第4条对互联网信息服务公司的市

场准入作了较为细致的规定，但其主要是针对网络交易平台提供商的准入，而对于 C2C 中经营者的准入却没有提及，这就导致了在实践中很多经营者几乎无须经过任何审查，就可以在交易平台上进行交易，极大地增加了消费者的交易风险，不利于对消费者权益的保护。我国新颁布的《网络交易管理办法》虽然在第 7 条规定了从事网络商品交易及有关服务的经营者，应当依法办理工商登记。但又规定，具备登记注册条件的，依法办理工商登记。那么，什么是具备登记注册条件呢？网络交易与传统交易登记注册条件是否相同？这些问题都没有得到解决。而现实的问题是，在网络交易过程中，大量的经营者是没有实体经营场所的，这也正是电子商务经营成本低而得以迅速发展的一个重要条件，那么这些经营者的经营行为如何规制？对于不符合登记注册条件的经营者，该办法规定，由第三方交易平台经营者对其进行审查，但具体应当如何审查，审查到何种程度，都没有作出具体规定。另外，对于网络经营者的登记，该办法仍采用了与传统商业活动中注册登记相同的模式，而没有采用在线注册、在线审核的方式，这显然是不利于电子商务发展的。

（二）有效的救济机制缺失

现阶段我国电子商务消费者权益受到损害后，法律规定的救济手段仍然是以《中华人民共和国消费者权益保护法》中规定的五种救济方式为主：第一，与经营者协商和解；第二，请求消费者协会或者依法成立的其他调解组织调解；第三，向有关行政部门投诉；第四，根据与经营者达成的仲裁协议提请仲裁机构仲裁；第五，向人民法院提起诉讼。而这些救济途径是针对传统商务活动所作出的规定，并未考虑到电子商务活动的特点，在现阶段电子商务活动中的消费者权益保护方面就显现出极大的不适应性和不可操作性。

在电子商务领域，由于经营者与消费者往往不在同一地域，导致我国《消费者权益保护法》中的救济手段可操作性极低，这些都极大地降低了消费者的维权热情，形成了一种消费者权益受损越来越严重的恶性循环。例如，在电子商务消费者与经营者产生纠纷时，消费者与经营者协商和解往往也只能通过网络或者远距离通信的方式进行，再加上一些不良商家对消费者维权不够重视甚至置之不理，协商解决难以起效的情况大量出现。同时因为救济手段无效或缺失，使得部分商家变本加厉、更为猖狂，不但不为消费者解决问题，反而对消费者进行报复。例如，给消费者寄送寿衣或者其他侮辱消费者的物品，使消费者权益受到二次侵害。另外一个比较突出的问题就是管辖地问题，由于电子商务经营者和消费者往往不在同一个地域范围内，请求消费者协会调解或向行政部门投诉、申请仲裁以及向人民法院提起诉讼就难免涉及管辖问题。在电子商务中，当事人不再受到住所地的限制，这就导致管辖权的确定非常困难。而且，通过仲裁或者诉讼等方式进行救济，对于一般消费者消费数额较小的案件，因我国没有专门针对消费者权益保护的争议快速解决机制，极易出现消费者维权成本过高，即使最终赢得了诉讼，却耗费了大量的人力和财力，而且消费者面对这样的情况往往只能忍气吞声，不了了之。

（三）交易环境法律规制不足

不论是 B2C（business to consumer）还是 C2C（customer to customer），由于其固有的虚拟性的特点，就使得经营者与消费者之间的交易中有很大的信用成分，因此，经营者信用的好坏会极大地影响电子商务消费者权益。而现阶段由于我国信用体系的不健全,对于信用较差的商家,一方面法律未规定任何的惩治措施,另一方面交易平台服务商为吸引商家入驻也纵容了经营者的失信行为,如经营者通过各种方式删除差评、购买好评、发布虚假网络广告等现象屡见不鲜,最终导致了经营者的侵权成本极低,消费者权益受损现象频发。虽然我国《网络交易管理办法》在第19条规定"经营者不得以虚构交易、删除不利评价等形式,为自己或他人提升商业信誉",但对于虚假网络广告的规制,却没有涉及,而现阶段大量虚假网络广告的存在,对我国电子商务交易环境的影响是极为巨大的。

二、我国电子商务中消费者权益保护的具体措施

(一)事先预防机制

1.加强对经营者的监管

1)对于电子商务经营者实行网上经营行为备案制度

目前,我国对经营性互联网信息服务实行许可制度,对非经营性互联网信息服务实行备案制度,对经营性网站给予备案标识或者电子认证。但某些非经营性网站也开展营利活动,对于这样的网站,管理部门应该定期进行网络巡查,坚决采取处罚或取缔措施。北京市人民政府是我国较早出台保护消费者权益的地方政府,北京市工商管理局在2000年就出台了《关于在网络经济活动中保护消费者合法权益的通告》,规定网站所有者应按照规定进行网上经营行为登记备案,并在主页面上设置工商备案标识。虽然工商管理机关很难时时监控网上涉及经营的网站,但对于消费者而言,出于安全考虑,则更倾向于和有工商备案标识的网站发生交易行为。在条件许可的时候,可以对所有网上经营行为的网站实行电子认证,以便于消费者确认网上经营者身份的真实性。

我国《网络交易管理办法》规定,从事网络商品交易的自然人,应当通过第三方交易平台开展经营活动,并向第三方交易平台提交其姓名、地址、有效身份证明、有效联系方式等真实身份信息。具备登记注册条件的,依法办理工商登记。从事网络商品交易及有关服务的经营者销售的商品或者提供的服务属于法律、行政法规或者国务院决定规定应当取得行政许可的,应当依法取得有关许可。为网络商品交易提供网络接入、服务器托管、虚拟空间租用、网站网页设计制作等服务的有关服务经营者,应当要求申请者提供经营资格证明和个人真实身份信息,签订服务合同,依法记录其上网信息。申请者营业执照或者个人真实身份信息等信息记录备份保存时间为自服务合同终止或者履行完毕之日起不少于两年。

电子商务中侵犯消费者权益的行为由工商行政管理机关负责监督和处理。我国《网络交易管理办法》也明确规定了发生网络交易侵权和违法行为时的受理机关。网络商品交易及有关服务违法行为由发生违法行为的经营者住所所在地县级以上工商行政管理部门管辖。对于其中通过第三方交易平台开展经营活动的经营者,其违法行为由第三方交易平台经营者住所所在地县级以上工商行政管理部门管辖。第三方交易平台经营者住所所在地县级以上工商行政管理部门管辖异地违法行为人有困难的,可以将违法行为人的违法情况移交违法行为人所在地县级以上工商行政管理部门处理。两个以上工商行政管理部门因网络商品交易及有关服务违法行为的管辖权发生争议的,应当报请共同的上一级工商行政管理部门

指定管辖。对于全国范围内有重大影响、严重侵害消费者权益、引发群体投诉或者案情复杂的网络商品交易及有关服务违法行为,由国家工商行政管理总局负责查处或者指定省级工商行政管理局负责查处。

2)强化经营者的义务

根据《中华人民共和国消费者权益保护法》的规定,经营者的义务主要有:第一,接受消费者监督的义务,即经营者应当听取消费者对其提供的商品或者服务的意见,接受消费者的监督。第二,保证商品和服务安全的义务,即经营者应当保证其提供的商品或者服务,符合保障人身、财产安全的要求。对可能危及人身、财产安全的商品和服务,应当向消费者作出真实的说明和明确的警示,并说明和标明正确使用商品或者接受服务的方法以及防止危害发生的方法。第三,提供真实信息的义务。经营者应当向消费者提供有关商品或者服务的真实信息,不得做引人误解的虚假宣传。经营者对消费者就其提供的商品或者服务的质量和使用方法等问题提出的询问,应当作出真实、明确的答复。第四,出具购货凭证或服务单据的义务,即经营者提供商品或者服务,应当按照国家有关规定或者商业惯例向消费者出具购货凭证或者服务单据;当消费者索要购货凭证或者服务单据时,经营者必须出具。第五,保证商品和服务质量的义务,即经营者应当保证在正常使用商品或者接受服务的情况下,其提供的商品或者服务应当具有的质量、性能、用途和有效期限,但消费者在购买该商品或者接受该服务前已经知道其存在瑕疵的除外。第六,经营者对商品或服务质量的担保义务,即经营者提供商品或者服务,按照国家规定或者与消费者的约定,承担包修、包换、包退或者其他责任的,应当按照国家规定或约定履行,不得故意拖延或者无理拒绝。第七,经营者应当履行公平交易的义务,即经营者不得以格式合同、通知、声明、店堂告示等方式作出对消费者不公平、不合理的规定,或者减轻、免除其损害消费者合法权益应当承担的民事责任。格式合同、通知、声明、店堂告示等含有前款所列内容的,其内容无效。第八,经营者有尊重消费者人格权的义务,即经营者不得对消费者进行侮辱、诽谤,不得搜查消费者的身体及其携带的物品,不得侵犯消费者的人身自由。

对于电子商务活动中的经营者而言,仍然应当履行上述的义务,但由于网络的特殊性,在履行上述义务时应结合网络的具体情形。根据国际上保护电子商务活动中消费者的一般要求,经营者在网络中尤其应当着重履行信息披露的义务。经营者应充分披露并确保消费者能够知晓的信息具体有:第一,商家自身的信息。身份信息,包括法人名称、贸易商号名称、主要营业地地址、电子邮件地址或电子通信方式或电话、登记地址、相关政府登记资料及许可证号码;通信信息,使得消费者可以迅速、简便、有效地与商家进行联络;争议解决信息;法律处理服务信息,司法执法部门可以联络到的地址;当商家公开声明其为某种自律性组织、商业协会、争议解决机构或认证组织的成员时,应当向消费者提供这类组织的联络材料,使消费者能确认商家的会员身份并得到这些组织如何操作的细节。第二,提供的商品及服务的信息。商家对所提供的商品及服务的描述应当是正确的,足以使消费者作出是否完成交易的决定,并使消费者能对此类信息进行保留。第三,交易信息。商家应提供有关交易条款、价格、费用的足够信息。这类信息应当清晰、正确,易于得到,并提供消费者在交易前进行审查的机会,具体包括:商家所收取全部费用的详细清单;通知消费者那些商家不收取但消费者日常会发生的费用;交货或履行条款;支付条款、条件与方式;购买的限制,比如需要父母监护人的批准、地理限制或时间限制;正确使用方法的提示,包括安全、人身健康的警示；售后服务信息；撤回、撤销、归还、调换、取消、退款方面的详细规定；担保与保证。虽然我国《网络交易管理办法》规定已经在工商行政管理部门登记注册并领取营业执照的法人、其他经济组织或者个体工商户，从事网络商品交易及有关服务的，应当在其网站首页或者从事经营活动的主页面醒目位置公开营业执照登载的信息或者其营业执照的电子链接标识，但仅仅公开这些信息还是不够充分的。

2. 规范网上运营行为

有学者建议，将行政职能部门传统的职责延伸、覆盖到互联网领域，以加强对电子商务活动的监管，从而保护消费者的权益。相关行政部门尤其应当对当前电子商务中的突出问题，特别是网络广告发布中存在的不规范，广告内容不真实、不准确、不完全和欺诈宣传、虚假广告等问题，予以重点监管。

《中华人民共和国消费者权益保护法》规定，经营者采用网络、电视、电话、邮购等方式销售商品，消费者有权自收到商品之日起七日内退货，且无须说明理由，但下列商品除外：①消费者定做的；②鲜活易腐的；③在线下载或者消费者拆封的音像制品、计算机软件等数字化商品；④交付的报纸、期刊。

除上述所列商品外，其他根据商品性质并经消费者在购买时确认不宜退货的商品，不适用无理由退货。消费者退货的商品应当完好。经营者应当自收到退回商品之日起七日内返还消费者支付的商品价款。退回商品的运费由消费者承担；经营者和消费者另有约定的，按照约定。

消费者因经营者利用虚假广告或者其他虚假宣传方式提供商品或者服务，其合法权益受到损害的，可以向经营者要求赔偿。广告经营者、发布者发布虚假广告的，消费者可以请求行政主管部门予以惩处。广告经营者、发布者不能提供经营者的真实名称、地址和有效联系方式的，应当承担赔偿责任。广告经营者或发布者设计、制作、发布关系消费者生命健康的商品或者服务的虚假广告，对消费者造成损害的，应当与提供该商品或者服务的经营者承担连带责任。社会团体或者其他组织、个人在关系消费者生命健康商品或者服务的虚假广告或者其他虚假宣传中向消费者推荐商品或者服务，对消费者造成损害的，应当与提供该商品或者服务的经营者承担连带责任。

3. 加强行业自律

成熟的市场更多的是通过市场的调节作用参与主体的行为。行业组织在经济发展中作用的大小，可以反映出一个社会进步的程度。在美国等市场经济较发达的国家，行业组织的自律性规范和中介机构的监督执行机制，在培育消费者对电子商务的信心方面起着重要作用。行业自律要求提供网上交易服务的商家和从事网上交易的经营者，特别是同行业的经营者，采取切实可行的行为，制定业内交易规则；从消费者的利益出发，设计交易规则，自觉平衡商家与消费者之间的利益，对业内损害消费者利益的行为进行惩处。目前，中国互联网行业已经建立自己的自律组织，但发挥的作用还相对较小。

4. 建立电子商务信用体系

电子商务的交易特点，使它更多地仰赖交易双方彼此之间的信用。除了运用法律的力量、政府的监管以及行业自律之外，一个覆盖全社会的社会化信用体系是不可缺少的。由于中国历史、社会经济等各方面的原因，导致整个社会的信用意识比较薄弱，社会化信用体系很不健全，因此应加强信用制度建设，建立一个统一的、覆盖面广的信用体系，将信用缺失者的信用记录置于公众监督之下，从而大大提高其失信成本。只有这样，全社会的信用意识才能得到有效提高，网上消费才能变得更加轻松和可靠。完善的信用体系包括企业的基本信息、资质证明、产品信息与证明、交易情况与信用状况等，更为重要的是有关权威部门的认证。目前，在我国有些地方，政府已经开始建立企业信用档案。

5. 提高消费者的自我保护意识

消费者在进行网络交易时，应当注意审查经营者的身份信息以及网站的信息，对所需购买的商品进行了解、比较，弄清楚网上购物存在的风险。此外，消费者协会及行业自律组织应该通过各种形式的活动对消费者进行宣传与教育，提醒消费者在以下环节预防电子商务中的欺诈行为，在与商家的争议中取得较为有利的地位：一是对自己的个人资料予以保密，不轻易透露个人资料，尤其是付款信息，如银行账号、信用卡卡号密码等；二是不随意下载或者打开陌生人传送的文件，尤其是可执行文件；三是选择诚信度好、管理严格的商家交易；四是向经营者索取购物凭证，并保存在线交易的各种资料等。

拓展阅读 8.2

四川省消委公布四大典型案例教你如何科学维权

（二）事后解决体系

1. 网上争端解决机制

1）由权威的在线投诉网站解决

由国家有关部门或者消费者权益保护组织等有公信力的单位创设在线投诉网站，投诉网站和各地的工商管理部门以及消费者权益保护部门建立有效沟通。当消费者在网站投诉时，投诉资料就会被转发到被投诉电子商务经营者所在地或者商品实际所在地的工商管理部门或者消费者权益保护部门，由其对侵犯消费者权益的事宜进行调查，维护消费者权益。目前，在我国有些地区已经建立了网上投诉中心，但这些网上投诉中心大多是由民间自发建立，很少是由政府出面设立的，力量微弱。

2）由在线网上仲裁机构解决

在电子商务消费交易纠纷中，通常所涉及的金额有限，一般都是小额纠纷。对于这种纠纷，如果采用传统的诉讼仲裁机制解决，对于消费者而言往往得不偿失，这也是很多网上消费者放弃维权的重要原因。目前，无论是在国内还是国外，在网络中已经出现了在线网上仲裁机构。但由于电子商务活动的特殊性，网上仲裁机构解决的争议范围有限，仅局限于域名、无线网址、通用网址和短信网址等，很少受理网上交易纠纷。随着网上仲裁在制度和法律上的完善，可以逐渐将其推广到网上交易纠纷等电子商务领域。

3）由第三方交易平台解决

目前，国内大多数的第三方交易平台在为买卖双方提供交易场所的同时，都设立了在线投诉解决机制，以解决买卖双方之间的纠纷，这对于保护消费者权益有着积极作用。我国《网络交易管理办法》规定第三方交易平台经营者应当建立消费纠纷调解和消费维权自律制度。消费者在平台内购买商品或者接受服务，发生消费纠纷或者其合法权益受到损害时，消费者要求平台调解的，平台应当调解；消费者通过其他渠道维权的，平台应当向消费者提供经营者的真实的网站登记信息，积极协助消费者维护自身合法权益。第三方交易平台解决机制也有其缺陷，因为第三方交易平台最大的"制裁"也就是禁止交易，但无论是买方还是卖方都可以重新注册、变更用户名之后,继续在第三方交易平台进行交易。

2. 政府机关与消费者协会解决机制

1)由国家工商行政管理机关解决

目前,在电子商务活动中,很多权益受到侵害的消费者都向工商行政管理部门投诉。工商行政管理机关是国家综合性的行政经济监督管理机关,肩负着管理市场、约束市场主体的各种市场经济活动的重任。国家工商行政管理机关有必要专门针对网络中的问题,设立专门的电子商务解决部门。

2)由消费者协会解决

消费者协会作为维护消费者合法权益的社会团体,可以代表消费者与经营者进行谈判、调解。由于网络的无空间性,各地的消费者协会应当互相配合。

本章小结

电子商务的跨越式发展以及网络的虚拟性、开放性、高科技性等特征,不可避免地使消费关系变得复杂化,并增加了消费者遭受损害的可能,给消费者保护带来了一系列新的法律问题。这些问题如果得不到很好的解决,将严重打消消费者的积极性,不利于消费者信心的建立。因此,只有尽快构建我国电子商务消费者权益保护的法律体系,切实保护电子商务中的消费者合法权益,才能促进我国电子商务健康、快速地发展。本章在对电子商务消费者权益保护进行概述的基础上,深入探讨了电子商务消费者权益保护存在的问题、原因以及电子商务消费者权益保护的原则。

复习思考题

1. 简述电子商务消费者和经营者。
2. 简述电子商务消费者的权利。
3. 简述电子商务经营者的义务。
4. 简述电子商务消费者权益保护的基本原则。
5. 简述电子商务消费者权益保护存在的问题及解决措施。

在线测试题

扫描书背面的二维码,获取答题权限。

第九章
电子商务中的个人信息保护

知识图谱

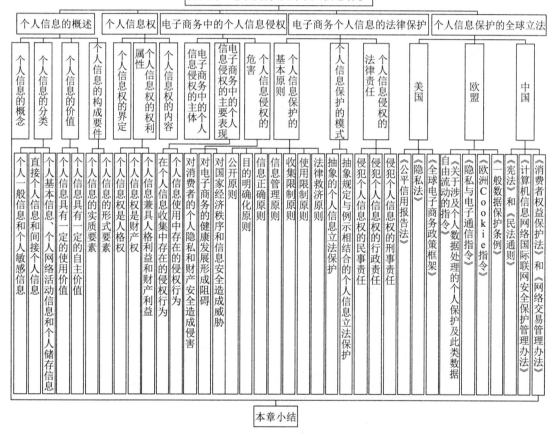

导入案例

2015年3月,重庆市某电子商务有限公司出票组原工作人员彭某,通过QQ与被告人李某某认识。得知李某某要购买订购机票的公民个人信息,彭某见有利可图,便以每条信息9元至12元不等的价格,多次出售购买机票的公民个人信息给李某某。

2015年3月至11月，彭某利用工作便利，进入公司售票系统后台，将乘客的订票信息导出，然后在淘宝网上把订票的乘客信息筛选出来，整理后保存在Word文档中，通过QQ发送给李某某。李某某则通过微信、支付宝转账的方式付款给彭某。在此期间，彭某共出售4万多条订购机票的公民个人信息给李某某，非法获利40多万元。李某某除向彭某购买公民个人信息外，还如法炮制以每条10元的价格向另外两个QQ昵称分别为"鹅鹅鹅"和"eee"的人购买了800多条公民个人信息。李某某购买到公民个人信息后，在各种QQ诈骗群里发送信息出售公民个人信息以谋取非法利益。其中，李某某以每条12元至13元的价格出售给陈某某6 000多条公民个人信息。陈某某购买到公民个人信息后再次出售给别人用于网络诈骗。

儋州市法院认为，被告人彭某、李某某、陈某某均构成侵犯公民个人信息罪，其中被告人彭某无视国家法律，将其在履行职责过程中获得的4万多条公民个人信息出售给他人，依法应从重处罚。综合犯罪事实、情节、后果及社会危害程度，法院分别判处彭某、李某某、陈某某有期徒刑一年至二年零十个月不等的有期徒刑，并处1万元至10万元不等的罚金。

资料来源：3人非法出售4万多条公民个人信息获利40余万[N].检察日报，2016-08-22.

第一节 个人信息的概述

一、个人信息的概念

个人信息的涵盖范围广泛，一切与个人身份情况、生理情况、社交关系、思想状态、生活习惯等有关的信息均属于个人信息，同时这些信息也可以称为个人资料。个人资料一般包括姓名、职业、履历、病历、婚姻、健康状况、住址、电话号码、银行账号、保险情况、特殊爱好、宗教信仰等。我国台湾省于1995年8月11日正式实施的《电脑处理个人资料保护法》和公布的《电脑处理个人资料保护法实施细则》对法律应当保护的个人信息作了详细的规范，可以作为借鉴。

《电脑处理个人资料保护法》及其《实施细则》中明确指出，个人资料是指尚生存的自然人并足以识别该个人的资料，包括自然人的姓名、出生年月日、身份证统一编号、特征、指纹、婚姻、家庭、教育、职业、健康状况、病历、财务情况、社会活动及其他足以识别该个人的资料。1996年8月我国台湾省公布的《电脑处理个人资料保护法》又将个人资料细分为识别类、特征类、家庭情形、社会情况、教育、技术或其他专业、受雇情形、财务细节、商业信息、健康与其他各类信息等10大类共133项个人资料类别。①

需要注意的是，个人信息中的"个人"是指自然人，法人并不在其范畴内，世界各国在这一点上具有普遍一致性认识。这主要是因为个人资料是保障个人的隐私权，一般不包

---

① 资料来源："国内外电子商务法律法规环境研究"之五：商业数据保护[EB/OL]. https://max.book118.com/html/2015/0507/16545196.shtm.

括法人的隐私权。另外，个人资料是尚生存自然人足以识别该个人的资料，不包括已经死亡者的个人资料。

二、个人信息的分类

（一）个人一般信息和个人敏感信息

实际上，不同的个人信息具有不同的敏感程度，由此可以将个人信息划分为两类，即个人一般信息和个人敏感信息。个人敏感信息主要是指涉及个人隐私核心领域、具有高度私密性、对其公开或利用将会对个人造成重大影响的个人信息，各行业个人敏感信息的具体内容根据接受服务的个人信息主体意愿和各自业务特点确定。比如，有关性生活、基因信息、遗传信息、医疗记录、财务信息、宗教信仰、指纹等个人信息。个人一般信息，则是指除个人敏感信息以外的个人信息。一般来说，主张此种分类的意义在于对个人敏感隐私信息和个人一般信息采取不同的保护力度，对于个人敏感信息强化保护，而对于个人一般信息，则强化利用。

拓展阅读 9.1

侵害肖像权案

（二）直接个人信息和间接个人信息

根据能否直接识别特定的个人为标准，可以将个人信息划分为直接个人信息和间接个人信息。其中，人们可以根据直接个人信息识别特定个人，这类信息主要包括自然人的姓名、住址、身份证号码、肖像、指纹等。间接个人信息，是指仅拥有这些数据信息还不能直接识别出特定个人，需要通过与其他数据信息组合分析，才可以勾勒出特定个人的某种形象的信息。对直接个人信息的侵害后果一般会比间接个人信息的后果严重。因此，通常来说，间接个人信息的商业利用价值较大，对其正当合理的利用可以为社会创造出更大的价值。

（三）个人基本信息、个人网络活动信息和个人储存信息

除了以上分类方式外，还可以根据个人信息涵盖的内容将其划分为三类，即个人基本信息、个人网络活动信息和个人储存的信息。

个人的基本信息，主要是指姓名、性别、电话号码、出生日期、身份证号、家庭住址、电子邮箱地址，以及消费者的银行账号和交易密码等重要财务信息；个人网络活动的信息，是指消费者在网络交易过程中浏览过的网页，关注过的产品，做出的产品评论，发布的有关信息等内容，通过对这些信息的追踪和分析，可以准确判断网民的消费倾向、购买习惯、个人喜好等信息，从而为商家下一步实施精准营销收集数据；个人储存的信息，是指网民存储在电脑上、移动存储设备上的信息，包括电子邮箱、网络硬盘等虚拟空间存储的各类信息。需要注意的是，无论通过以上哪种方式存储个人信息，这些信息中都可能含有隐私内容，如个人日记、照片或视频等。

三、个人信息的价值

（一）个人信息具有一定的使用价值

顾名思义，使用价值就是在使用过程中产生的价值。个人信息的使用价值则是指个人信息可以通过在社会交往过程中公开并流转的方式，为本人带来各种利益的价值。众所周知，个人信息同时具有人格属性和财产属性，而这两种属性在社会交往过程中都可以得到充分的体现。现实社会中对个人信息的使用方式是多种多样的，具体来说大致可以包括如下的类型。

1. 利用个人信息可以获得某种社会评价或服务

人处于社会关系中，在社会中利用个人信息有时可以获得某种社会评价或服务，这些社会评价可能与经济利益相关，也可能与人格利益相关。虽然不为很多人所提起，但是其在社会生活中却比上一种更为普遍。由于普通民众的个人信息大多无法和名人相比，可能没有多少人愿意以金钱加以交换。但这并不是说普通大众就不能通过对个人信息的使用让自己获得利益，这种利益可以是一种社会评价也可以是社会服务。例如，参加一场考试，实际上就是向考试的评委展示自己在某一领域内知识掌握情况和相关个人能力的信息；向雇主提供个人简历就是希望获得个人能力符合工作要求的评价。通过这些社会评价的获得，可以间接地获得相应的经济利益。比如，通过竞争获得了一项职位，并因此获得了较高的收入。此外在现代社会中享受很多社会服务的前提，如金融医疗、通信等，都要求提供本人的个人信息。考虑到这些社会服务已经成为了现代生活的必需，个人信息的披露也就具有了一定强制性色彩。

2. 利用个人信息可以获得经济利益

个人信息的经济价值是其基本价值之一，财产价值就是基于利用个人信息可获得经济利益而言的。个人信息因为其指向个人，反映了个人在某一方面的具体情况，因此具有一定的价值，这种价值如果达到一定程度，自然有人愿意以一定的经济利益加以交换。最为典型的，就是名人信息，有些媒体十分乐意用重金购买名人的信息，而所谓的名人自传、名人回忆录，其中也包含了大量个人信息，名人可以通过这种披露获得大量的经济利益。

需要注意的是，并不是说使用个人信息后就一定会立即产生相应的效果，或者为了产生相应的效果个人信息必须持续性地公开一段时间，并且要以公开信息的完整和正确为前提。所谓公开信息的完整，是指公开的信息必须和本人所提供的信息一致。个人不可能一次性地使用自己全部的信息，为了达到使用的目的，他会从自己的个人信息中选取一部分，并且综合成一个整体。在本人来看，这个整体能够满足其使用目的的需要，如果这种完整性被破坏，很可能导致目的不能实现。例如，参加考试的考卷被涂改、损毁，自然就无法通过考试而获得社会评价的提升。所谓公开信息的正确，是指信息必须和真实情况相吻合，对个人信息的夸大或者贬损，都会造成他人对自己认识的扭曲，并最终造成对自己不利的结果。例如，个人在网上公开的婚介信息被人修改，个人经济水平，甚至身高数据被调低，也必然会造成相对人对其评价的变化。因此，从对信息的正常使用并实现其价值的目标来说，在使用期间维持个人信息的完整性和正确性是非常重要的。

由此可以看出，个人信息产生使用价值的一个重要前提，就是个人可以有效维护自身公开信息的完整性和正确性，并同时尽量降低和消除错误信息带来的不利，尤其是在个人信息实际脱离本人直接控制的情况下。例如，提交个人简历，是将个人信息给予他人，而在网络中公开自己的部分信息，也是将信息存储于网络平台之中。此时信息的实际控制者根据具体情况也要承担一定的个人信息维护义务，为个人信息提供一定的安全存储条件，不仅自己不能够随意地修改、毁损这些信息，也需要在本人提出请求的情况下对信息进行修正，并防止第三人轻易修改、毁损这些信息。这一点在"强制"披露个人信息以换取社会必要服务的情况下尤为重要。

（二）个人信息具有一定的自主价值

从某一个角度来看，个人信息的自主价值可以理解为其本身具备的价值，也就是通过自主使用这些信息而实现人格自由发展的价值。由于个人人格的发展依赖于对自己个人信息的使用，而社会交往本身就是以个人信息的交流为主要内容，因此个人信息毋庸置疑具有使用价值，然而这种使用必须是个人自主的使用，否则无法实现人格自由发展的目标。个人信息的自主价值有一定的复杂性，我们可以从正反两方面对其进行论述。

从正面来说，个人信息的自主价值是指个人有权自主决定如何使用自身的个人信息，包括使用方式、内容和范围等，即个人自己决定以何种方式发展自己的人格以及发展的目标，这也是人格自由发展的必然要求。而法律制度对此自主使用并不需要过多介入，尤其对私法领域而言，只要法律没有禁止就行，正如所有权的各种权能，无须法律过多的正面指导，否则反而会对自主的使用造成不必要的障碍。

从反面来说，个人信息切实实现自主使用的一个重要前提，即他人不可以在违背本人意愿的情况下处理相关信息内容。这里的"处理"是非常广泛的概念，对个人信息的任何收集、使用或者其他的处理活动都包括其中。这是因为非经本人同意的信息处理会在社会中造成超出本人预料的结果，并对本人的人格发展造成不可预估的影响，使得本人人格塑造的结果偏离原本的预期。当然在具体实践中这种许可的形式是多样的，依据不同情况可以是明示、默示，也可以是法律规定的强制许可。

人们不可以脱离社会独立生存，而在个人与外部环境的交互过程中必然会涉及各种信息，而占有信息的多少起着关键性作用。从维护个人利益的角度来说，一方面需要尽可能多地获得他人的个人信息，以对外部环境作出正确的判断；另一方面却又要尽量减少自身个人信息不必要的扩散，以减少他人对自己的影响，因此每个人都会尽量追求占有所谓的信息优势。而这种优势地位的直接体现就是能够通过己方的行为影响甚至控制他人，以获得自身利益的最大化。优势地位越明显，这种影响和控制也就越显著，而对相对人来说这种信息不平等显然是不利于人格自由发展的。因此实现个人信息的自主价值，也要求个人信息的占有人和控制人不能随意地泄露本人的信息，同时他人也不得通过不当的途径获得个人信息。个人的健康状况、财产状况、阅历、爱好、生活习惯等都会成为他人影响个人行为和判断的重要依据。如果这些个人信息扩散到社会中，被不特定多数人所知悉，或者处于被公开状态被社会不特定多数人所获得，无疑会对人格的自由发展产生不利影响。

通过以上分析可以看出，从现实角度来说，在实现个人信息自主价值过程中具有一个明显的矛盾，这体现在对他人信息的获取和个人信息的保护上，即一方面为了自身发展有必要尽可能多地获得他人的个人信息，另一方面又不希望自己的信息被他人随意获取，而平衡两者的关键就是信息主体的许可。这就要求任何对个人信息的处理原则上都需要有本人的同意或者许可,以便本人可以对外部环境的反馈有所预期,并作为调整自身行为的依据。在没有本人许可的情况下,只能在社会公共空间或者依据法律的强制规定处理个人信息。这样才能维护主体的个人信息,以保证其在社会交往中的独立自主和个人尊严,并最终实现其预期的人格发展目标。

四、个人信息的构成要件

(一)个人信息的实质要素

个人信息的实质要素指构成个人信息在内容上不可或缺的法律要素,又称为个人信息的一般要素。个人信息是一切可以识别本人的信息的总和,构成个人信息的实质要素是"识别"。

个人信息具有身份识别的作用,也就是说他人可以通过个人信息直接或间接地识别某人。能直接识别本人的个人信息,如肖像、姓名、身份证号码、社会保险号码等;不能单独用来识别本人,但与其他个人信息相结合才能识别信息主体的个人信息,被称为间接个人信息,如性别、爱好、兴趣、习惯、职业、收入、学历等。

实际上,一个人并不一定完全掌握自身的全部个人信息。但是无论是本人知道的个人信息,还是本人不知道的个人信息,个人信息保护法都给予同等的保护,如被网络服务提供商非法收集的个人信息、医生掌握的患者未知的医疗信息等。

(二)个人信息的形式要素

个人信息的另一个必要构成要件为形式要素,这是构成个人信息必须满足的特定形式要素,又称为构成个人信息的特别要素。构成个人信息的形式要素有两个,即得以固定和可以处理。

首先,个人信息必须是得以固定的。个人信息必须以一定的方式得以固定,也就是个人信息必须有载体。这是个人信息的第一个形式要素,也就是说,被收集到的个人信息必须是通过一定载体得以固定的信息。

其次,个人信息必须是可以处理的。个人信息必须以一定的方式得以查阅、检索和进行其他的处理,这是个人信息的第二个形式要素。

我国香港《1996年(个人资料(私隐)条例)》第2条关于个人信息的定义中明确要求:"个人资料"必须以可以进行查阅和处理的方式存在。根据自1998年7月16日修正并于2000年3月1日起生效的英国《数据保护法》中明确规定,个人信息应满足以下条件:(1)根据能够进行自动化处理的信息以及为了进行自动化处理而进行记录的信息。(2)作为编档系统的一部分或者为了组成编档系统的一部分而记录的信息。(3)作为可供查阅的记录的一部分的信息。[1]

实际上,形式要素作为个人信息的构成要件,是以个人信息保护法为准则,为更好地

---

[1] 资料来源:香港个人资料隐私保护之经验——兼论我国个人资料保护法之制定[EB/OL]. https://wenku.baidu.com/view/9308e346c1c708a1284a44fa.html.

保护个人信息而规定的。不符合形式要素的个人信息，不等于不受法律保护，只是不能受到个人信息保护法的特别保护，而可以受到民法和行政法的一般保护。

第二节 个人信息权

一、个人信息权的界定

个人信息权是主体对个人信息所享有的合法权利，这主要包括个人信息的支配权、控制权以及自身信息免受侵害的权利。个人信息不是有体物，不能对其进行物理上的占有和支配，赋予信息主体个人信息权，体现了法律对个人信息的控制力，是法律对其进行保护的最有利的方式。这充分体现了对人格尊严和意思自治的尊重，这种尊重体现在"个人有权决定何人在何时何地收集、处理和利用其个人信息"。[①] 个人信息权本质上是对个人信息的控制，是一种对世权，即信息主体对个人信息享有绝对支配、控制和排除他人干涉的权利，并在权利受到侵害时可以请求予以救济和赔偿的权利。

拓展阅读 9.2
网上拍卖丁某书信侵犯隐私权案

二、个人信息权的权利属性

（一）个人信息权是人格权

人不可以完全独立于社会而存在，而在社会交往的过程中必然会形成各种各样的用于识别身份的个人信息。大多数的个人信息都可以直接表明个人身份，如身份证号码、姓名、肖像等。即使不能通过某些个人信息直接识别个人，也可以通过与其他个人信息结合从而指向特定的主体。个人信息具有的识别性体现的正好是个人信息的人格属性。个人信息是对个人在社会活动中所形成的关于个人的描述，这些描述累积到一定程度时，便形成一个与个人有着强烈对应的信息轮廓，就像个人在镜子前面注视着镜中的自己。在一定程度上，个人信息就是个人的信息化外观，当个人信息累积到一定程度，就能形成与实际人格相似的信息人格，即以信息为基础所形成的个人公共形象被视为信息主体的代号。个人信息的收集、处理和利用都直接关系到信息主体的人格尊严，一旦个人信息受到侵害，侵犯的将是个人的人格。保障个人信息的真实性和完整性是尊重信息主体、维护信息主体人格尊严的体现。

从各国的个人信息保护实践来看，个人信息立法的根本价值和终极目标就是保护人格利益，具备人格利益是个人信息权的基本属性。个人信息中蕴含着丰富的个人利益，大部分国家认为法律保护个人信息的目的就是保护人格独立、尊严和自由。在信息化时代，人的言行均以信息的形式展现，不论是真正的信息主体还是由信息勾勒出来的信息人格，都必须得到社会的充分尊重。因为，民法以人为本，以人的尊严为其伦理基础，人以及人的

---

① 资料来源：齐爱民.美德个人资料保护立法之比较[J].甘肃社会科学，2004（3）：139.

尊严是整个法律秩序的最高原则，确保人格尊严和自由是现代法律秩序的哲学基础，人应该享有自治自决、不受他人操纵和侵害的权利。具体表现在个人信息上则是关系到个人信息的收集、处理和利用必须由信息主体自己决定，未经其授权或同意，不得收集、处理和利用，也不得非法侵害信息主体的自由意志。个人信息的人格属性体现着民事主体对个人信息的支配权，根据自身主观意志处理个人信息，而不受他人干涉。例如，民事主体可以根据自己的需求授权他人收集和利用个人信息。当发现个人信息有误时，可以请求对方予以更正，以保障个人信息的真实性。1983年德国联邦宪法判决"人口普查案"就将信息自决权建立在德国宪法中人格尊严和人格自由发展基础之上。

（二）个人信息权是财产权

财产权是个人信息中蕴含的另一基本属性。尤其是在当今的信息化时代，信息交换在社会进步和经济发展中发挥着极其重要的作用，从某种角度来说，信息流动已经成为经济发展的源泉。甚至，信息一度被认为是再生资源和非再生资源之外维持人类发展并促进人类经济活动和社会活动必不可少的第三类资源。由此可以看出，个人信息不仅蕴含人格利益，还是具有经济价值的重要资源。齐爱民教授就认为，个人信息不仅仅具备人格利益价值，同时具有社会经济资源价值。

在实践中，我们通常通过两个因素判断个人信息是否具有财产利益，即其事实上能否为商业利用以及这种商业利用能否为社会通行的伦理所接受，是否符合社会的发展需求。常见的如肖像权就成为一项具有财产利益的人格权，即所谓的人格权商品化进入信息化时代，作为识别民事主体的个人信息，肖像权不仅具有商业利用价值，而且其商业利用的理念也逐渐得到社会的认可。

（三）个人信息兼具人格利益和财产利益

个人信息包含的内容十分丰富，一切可以直接或间接识别个体的信息都属于其个人信息。一方面，个人信息是识别特定人的信息，当个人信息累积到一定程度时，能形成与实际人格相类似的信息人格；另一方面，在信息化时代，个人信息已成为可以交换的商品，成为商业机构和政府制定决策的依据。可见，个人信息兼具人格利益和财产利益双重属性。刘德良教授指出，"当个人维护主体人格利益时应该给予其人格权的保护，当其维护主体财产性利益时就应该给予其财产性保护"。虽然个人信息是人格利益和财产利益的复合体，但是个人信息的财产利益却是建立在其人格要素之上，离开信息主体的人格属性，个人信息的财产利益便成了无源之水。因此，个人信息在性质上属于人格权的范畴。

三、个人信息权的内容

从根本上来说，个人信息属于个人隐私，因此这些信息为个人所有，这也就意味着个人对于个人资料拥有民法上的权利。大体上来说，个人信息权的内容主要包括以下几项：一是控制权，资料主体对有关本人的数据享有最终的决定权，他人收集、使用这类数据必须经本人的同意，否则就构成侵权；二是收回权，对于他人合法或非法取得的有关个人资料和数据，资料主体有权收回或取回；三是知悉权，资料主体有被告知或要求资料使用人告知其个人信息被收集、处理、使用的情况；四是修改权，资料主体有要求使用其资料、数据的用户或者有关政府机构对其档案中不准确、不恰当、不适当或者不完整的部分进行更正的权利；五是请求司法救济权，对于任何侵害他人个人资料的行为或资料主体权利得不到实现时，权利人都有权要求排除妨害、赔偿损失等法律救济。

第三节 电子商务中的个人信息侵权

一、电子商务中的个人信息侵权的主体

随着信息时代的来临，电子商务迅速崛起，而在电子商务过程中涉及大量个人信息，甚至出现消费者的个人信息被非法收集、利用或披露等情况，这对消费者的隐私和财产形成了严重的安全隐患。可能涉及消费者个人信息侵权的主体主要包括互联网服务提供商、电子商务交易平台、电子商务经营者、第三方支付平台、物流服务提供商、身份认证服务提供商、恶意软件发布者或黑客等。

拓展阅读 9.3
携程用户买机票后遭诈骗案

二、电子商务中的个人信息侵权的主要表现

从电子商务实践中可以看出，个人信息侵权主要有两种表现，即在信息收集上和信息使用上的侵权。

（一）在个人信息收集中存在的侵权行为

在电子商务中，很多网络服务商会通过"Cookies"等追踪软件对用户行为进行追踪，从而收集用户的个人数据，以此为基础实现交易目标。然后根据这些信息，向消费者有针对性地发送广告，或者把这些信息出售给他人。"Cookies"是网站服务器用来辨别网站用户的一条短数据。它可被用来追踪互联网用户的习惯，他们的习惯表明他们对某特定产品感兴趣，因此这些信息能直接用来对顾客推销特定的广告。不难想象，我们在任何时间登录上任何一家网站，浏览任何一条新闻，选择、比较任何一件商品，都会被别人详细记录在册。

此外，消费者在上网浏览或购物时，有时会填写一些包含个人信息的表格，电子商务运营者会通过这些表格获取大量的消费者个人数据。这些表格中的个人数据非常详尽，不仅包括姓名、性别、出生年月、身份证号、家庭地址、电话号码、电子邮箱，而且还包括个人收入、信用卡号。还有的经营者以市场调查的方式收集个人数据，或者通过赠送礼品等方式诱使消费者填写。这时所收集的个人数据是否超过必要范围，收集目的是什么，网站有没有采取安全保障措施，这些都是消费者难以知悉和控制的。

从有利角度来看，电子商务经营者收集消费者信息的目的是更好地提供服务，是一种有益于消费者的行为。因为知道顾客的兴趣后，电子商务经营者可以有针对性地向顾客提

供商品，因而可以增加可选择货物以及降低成本。另外，如可用"Cookies"一类的技术监视有谁进入属于邪教组织的或由恐怖主义组织运作的站点，这对于国家和社会安全可能具有一定的意义。

但需要注意的是，通过这些方式收集消费个人数据也存在一定信息安全隐患。因此，这种"最终有利于顾客"的调查至少应该在顾客自愿的前提下进行，这就像超市不能强迫对顾客进行问卷调查是一样的。即使有利于国家和社会安全的理由成立，这也应该由国家安全局之类的国家机构来执行。而不能由各个商家来"通过监视许许多多人们的习惯来维护国家安全"。对适当的大量数据的处理除了能够监视许许多多人的习惯，还能够确定对某种经济、政治、宗教和社会观点感兴趣的人。如果这种"监视"成为普遍行为的话，无疑将极大地阻碍人们上网的热情。

（二）个人信息使用中存在的侵权行为

电子商务对个人数据侵犯的第二种情况是信息的收集或控制者在收集信息时得到了当事人的同意，但是把这些信息用于当事人同意时所不知道或者同意范围之外的目的上。美国联邦贸易委员会的一次调查表明，在互联网上，顾客几乎拥有不了多少隐私。这次调查涉及1 400多个网站。调查发现：调查涉及的商业网站中有92%收集过个人信息，但对他们如何运用信息提出过任何提示的只有14%，仅有2%具有完整的隐私政策。[①]

在信息化时代，个人信息的重要价值已经远超想象，而这也导致个人信息被当成了一种特殊商品在网上买卖，甚至还有专门的公司从事个人信息交易的业务活动。据报道，美国有家网站花几百美元就能买到某人银行账号以及十年内的住址、电话号码、出生日期等信息。在我国个人数据泄露的情况也屡见不鲜。例如，三名没有登录客户信息系统权限的京东商城员工，"共享使用"另一有登录权限主管的登录用户名与密码，从客户信息系统里把信息导出并制成Excel表格格式。然后，这三名员工以每条客户信息1.5~4元的价格卖给诈骗犯。于是短时间内大量客户反映遭遇电话诈骗向京东投诉，经报案后公安机关于2015年将三名员工抓获。[②]该案中登录用户名与密码"共享使用"，而且凭借一个登录账号即可全权决定把客户信息批量下载，这反映出存在较为严重的内部控制问题。与此类似，当当网、支付宝等众多网上商城都存在泄露客户数据的问题。

三、个人信息侵权的危害

在电子商务中，随着信息技术的不断发展，电商企业收集和处理大量消费者的个人信息的能力也有了显著提高，但这又导致了新问题的出现，即电商企业信息收集对象和数量远远超出了消费者授权和知晓的范围。一方面，商家对个人信息的收集为个性化服务提供了数据支持，提高了电子商务的便利性和针对性。另一方面，电商企业信息收集能力滥用，不当的信息处理行为，也对消费者造成了极大的危害。

---

① 资料来源：刘煜.网上个人隐私权保护的法律制度研究[D].复旦大学，2005.
② 资料来源：京东员工用职务之便将9313条客户信息卖给诈骗犯[EB/OL].http://www.sohu.com/a/71540197_116897.

（一）对消费者的个人隐私和财产安全造成侵害

前面已经提到，个人信息兼具人格利益和财产利益，因此消费者的个人信息必须得到妥善保管与处理。不当收集和处理消费者的个人信息，会暴露消费者的隐私或降低其社会评价，使其人格利益受损，直接给消费者带来巨大的精神困扰。同时，个人信息在电子商务环境下体现出较高的商业价值，滥用或盗卖消费者的个人信息会造成消费者的财产风险。尤其是近年来发生的电子商务企业内部监守自盗和信息泄露现象，不仅导致用户个人信息和隐私数据大范围扩散，直接侵害用户隐私权，还使消费者的财产利益蒙受重大损失。

（二）对电子商务的健康发展形成阻碍

个人信息在电子商务中具有重要价值，而实现电子商务的健康发展的一个重要前提就是保障个人信息的安全。电子商务经营者必须依赖消费者的个人信息才能与之进行交易，但如果消费者对经营者缺乏信任就会拒绝提供个人信息，从而阻碍电子商务的发展。这种信任一方面是出于对经营者资质的认可，另一方面，是消费者的个人信息得到有效保护。电子商务发展初期的最大困境在于人们对电子商务这种商业模式交易的信任和认可，其最大的障碍就是对卖家诚信度的怀疑。如果信息安全问题得不到解决。电子商务企业的信誉度下降，则会大大影响消费者对电子商务的参与程度，造成电子商务行业的信任危机，对企业经营和利润带来直接影响。

（三）对国家经济秩序和信息安全造成威胁

正因为个人信息在电子商务中的作用十分重要，导致市场上已经出现了非法买卖消费者个人信息的活动，甚至已经形成了比较完整的地下产业链条。商家通过非法获得的个人信息向消费者发布垃圾商业信息，不仅扰乱了人们的正常生活，也对市场公平竞争的秩序带来影响。在现代信息社会中，国家安全与网络安全紧密相关，电子商务作为战略新兴产业，其交易信息安全直接影响到整个国家经济体系的健康与发展。随着大数据技术和跨境电子商务的发展，大量的个人信息被挖掘并被二次分析和利用，尤其是涉及我国宏观经济交易的数据向境外流通，极易引发国家网络安全问题，损害国家利益。

第四节 电子商务个人信息的法律保护

一、个人信息保护的基本原则

（一）公开原则

个人信息保护的公开原则可以从两个方面分析。一方面，政府所持有的个人信息必须对本人公开，不得持有秘密的个人记录，个人有权知道政府是否存有有关于他的记录及所记载的内容，并有权要求得到复制品，除非法律有免除公开的规定；另一方面，个人信息记录保管系统不得以秘密的形态存在，关于个人信息的开发、运用及其方针、政策等，必须向全社会公开，以使个人信息能够轻易被查明和利用。日本《个人信息保护法》第8条第1款规定，总务厅负责人应在街道下级行政部门呈报个人信息档案以后，将其分类目录在政府公报上公布；第7条第1款规定，保管个人信息档案部门的负责人有义务将个人信息目录制作成个人承包信息簿供一般人阅览。美国《隐私权法》规定，个人有权知道行政机关是否保存本人记录以及记录的内容，并要求得到复制品。行政机关建立和修改个人记录系统时，必须在《联邦登记法案》上公布系统收录个人信息的相关事项。

（二）目的明确化原则

个人信息具有个人隐私性，因此在收集个人信息时必须明确数据收集的目的，保证收集的信息严格按照规定的目标使用，不可以出现收集目的与信息利用相矛盾的情况。日本《个人信息保护法》禁止在信息处理目的以外的信息利用和提供。瑞典隐私权保护的相关法规规定，应该为了明确而限定的目的保持个人资料档案，与目的不符的资料，不得装入档案，没有明确的目的，个人资料不得被收集、公开和使用。

（三）信息正确原则

个人信息的收集者不仅要保证个人信息的利用符合其收集目的，还需要保证个人信息在必要范围内是正确的、及时的和完备的。该原则一方面赋予个人对于政府所保存的个人信息有修改该信息内容的权利，个人如果认为关于自己的记录不正确、不完全或者不及时，可以请求制作记录的行政机关予以删除、修改或完整化；另一方面，保存个人信息的政府也负有积极责任，必须保证信息的正确性、及时性和完整性。因为如果政府根据错误的、过时的、片面的个人信息对个人作出不正确的判断，必将损害个人利益。

（四）信息管理原则

个人信息具有特殊性，收集和利用这些信息应该以严格的管理为基础，因此政府应制定合理适当的信息管理方针及业务方法，以保障政府对有关个人信息收集、占有、使用及公开的合法性和正当性，对于参加个人信息制作、保存和使用的政府工作人员，必须制定相应的行为规则。同时，为了个人信息的安全、完整和不被泄露及防止其他可能产生的危险，政府还必须建立行政的、技术的和物质的安全保障措施。

（五）收集限制原则

虽然科学地收集和管理个人信息有利于为社会公民提供更好的服务，但是关于个人信息的收集种类应该做出严格规定，并且政府收集该种信息的方法或手段也必须具备一定的要件。美国《隐私权法》规定，政府收集个人的信息，如果可能导致对他作出不利的决定时，必须尽可能地由他本人提供，避免政府根据第三者提供的错误的或存有偏见的信息而在必要的范围内收集与执行职务的个人信息。政府对任何个人信息的收集都应采取合法、公正的手段，在适当的场所并通知信息本人或取得本人的同意。

（六）使用限制原则

个人信息保护必须严格遵守使用限制原则。个人信息的使用限制包括持有信息的政府内部使用的限制和将信息提供给外部使用的限制两类。前者指保持个人信息的行政机关，内部官员执行职务时可以查阅个人的信息，无须征得本人的同意，但只限于职务需要的范围以内使用个人的信息。例如，日本《个人信息保护法》第4条明确规定，政府保存的个人信息，必须仅限定在完成该部门负责事务范围以内使用。后者指政府将个人信息向第三者披露或提供给第三者使用时，必须征得本人的同意或有法律的明文依据。

（七）法律救济原则

个人享有个人信息权，其中一项重要的内容就是请求救济权，也就是说，当个人信息遭到非法收集、利用、公开或侵犯时，个体可以按照规定请求行政救济和司法救济。日本允许当事人对政府的决定存有异议时提出意见，并根据行政不服审查法提出异议申诉，或根据行政诉讼法提起诉讼。美国《隐私权法》规定个人不服行政机关执行隐私权法的行为，可以请求行政复议，也可以对政府提起民事诉讼，请求法院审查政府的决定，对违反法律的行政官员和个人，还可以施以一定的刑事制裁。

二、个人信息保护的模式

（一）抽象的个人信息立法保护

这种个人信息保护模式，是指以一般立法的方式对个人信息作出界定，在法律中并没有专门例示。例如，德国《个人资料保护法》第3条规定，"关于特定或需特定之自然人属人或属事之个别资料"，德国法中强调"个人关联性"的一般原则，而在具体立法中没有列举何种资料属于属人或属事的个别资料。根据德国法，对不特定主体的资料收集，在无法确定资料关联方的条件下，不是该条所指的个人资料。①

（二）抽象规定与例示相结合的个人信息立法保护

这种个人信息保护模式，是指不仅对个人信息实行一般立法保护，同时还会在法律中对其种类进行专门的例示性说明。例如，欧盟1995年《个人数据保护指令》第2条"指有关识别或足资识别自然人的任何资讯；足资识别之人指直接或间接能予识别者，特别是以参考识别号码或以其身体、生理、精神、经济、文化或社会属性的一项或多项特定因素"。②指令中所谓的间接识别，指该个人资料必须与其他资料相结合才能完成对信息主体形象的勾勒。例如，教育、职业、健康、财务等情况，如果不是与姓名、身份证统一编号等相结合，是不具有"个人关联性"的。我国台湾地区《电脑处理个人资料保护法修正草案》第

---

① 资料来源：关于个人资料(一)[EB/OL]. https://wenku.baidu.com/view/8f4fb51950e79b89680203d8ce2f0066f53364e8.html.
② 资料来源：大数据背景下我国个人数据法律保护模式分析[EB/OL]. http://theory.people.com.cn/n/2015/0710/c387081-27283556.html.

2 条也规定:"个人资料指自然人的姓名、出生年月日、国民身份证统一编号、护照号码、特征、指纹、婚姻、家庭、教育、职业、病历、医疗、基因、性生活、健康检查、犯罪前科、联络方式、财务情况、社会活动及其他的以直接或间接方式识别该人的资料。"[①]

虽然随着信息化程度不断加深,我国对个人信息保护的重视程度有所提高,但从整体上来说我国的隐私权观念仍旧比较薄弱,而个人信息的控制权更是生疏,例示性规定有利于解释和理解抽象性规定的含义,同时抽象性规定可以避免挂一漏万的情况,因此立法机关在对个人信息的立法保护选择上,应当采取抽象规定与例示主义相结合的方式,即借鉴日本和中国台湾地区的立法方式。

三、个人信息侵权的法律责任

(一)侵犯个人信息权的民事责任

个人信息兼具人格利益和商业价值,这就导致有些人为了获取一定的经济利益而实施侵害他人个人信息权的行为,并且在当前的信息化时代,这是一种十分常见的个人信息侵权行为。一般来说,未经个人授权或同意,不得基于商业目的收集或利用个人信息,否则就是一种侵权行为,应该承担赔偿责任。所以,依法规定侵权人承担的民事责任,加大侵权的成本,从客观上可以减少个人信息侵权现象的发生。比如,我国新修订的《消费者权益保护法》第 50 条规定:"经营者侵害消费者的人格尊严、侵犯消费者人身自由或者侵害消费者个人信息依法得到保护的权利的,应当停止侵害、恢复名誉、消除影响、赔礼道歉,并赔偿损失。"该条规定明确了经营者侵犯消费者个人信息应承担的民事责任。

(二)侵犯个人信息权的行政责任

虽然我国在个人信息权立法保护方面起步较晚,但当前在一些部门法或规章中已经对此有所规定,有一些针对个人信息侵权行政责任的分散规定。比如,《全国人民代表大会常务委员会关于加强网络信息保护的决定》第 11 条规定:"对有违反本决定行为的,依法给予警告、罚款、没收违法所得、吊销许可证或者取消备案、关闭网站、禁止有关责任人员从事网络服务业务等处罚,记入社会信用档案并予以公布;构成违反治安管理行为的,依法给予治安管理处罚。"此外,我国《消费者权益保护法》第 56 条规定了侵权消费者个人信息的行政责任,通过记入信用档案、向社会公布的方式增强对不法经营者的震慑力,有助于个人信息的更好保护。《最高人民法院、最高人民检察院、公安部关于依法惩处侵害公民个人信息犯罪活动的通知》专门针对个人信息及网络安全问题,规定了实施侵权行为主体的行政处罚等。

(三)侵犯个人信息权的刑事责任

需要注意的是一些情节严重的个人信息权侵犯行为,还需要承担相应的刑事责任。2015 年 8 月,全国人大常委会通过了《中华人民共和国刑法修正案》(九),其中第 253

---

① 资料来源:论个人信息的法律保护[EB/OL]. https://wenku.baidu.com/view/86b11a4133687e21ae45a900.html.

条规定了出售或者非法提供公民个人信息，情节严重的应当承担刑事责任，该条规定："违反国家有关规定，向他人出售或者提供公民个人信息。情节严重的，处三年以下有期徒刑或者拘役，并处或者单处罚金；情节特别严重的，处三年以上七年以下有期徒刑，并处罚金。违反国家有关规定，将在履行职责或者提供服务过程中获得的公民个人信息，出售或者提供给他人的，依照前款的规定从重处罚。窃取或者以其他方法非法获取公民个人信息的，依照第一款的规定处罚。单位犯前三款罪的，对单位判处罚金，并对其直接负责的主管人员和其他直接责任人员，依照该款的规定处罚。"

从以上法律规定也可以看出，我国在不断加强对公民个人信息的保护力度，进一步扩大了个人信息侵权行为的打击范围，对我国公民信息及网络安全免受非法侵害起了积极作用。

此外，为了适应不断发展的网络环境，我国《刑法修正案》还专门对网络服务提供者的犯罪行为作出了规定，以此更好地维护公民的合法权益，更好地维护我国的网络信息环境安全。我国《刑法修正案》规定网络服务提供者如果不履行网络安全管理义务，经监管部门通知采取改正措施而拒绝执行，致使违法信息大量传播的，致使用户信息泄露，造成严重后果的，或者致使刑事犯罪证据灭失，严重妨害司法机关追究犯罪的，追究刑事责任。而且，除了网络服务提供者直接实施犯罪外，对于明知他人利用信息网络实施犯罪，为其犯罪提供互联网接入、服务器托管、网络存储、通信传输等技术支持或者提供广告推广、支付结算等帮助，情节严重的，追究刑事责任。

第五节　个人信息保护的全球立法

一、美国

（一）《公平信用报告法》

美国十分重视对个人信息的保护，《公平信用报告法》在美国个人信息保护立法体系中具有重要地位。美国经济的发展伴随着信贷业务的繁荣，消费者信用信息的商业价值越来越受到重视，从而催生了大量的消费者信用调查与报告机构。这些机构在制作调查报告的过程中，需要从各种渠道获取公民的消费信息。消费者信用调查与报告机构所获取的部分信息是通过合法渠道获取的，而通过非法渠道获取的情况则不胜枚举。联邦贸易委员会于1971年制定的《公平信用报告法》（Fair Credit Reporting Act，FCRA）正是在这样的背景下诞生的。

《公平信用报告法》的重要作用在于恰当运用和严格保护征信和授信业务链中的个人信息，该法律主要是对那些提供消费者信用调查服务的单位和机构进行规定与限制，并严格限制其做出的个人信用报告的使用范围。根据美国《公平信用报告法》，消费者本人有权随时查阅本人的信用报告，不需要经过事先特别批准。除了信息主体本人之外，下列主体符合法定情形的情况下也有权合法使用消费者个人信用报告：（1）委托信用调查机构做出信用调查报告的委托人;(2)以加强对应聘者了解为目的使用个人信息的用人单位;(3)在考量是否提供保险服务过程中的保险公司;(4)负责颁发各类执照或者社会福利待遇的行政部门;(5)获得了法院授权的单位或个人。美国《公平信用报告法》立法初期,仅允许上述 5 类主体使用个人信用报告。但随着立法完善,又有 3 类主体获得立法授权,分别是:依法催收债务的联邦政府相关部门;以维护国家安全为目的的联邦调查局;经当事人本人同意,并获得书面授权的单位和个人。

美国通过实施《公平信用报告法》,在保障公民个人信息不被随意查阅和使用方面取得了很好的效果,但是随着侵犯个人信息的行为越发多样化,涉及的行业、领域越来越广泛,更多的保护个人信息的法律规范纷纷生效。

(二)《隐私法》

美国十分重视个人隐私,为了切实保护公民隐私权不被侵犯,美国于 1974 年制定了《隐私法》,从一定角度来说,这是美国在个人信息保护领域最重要的法律。该法主要针对联邦行政机构的行政执法行为而制定,规定了联邦政府搜集与利用个人信息方面应当遵循的程序与规则,防止行政机关滥用行政权力侵犯公民个人隐私。其主要内容为对个人信息的收集、持有、储存以及传输的相关原则与具体程序做出了详细规定。美国《隐私法》的主要内容包括以下方面。

1. 适用范围及保护客体

美国《隐私法》规范的对象主要包括联邦部、会级以上级别的行政机关在行使行政职权的过程中可能侵犯公民个人信息的行为。该法保护的客体是政府机关在履行行政职务过程中掌握的个人信息记录。

2. 公民享有的个人权利

美国《隐私法》中明确规定,公民的个人权利基础是基于其隐私权投射于信息上而产生的信息隐私权。具体来说,美国《隐私法》中规定的公民权利主要包含三项核心内容,即决定权、知情权和更正权。决定权是指信息所有权人有权决定个人信息是否公开以及利用方式等问题。知情权是指信息主体有权了解自己的个人信息全部内容,也有权了解行政机关如何使用个人信息。更正权是指当信息主体通过某种渠道了解到行政机关掌握的个人信息存在瑕疵或错误时,有权要求行政机关就瑕疵或者错误的信息予以更正的权利。上述三项权利内容在世界范围内具有很强的立法示范意义。

3. 行政机关承担的法律义务

(1)向本人收集的义务。履行这项义务的目的是保证公民个人的知情权,也就是说,行政机关在收集个人信息的过程中,尽量向信息主体直接收集信息,尤其是在利用公民个人信息做出对公民重要的决定的过程中更是如此,确保公民知晓个人信息被收集、使用的事实,保障公民的知情权与自由选择权。

(2)向本人告知的义务。这是指公民个人有权得知个人信息被收集的真实用途,即行政机关在向公民个人收集个人信息的过程中,需要向公民明确告知收集个人信息的用途,保障公民的知情权。行政机关收集公民个人信息需要向社会公开,接受社会监督。

(3)收集必要性的义务。行政机关只有在确有必要的情况下才收集保存个人信息,收集的过程应当严格遵守法律规定,不得超出法律规定范围或者违反法律规定的程序收集个人信息。

（4）保密的义务。行政机关在收集个人信息后必须妥善保管，要严格履行保密义务，不得无端泄露公民的个人信息。

（5）保证正确的义务。行政机关需要及时对改变的个人信息进行更正，特别是公民的一些负面信息在发生变化后应当及时调整，避免对公民带来进一步的负面影响。

（6）安全保障的义务。这是指行政机关必须保证妥善保管公民的个人信息，严格禁止公民个人信息的不当使用和泄露。行政机关应当使用相应的信息安全技术保障公民个人信息安全。

由于政府掌握了大量的公民个人信息，防范政府部门滥用或者侵犯公民个人信息具有至关重要的意义。美国的《隐私法》对于保护公民个人信息不受政府机关侵犯起到了至关重要的作用。

（三）《全球电子商务政策框架》

1997 年，美国颁布了《全球电子商务政策框架》。这可以说是针对迅速崛起的电子商务而制定的法案，网络和电子商务的发展在带来经济增长的同时，还对消费者的个人信息安全造成了威胁，因此美国针对这一发展现状，特别强化了私营企业在网络环境下对个人信息的保护力度，主要调节网络交易行为中的个人信息保护问题。该框架中提出了两项保护网络隐私权的重要的基本原则。

1. 告知原则

告知原则这是指必须在告知公民信息收集真实情况的基础上进行个人信息收集，要尊重公民权利，使他们在充分了解相关信息的前提下决定是否提供个人信息。如果在未充分告知的情况下收集公民个人信息，或披露不完整、不准确、过时的个人信息，则涉嫌侵害了公民的网络隐私权，需要承担相应的法律责任。

2. 选择权原则

选择权原则是指公民有权决定个人信息的使用目的、方式等，这是公民享有的一项完全的自主决定权。由于政府鼓励自由竞争，发展行业自律，因此民事领域产生的各种问题尽可能依靠市场调节解决，避免对市场造成不适当的限制，这也促使了各行业自律组织的不断发展。

二、欧盟

（一）《关于涉及个人数据处理的个人保护及此类数据自由流动的指令》

欧盟在很早以前就开始重视个人信息保护及其立法，在世界范围内处于领先地位。欧盟于 20 世纪 90 年代就开始针对数据保护立法。1995 年，欧盟发布了《关于涉及个人数据处理的个人保护及此类数据自由流动的指令》（以下简称"95 指令"），为欧盟成员国个人数据立法设立了最低标准，不仅确定了个人数据保护的基本原则，对个人数据的收集、记录、储存、修改、使用或销毁以及网上个人数据的收集、记录和利用等进行规定，而且规定欧盟成员国的个人数据资料不得流入缺少妥善保护个人数据的国家。该规定一方面促使欧盟国家制定各国自己的个人数据保护法，使得个人数据资料在相关国家流通中起到桥梁和督促作用；另一方面，也使得个人数据在欧盟以外的国家难以得到便利的传播。"95指令"只是欧盟向成员国发布的指导性文件，本身并没有强制约束力，它的实施有赖于各成员国将其纳入国内立法，在具体案件中只根据各国国内法来保护个人数据。

为了满足时代发展要求，欧盟于1996年通过了《电子通信数据保护指令》，以此有效补充之前颁布的"95指令"。1998年，欧盟通过了有关电子商务的《私有数据保护法》，严格限定了传递和使用个人数据时必须遵守的规则。1999年，欧盟制定《信息高速公路上个人数据收集、处理过程中个人权利保护指南》，为用户和网络服务商建立起明确的隐私权保护原则，尤其强调了网络服务商的责任和用户个人权利自我保护意识的培养等。

（二）《隐私与电子通信指令》

互联网的出现加速推动了人类社会的发展，在为人们带来更为便利的生活外，也带来了一定信息安全隐患，而用于信息保护的"95指令"以及以其为基础通过的一系列立法逐渐无法满足时代发展的要求了。"95指令"中包含的访问权（即用户有权访问他们的信息并且修改不当的地方，目的是确保信息的正确性）已经不能满足用户的需求，用户转而寻求对个人数据的控制权。以"95指令"为代表的传统数据保护框架亟待更新。

在上述社会发展背景下，欧盟于1997年通过了《隐私与电子通信指令》，并于2002年对其进行修订。2002年《隐私与电子通信指令》允许各会员国立法强制要求网络服务业者保留民众电话、网络与电子邮件通信的详细记录长达一定的时间，详细规定了通信和互联网服务商需要采取适当的措施，保证通信和互联网服务的安全性；禁止在未征得用户同意的情况下存储和使用用户的数据；服务提供商应该保障用户的知情权，如告知用户所收集的数据及进一步处理此类数据的意图等，确定了互联网个人数据保护的基本原则，但是在具体操作层面还较为粗糙，也缺乏明确的违规惩罚措施。

（三）《欧洲Cookie指令》

2009年，欧盟再次修正个人数据保护措施，通过了《欧洲Cookie指令》，对电子商务中Cookie的使用加以规范以及对必要的信息披露管理办法。《欧洲Cookie指令》要求网站在用户初始使用时网站必须关闭Cookie的使用，直到用户明确同意启用Cookie时才能开启此功能。作为对《隐私与电子通信指令》的重要补充，《欧洲Cookie指令》不仅强化了用户的知情权，让用户对网站收集、存储和跟踪用户信息有了清晰的了解，而且对网站生成、使用和管理以Cookie为核心的用户个人数据提出了完整规范的管控要求，有效地避免了网站滥用或以不够安全的方式操作与存储用户个人数据。

（四）《一般数据保护条例》

需要注意的是，欧盟各成员国在个人信息保护立法上虽然都是参照"95指令"的规定，但各国立法并不完全相同。而随着网络信息技术的不断发展，欧盟各成员国个人数据保护碎片化问题以及云计算和大数据带来的法律适用性挑战，促使欧盟开始了数据保护立法的改革。2016年4月27日，欧盟通过了《关于在个人数据处理方面对自然人保护和此类数据自由流动的第2016/679号条例》（以下简称《条例》），根据规定，新《条例》将从2018

年5月25日起在28个成员国正式实施生效。与"95指令"不同，GDRP直接对所有的欧盟成员国生效，除了在国家安全、新闻及表达自由以及劳动法等领域外，无须各国再制定国内法，从而使欧盟境内的个人数据保护立法得到统一。

三、中国

（一）《宪法》和《民法通则》

我国当前并没有专门的个人信息保护法案，但我国政府也很重视对公民个人信息的保护，并且近年来重视的程度不断加深。我国《宪法》第38条规定："中华人民共和国公民的人格尊严不受侵犯。禁止用任何方法对公民进行侮辱、诽谤和诬告陷害。"我国《民法通则》第101条规定："公民、法人享有名誉权，公民的人格尊严受到法律保护，禁止用诽谤、侮辱等方式损害公民、法人的名誉。"无论是我国的《宪法》还是《民法通则》，都没有对人格尊严作出详细界定，也没有提到隐私权这个概念。我国在1993年8月7日公布的《关于审理名誉权案件若干问题的解答》中采取隐私权与名誉权混同的做法：对未经他人同意、擅自公布他人隐私致使他人名誉受到损害的，应认定为侵害他人名誉权。以前针对侵犯隐私权提起的诉讼都是作为侵犯名誉权来提起的，而且，因为我国历史、文化基础的一些原因，对人格尊严的保护也仅仅停留在禁止损害公民法人名誉的程度。在市场经济的时代里，人格尊严的内涵还包括个人信息的商业利用问题。对这一点，我国《民法通则》只对肖像权的商业利用作了禁止规定，其第100条规定："公民享有肖像权，未经本人同意，不得以营利为目的使用公民的肖像。"在电信技术飞速发展的今天，为了真正地做到维护私权、切实保护人格尊严，迫切需要通过立法明文规定保护隐私权，尤其应强调对个人资料的收集、利用的保护。

（二）《计算机信息网络国际联网安全保护管理办法》

随着互联网的发展，为了适应社会发展要求并保障网络社会安全，我国于1997年颁布了《计算机信息网络国际联网安全保护管理办法》，并于2011年对其进行修订。我国《计算机信息网络国际联网安全保护管理办法》（2011年修订版）第7条规定："用户的通信自由和通信秘密受法律保护。任何单位和个人不得违反法律规定，利用国际联网侵犯用户的通信自由和通信秘密。"我国1998年《计算机信息网络国际联网管理暂行规定实施办法》第18条规定："用户应当服从接入单位的管理，遵守用户守则；不得擅自进入未经许可的计算机系统，篡改他人信息；不得在网络上散布恶意信息，冒用他人名义发出信息，侵犯他人隐私；不得制造、传播计算机病毒及从事其他侵犯计算机网络和他人合法权益的活动。"这两条中的"侵犯用户的通信自由和通信秘密""侵犯他人隐私……合法权益的活动"用词都太抽象，虽然提到了保护隐私和其他合法活动，但是，并没有为"隐私和其他合法活动"定义一个具体的概念，没有具体表明其客体包括什么。

（三）《消费者权益保护法》和《网络交易管理办法》

除了上述法律规定外，我国《消费者权益保护法》《网络交易管理办法》中也有关于个人信息保护的规定，这两部法律中明确规定了收集个人信息时应该遵守的规则。

第一，网络商品经营者、有关服务经营者在经营活动中收集、使用消费者或者经营者信息，应当遵循合法、正当、必要的原则，明示收集、使用信息的目的、方式和范围，并经被收集者同意。网络商品经营者、有关服务经营者收集、使用消费者或者经营者信息，应当公开其收集、使用规则，不得违反法律、法规的规定和双方的约定收集、使用信息。

第二，网络商品经营者、有关服务经营者及其工作人员对收集的消费者个人信息或者经营者商业秘密的数据信息必须严格保密，不得泄露、出售或者非法向他人提供。网络商品经营者、有关服务经营者应当采取技术措施和其他必要措施以确保信息安全，防止信息泄露、丢失。在发生或者可能发生信息泄露、丢失的情况时，应当立即采取补救措施。

第三，网络商品经营者、有关服务经营者未经消费者同意或者请求，或者消费者明确表示拒绝的，不得向其发送商业性电子信息。

本章小结

随着电子商务的迅猛发展，人们在网上的活动越来越频繁。从网上交流到网上购物、网上支付，用户在享受网络快捷的同时，个人信息安全问题也越来越突出。大量的用户信息被电子商务企业收集和分析，用以改善自身产品的用户体验或进行产品的开发和精准营销。尤其是随着移动电子商务以及云计算和大数据的发展，个人信息远离个人终端，个人对信息的控制能力逐步削弱；大数据通过数据关联整合挖掘，轻易恢复数据的身份属性。商家对个人信息的利用与个人信息安全是电子商务的主要矛盾之一，如何既充分利用个人信息的商业价值，又有效地保护个人的信息安全成为电子商务发展中必须解决的问题。本章主要研究了个人信息的基本概念、个人信息权、电子商务中的个人信息侵权、电子商务个人信息的法律保护以及个人信息保护的全球立法，以期对新时期电子商务中的个人信息保护做出有益探索。

复习思考题

1. 简述个人信息的含义。
2. 简述个人信息权的界定及所包含的内容。
3. 简述在电子商务运营过程中存在的侵害个人信息权的行为。
4. 简述个人信息保护的基本原则。
5. 简述目前世界各国具有代表性的个人信息保护立法，并试论这些立法对我国的启示。

在线测试题

扫描书背面的二维码，获取答题权限。

第十章
电子商务平台的义务和责任

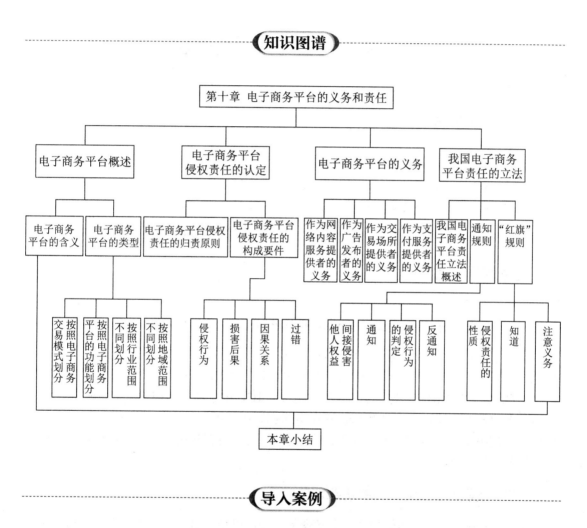

导入案例

2018年拼多多上市应当算是互联网商业界最火爆的新闻。拼多多一上市瞬间在国内形成电商三足鼎立的格局，短短一个星期股价从19美元涨到27美元，使得创始人黄峥身价一度超越刘强东，随后股价又戏剧性地一路掉回了19美元。但这还不是把拼多多推向风口浪尖的原因，把拼多多送到风口浪尖的是"赝品成绩"。同年7月31日，关于拼多多假货话题的媒体文章数共达3 921篇，其中负面文章达1 315篇，而中立态度的文章占55%。

拼多多自上市以来，平台的假货问题一度成为外界的焦点。拼多多的假货问题，更该被聚焦的是产品问题。7月28日，创维公司发布声明，指责拼多多上出现了大量假冒创维品牌的电视产品（包括创维先锋、创维云视听 TV、创维嘉、创维美、创维酷酷创维云视听等），并提出严正交涉。7月29日，童话大王郑渊洁也在微博发布声明，指责拼多多销售盗版皮皮鲁系列图书，侵犯其著作权，要求拼多多立即停止侵权行为。而伴随拼多多上市，一个充满嘲讽的段子也在网络上四面八方地传播——以下品牌恭祝拼多多成功在美国上市：小米新品、松下新品、老于妈、粤利粤、雷碧、康帅傅、娃娃哈、大白兔、太白兔、七匹狼、绿剪口香糖、可日可乐、必相印纸巾、帮宝造。

资料来源：孙祥和.电子商务法律实务（第2版）[M].北京：中国人民大学出版社，2019：166.

第一节　电子商务平台概述

一、电子商务平台的含义

电子商务平台是一个为企业或个人提供网上交易的平台。它是人们在网络上进行商务活动的虚拟网络空间和保障商务顺利运营的管理环境，也是协调整合信息流、物流、资金流有序、关联、高效流动的重要场所。企业、商家可充分利用电子商务平台提供的网络基础设施、支付平台、安全平台、管理平台等共享资源，有效且低成本地开展自己的商业活动。[①]

二、电子商务平台的类型

（一）按照电子商务的交易模式和主体划分

按照电子商务交易模式划分，电子商务平台可以分为 B2B 电子商务平台、B2C 电子商务平台、C2C 电子商务平台、O2O 电子商务平台以及 C2B 电子商务平台等。中国主要的 B2B 电子商务平台有阿里巴巴、买麦网等；常见的 B2C 电子商务平台有京东商城、当当网、一号店等；常见的 C2C 电子商务平台有淘宝店铺、拍拍网、闲鱼等；常见的 O2O 电子商务平台主要指的是一些团购网站；C2B 电子商务平台目前在我国处于尝试阶段，天猫购物节预售模式就属于这一类。

（二）按照电子商务平台的功能划分

按照电子商务平台的功能划分，电子商务平台可以分为电子商务信息发布平台、电子商务支付平台、电子商务交易平台和电子商务广告发布平台。电子商务信息发布平台主要是为用户提供各类信息的分类发布，但不发生交易行为，常见的电子商务信息发布平台有赶集网、58同城、房天下等。电子商务支付平台是指一些由本身不从事电子商务，但和各大银行签约、具备一定实力和信誉保障的第三方独立机构提供的交易平台，目前我国的第

---

① 资料来源：万福成.多语言电子商务平台实训[M].北京：电子工业出版社，2018：5.

三方支付平台有支付宝、快钱、微信支付等。电子商务交易平台可以直接在网上实现交易和在线支付,前面介绍的典型的 B2B 平台、B2C 平台和 C2C 平台大部分都属于电子商务交易平台。电子商务广告发布平台是为站内经营者的商品或服务提供推荐、广告发布等服务的平台。例如,百度通过竞价排名的方法对经营者的商品或服务提供推广服务,此时百度就是电子商务广告发布平台。

(三)按照行业范围不同划分

按行业范围不同,第三方电子商务平台可以分为综合电子商务平台和行业电子商务平台。综合电子商务平台是包括各类商品在内的综合性商品交易平台,阿里巴巴、天猫、京东商城、亚马逊、1号店等是典型的综合电子商务平台。行业电子商务平台是指供某个特定行业进行信息交流和交易的电子商务平台,中国化工网、中国建材网、全球五金网、中国纺织网等是典型的行业电子商务平台。

(四)按照地域范围不同划分

按地域范围不同,可以分为全国电子商务平台和区域电子商务平台。全国性电子商务平台是面向全国,为全国各地电子商务服务的平台,如阿里巴巴、当当网、京东商城等。区域电子商务平台是指某一特定区域的电子商务平台,如杭州的窝里快购、江苏常州的淘常州、吉林长春的购够乐等。

第二节 电子商务平台侵权责任的认定

一、电子商务平台侵权责任的归责原则

从我国《侵权责任法》体系来看,归责原则是确定行为人是否侵权、是否承担责任的标准和依据。归责原则的确定对判定侵权成立起着决定性作用,它决定了侵权的构成要件、决定举证责任及违约赔偿的范围。采用何种归责原则,体现了各国对法律的价值判断,各国在归责原则方面都有不同的规定。我国《侵权责任法》采用二元归责体系,即归责原则以过错责任原则为主,无过错责任为例外。过错责任原则是调整一般侵权行为的一般原则,而无过错责任是适用于法律特别规定情形的特殊归责原则。

无过错责任原则,又称为"严格责任原则",即违法行为造成损害后果,不论行为人是否存在过错,都应承担民事责任。无过错责任不以行为人主观是否存在过错为构成要件,其特征包含以下几点:第一,法律对无过错责任的适用对象、适用情形都作出了具体规定;第二,判断责任的标准是损害事实,有损害则有责任,无损害则无责任;第三,无过错责任原则的构成要件由侵权行为、损害结果以及侵权行为和损害后果之间的因果关系这三项要件构成。关于无过错责任原则,我国《民法通则》第 106 条第 3 款规定:"没有过错,但法律规定应当承担民事责任的,应承担民事责任。"此外,我国《侵权责任法》第 7 条规定:"行为人损害他人民事权益,不论行为人有无过错,法律规定应当承担侵权责任的,

依照其规定。"适用无过错责任原则的对象、具体情形等，法律都会在条文中明确规定，如果没有规定的，则适用过错责任原则。无过错责任，权利人只要证明行为人的行为客观上侵害了自己的权益，行为人就要承担民事责任。

我国《侵权责任法》第36条第1款规定："网络用户、网络服务提供者利用网络侵害他人民事权益的，应当承担侵权责任。"该条规定了电子商务平台的直接侵权责任，但并没有明确网络服务提供者承担民事责任时是否在主观上要存在过错。我国《侵权责任法》第6条规定："行为人因过错侵害他人民事权益，应当承担侵权责任。根据法律规定推定行为人有过错，行为人不能证明自己没有过错的，应当承担侵权责任。"如果是过错责任，权利人必须证明行为人主观上有过失，才产生行为人承担责任的问题。

我国《侵权责任法》第36条第1款的规定到底是过错责任还是无过错责任呢？我国学者主流观点认为，是过错责任。由于条款表述为"利用"是有用意的，因此表明电子商务平台在对侵权行为内容、目的、危害结果等都有明确认识的情况下实施的侵权行为，其主观状态表现为故意。网络服务商侵权属于一般侵权，在网络用户实施侵权行为时，电子商务平台并不是一律承担责任，只是在电子商务平台有过错的情况下才承担相应的责任。这是因为在我国《民法通则》及相关的法律规定中，网络服务商的侵权行为没有列举在无过错责任的适用情形中，因此，其侵权责任也不适用无过错责任原则。

也有少数学者认为我国《侵权责任法》第36条第1款应该理解为网络服务商的无过错责任。因为，通常利用网络的行为都是主动的行为，网络服务提供商主观上当然知道自己在利用网络上传或传输文档，但也不能因此断定网络服务商一定在传输侵犯著作权的文档时存在过错。面对海量的文档，无论是网络用户还是网络服务商，尽管尽了文件传递中的小心谨慎义务，也难免出现侵权文档的情形。所以，利用一词不能排除行为人不知是侵权信息的情况，不能理解为网络服务商必定有过错。

二、电子商务平台侵权责任的构成要件

（一）侵权行为

侵权行为作为侵权责任的构成要件之一，是指行为人实施的、给受害人的民事权益带来损害的行为。侵权行为的方式可以是作为方式，也可以是不作为方式。作为方式较为常见，它是以积极的作为方式致人损害的行为；不作为方式较为特殊，它是以消极的不作为方式致人损害，前提是行为人负有特定的作为义务，并有能力实施这一特定的作为义务而未实施。

电子商务平台以作为方式实施侵权是指电子商务平台利用网络侵害他人的民事权益的行为。在虚拟环境下，侵害的民事权益包括人格权、知识产权以及其他财产权等。电子商务平台以作为方式实施侵权行为的主要情形包括利用技术手段攻击他人网络、窃取个人信息、盗窃银行账户资金、侵害网络虚拟财产、侵犯他人知识产权等。

电子商务平台以不作为的方式侵权的主要情形包括：（1）平台知道他人借助其提供的网络交易平台实施侵权行为而没有及时采取必要措施以防止损害结果扩大；（2）在接到被侵权人的通知后而未履行协助义务；（3）平台无法应消费者的要求，向其提供与其交易的商品销售者或者服务提供者真实的名称、地址和有效的联系方式；（4）平台明知或者应知

销售者或者服务者利用其平台侵害消费者合法权益,未采取必要措施的。电子商务平台没有履行法律赋予其的作为义务,电子商务平台的这种消极不作为义务与网络用户的积极侵权行为相结合致使权利人利益受损,因此,电子商务平台应承担不作为的侵权责任。

(二)损害后果

损害后果,又称损害事实,是指受害人的民事权益因他人的侵权行为而遭受的不利后果。损害后果是侵权责任中必不可少的构成要件之一,因为无损害后果的发生,则不构成侵权,侵权人亦不承担责任,也就是"无损害、无责任"。

电子商务平台的作为加害行为以及不作为加害行为均会在某种程度上造成权利人在人格权、知识产权或者其他财产权等方面的损失。在直接单独实施侵权行为时,电子商务平台应承担完全侵权责任;如果与其他行为人一起构成共同侵权时,电子商务平台应对被侵权人所遭受的损失根据过错大小承担相应的责任。在间接侵权情形下,电子商务平台接到被侵权人的通知后未采取措施而导致损害后果的扩大,以及知道网络平台上的侵权行为却放任损害结果的扩大,电子商务平台违反了作为义务,其应与实际侵权人一起承担相应范围内的连带责任。

(三)因果关系

因果关系主要是指侵权人的侵权行为和权利人遭受的损害后果之间的引起与被引起的关系。电子商务平台承担侵权责任应满足的条件是,其所实施的侵权行为和网络用户的利益受损之间存在因果关系。

在实践中,大多数情况不是由于网络用户实施了侵犯他人权利的行为,而电子商务平台的不作为导致了损害的发生或者扩大。电子商务平台和网络用户之间没有共同的故意,但是由于各自的侵权行为与损害后果有因果关系,因此,在这种情况下,电子商务平台承担的责任就应当按照其不作为所造成的损失或者损失扩大的程度进行判断,在没有造成被侵权人损失的情况下,电子商务平台不应当承担责任。

(四)过错

过错具体表现为故意和过失两种形式。故意是指行为人明知自己的行为会造成危害社会的结果而希望或者放任这种结果发生的主观状态。过失是指行为人应当预见到自己的行为会发生危害社会的结果,因为疏忽大意没有预见到或者虽然预见到、但是轻信能够避免的主观状态。

如何判断行为人是否有过错,我们可以从过错的主观判断标准和客观判断标准出发进行分析。主观说认为,通过行为人的心理状况确定其有无过错,可以从行为人是否能够预见或认识到行为的结果考察其是否存在过错;客观说认为,过错并非在于行为人的主观心理状态应受非难[①],无法从行为人的主观思想判断其是否存在过错,而是应该通过客观行为标准衡量行为人的行为来作出判断。主观说与客观说相比,主观说具有一定的局限性,因为主观认知的差异,每个人对行为后果的认知和预见能力各不相同,即使是同一个人,他

---

① 非难是指因过错而遭受的可谴责性、应负责任性和可罚性。

在不同的时空的认知和预见能力也可能不相同，而且准确判断行为人的主观认知和预见能力不具有可操作性。因此，客观说比主观说较为合理。

对于判断其过错的客观标准应当是：电子商务平台是否履行了注意义务，如果电子商务平台已经尽到了它所应当尽到的注意义务，那就不存在过错；反之，它就存在过错。在实践中，判断电子商务平台是否侵犯了权利人的权利，是否应当承担责任时，可以根据上述电子商务平台侵权责任的四个构成要件进行判断，如果符合侵权的构成要件则构成侵权，应当承担相应的责任。

第三节　电子商务平台的义务

一、作为网络内容服务提供者的义务

依照《全国人民代表大会常务委员会关于维护互联网安全的决定》《互联网信息服务管理办法》以及计算机信息系统安全保护条例和刑法等法律法规的规定，电子商务平台应履行以下义务：依照《互联网信息服务管理办法》的规定，平台应取得增值电信服务许可证，从事医疗保健、药品和医疗器械等特殊互联网信息服务，平台应依照法律、行政法规以及国家有关规定获得特殊许可。此外，平台应有与从事经营活动相适应的资金、专业人员、场地以及健全的网络与信息安全保障措施等。

依照规定的时限保存交易记录以及用户发布的信息，如保存当事人的身份信息直至服务合同终止或者履行完毕之日起不少于两年，保存交易信息至合同履行完毕之日起不少于两年。此外，平台应积极协助政府监督管理部门和司法机关查处网络商品交易及其相关违法行为，提供涉嫌违法者的登录信息、交易数据等相关资料。平台不得制作、复制、发布、传播违法信息，发现其网站传输的信息明显违法时，应当立即停止传输，保存有关记录，并向国家有关机关报告。接到主管部门删除或停止传输违法信息的通知后，平台及时采取消除等处置措施停止传输，保存有关记录。

违反上述义务，依照《治安管理处罚法》《互联网信息服务管理办法》以及《计算机信息网络国际联网安全保护管理办法》等有关法律、行政法规的规定，对平台处以责令改正、没收违法所得、罚款、停业整顿直至吊销营业许可证、关闭网站等行政处罚，构成犯罪的，依法承担刑事责任。

二、作为广告发布者的义务

根据国家工商总局发布的《互联网广告管理暂行办法》的规定，平台作为广告发布者具有以下义务。

（1）法律、法规规定禁止生产、销售的商品或者提供的服务，以及禁止发布广告的商品或者服务，平台不得发布广告。平台不得发布处方药和烟草的广告。医疗、药品、特殊

医学用途配方食品、医疗器械、农药、兽药、保健食品广告等法律、行政法规规定须经广告审查机关进行审查的特殊商品或者服务的广告，未经审查，平台不得发布。

（2）平台发布的互联网广告应当具有可识别性，显著标明"广告"字样，使消费者能够辨明。付费搜索广告应当与自然搜索结果明显区分。

（3）平台按照国家有关规定建立健全广告业务的承接登记、审核、档案管理制度，依据法律、行政法规查验有关证明文件，核对广告内容。

（4）未经当事人同意或者请求，不得向用户发送广告，不得在用户发送的电子邮件中附加广告或者广告链接，在站内发布、发送广告不得影响用户正常使用网络，以弹出等形式发布的广告，应当显著标明关闭标志，确保一键关闭。

（5）不得以欺骗方式诱使用户点击广告内容。平台明知或者应知利用其信息服务发布违法广告的，应当予以制止。

三、作为交易场所提供者的义务

电子商务平台作为交易场所的提供者，应维护交易系统的正常运行、按照用户的指示发布信息，保护站内经营者的商业秘密以及提供其所承诺的其他服务的义务。

拓展阅读 10.1
全国首例电商平台诉差评师"1元官司"案

电子商务平台应对交易场所进行管理：①平台对申请在其交易场所从事交易的用户，应审查该用户的资质（营业执照，许可证）、自然人的身份信息、联系地址和联系方式等。对于法人、其他经济组织或者个体工商户，应在其从事经营活动的主页面醒目位置公开营业执照登载的信息或者其营业执照的电子链接标识；对于自然人，应在其从事经营活动的主页面醒目位置加载证明个人身份信息真实合法的标识，同时标明经营地址、电话邮箱等有效联系方式。从而在用户实施侵权行为时，向权利人披露侵权人的身份信息，使权利人能够准确锁定侵权人，方便权利人维权。②对平台内禁止流通的物品和禁止提供的服务等信息，平台有义务通过关键词搜索等技术措施进行主动查找和处理。③在平台制定或修改的交易规则实施之前，应当在网站主页醒目位置公开征求意见，并应采取合理措施确保交易规则的利益相关方及时、充分知晓并征求站内经营者和用户的意见。在合同有效期内变更管理规则的，平台应当允许相关当事人自由退出，并赔偿站内经营者和用户所遭受的损失。平台拟终止提供网络交易平台服务的，应至少提前三个月在其网站主页面醒目位置予以公示并通知相关经营者和消费者，采取必要措施保障相关经营者和消费者的合法权益。④网络交易平台经营者应建立信息检查和不良信息处理制度，对于发现有违反法律法规和规章的行为，应向有关部门报告，并及时采取措施制止，必要时可以停止对其提供网络交易平台服务。同时，网络交易平台经营者还应积极配合监管部门依法查处相关违法违规行为。网络交易平台经营者应采取技术手段屏蔽侵犯知识产权和制售假冒伪劣等违法商品信息，及时排查隐患，处理违法违规行为，发现苗头性、倾向性、危害性严重的问题及时上报。

四、作为支付服务提供者的义务

平台提供支付服务时,根据我国《非金融机构支付服务管理办法》规定,其应依法取得《支付业务许可证》,并接受中国人民银行的监督管理。保障支付系统安全,因自身原因造成电子支付指令无法按约定时间传递、传递不完整或者被篡改,并造成客户财产损失的,应按约定予以赔偿。由于保管、使用不当,导致客户资料被泄露或篡改,平台应采取有效措施防止因此造成的损失,并通知和协助客户补救。他人假冒客户身份,盗取客户资金的,平台应积极配合客户查找原因,尽量减少客户损失。客户发现自身未按规定操作,或由于自身其他原因造成电子支付指令未执行、未适当执行、延迟执行的,应在协议约定的时间内,按照约定程序的方式通知平台,平台接到通知后应积极调查并告知客户调查结果。平台发现因客户造成电子支付指令未执行、未适当执行、延迟执行的,应主动通知客户改正或配合客户采取补救措施。因不可抗力造成电子支付指令未执行、未适当执行、延迟执行的,平台应采取积极措施防止损失扩大。

拓展阅读 10.2

全国首例电商平台诉"刷手"案

第四节 我国电子商务平台责任的立法

一、我国电子商务平台责任立法概述

我国相关立法主要是《侵权责任法》第 36 条和《消费者权益保护法》第 44 条。此外,我国《信息网络传播权保护条例》和《最高人民法院关于审理涉及计算机网络著作权纠纷案件适用法律若干问题的解释》《电信条例》《互联网信息服务管理办法》《广告法》《食品安全法》等也有相关规定。

我国《电信条例》第 62 条规定:"在公共信息服务中,电信业务经营者发现电信网络中传输的信息明显属于本条例第 57 条(九不准)所列内容的,应当立即停止传输,保存有关记录,并向国家有关机关报告。"我国《互联网信息服务管理办法》第 15 条规定:"互联网信息服务提供者发现其网站传输的信息明显属于'九不准'所列内容之一的,应当立即停止传输,保存有关记录,并向国家有关机关报告。"我国《食品安全法》第 73 条第 2 款:"网络食品交易第三方平台提供者发现入网食品经营者有违反本法规定的行为的,应当及时制止并立即报告网络食品交易第三方平台提供者所在地县级人民政府食品药品监督管理部门;发现严重违法行为的,应当立即停止提供网络交易平台服务。"2007 年我国《关于加强网络文化建设和管理的意见》明确提出"谁经营谁负责、谁办网谁负责"。

二、通知规则

1998 年,美国《数字千年版权法案》中首次确立"避风港"原则,也被称为"通知—取下"

规则。① 根据该规则，网络服务提供商如果只是提供空间服务，不发表网页内容，则在被侵权人向其发出符合规定的通知后，负有删除该网页内容的义务。如果网络服务提供者履行了删除义务，对侵权内容及时处理，就应视为尽到了合理的注意义务，因此被免除责任。那么，如果侵权内容既不在网络服务提供商的服务器上存储，又没有被告知哪些内容应删除，则网络服务提供商不承担侵权责任。

在美国《数字千年版权法案》的影响之下，我国《侵权责任法》第36条第2款规定："网络用户利用网络交易平台实施侵权行为的，被侵权人有权通知网络服务提供者采取删除、屏蔽、断开链接等必要措施。网络服务提供者接到通知后未及时采取必要措施的，对损害的扩大部分与该网络用户承担连带责任。"此条被学界称作"通知—删除"规则，也称为"通知规则"。"通知规则"规定电子商务平台应该在接到被侵权人的通知后进行审查，认为构成侵权的，应采取删除等措施，阻止其他网络用户访问侵权信息，避免造成更大的危害后果。如果对被侵权人的通知置之不理，不积极审查通知内容是否构成侵权，对于这种不作为方式，一旦认定网络用户侵权，那么，电子商务平台则要承担连带责任。"通知规则"对于保障权利人的利益，起到了积极的作用。

（一）间接侵害他人权益

我国《侵权责任法》第36条第2款是对网络服务商承担间接侵权责任的规定。所谓间接侵权责任，是指行为人的违法行为没有直接作用于受到侵害的权益，其作用仅仅是为他人侵害合法权益提供条件。即使电子商务平台没有直接实施侵权行为，只要接到被侵权人的通知，电子商务平台就有义务协助被侵权人对网络用户的侵权行为采取一定的措施，如果没有及时采取措施，就要承担相应的责任。

（二）通知

1. 通知的内容

一般认为，被侵权人向电子商务平台发出的通知至少应该包括以下内容。

（1）被侵权人的身份证明。比如，被侵权人的姓名或者名称、联系方式和地址等信息，以及能够证明被侵权人信息的证件等材料。

（2）侵权事实和网络地址。有学者认为，网络系统中每天出现的侵权信息数以千万计，如果要求被侵权人逐一查明数以千万计的网络地址，会导致极不合理的维权成本以及资源的浪费，因此可以借鉴美国《数字千年版权法案》规定，被侵权人只需提供"被侵权的作品"和"要求删除或断开的侵权内容"，侵权通知中不需要包括具体的网络地址，只需要提供足以使电子商务平台寻找到侵权内容的具体线索。

（3）满足侵权构成要件的证明材料。侵权的事由、构成侵权的理由、网络用户侵犯了被侵权人的何种权利，以及作为享有该种权利的权利人的资质证明等。

（4）要求采取的措施。比如，被侵权人要求电子商务平台对侵权内容采取删除、屏蔽还是断开链接的措施。

（5）被侵权人应当提供财产担保。在难以认定通知中的侵权事实是否属实、侵权行为

---

① 资料来源：避风港原则[EB/OL]. https://www.taodocs.com/p-58940677.html.

是否成立时，电子商务平台应通知人的要求采取必要措施后可能陷入对真实权利人侵权的风险，由此，法律可以赋予电子商务平台要求被侵权人提供担保的权利，以便约束被侵权人承担因错误通知而导致的赔偿责任。但是，电子商务平台不应设置过高担保，从而增加被侵权人的维权成本，可以考虑在采取必要措施可能造成的损害的基础上，要求提供相应金额的财产担保。如果被侵权人发出的通知不能满足上述条件，则可以认为，被侵权人没有发出有效通知，电子商务平台可以不采取相应措施。

2. 通知的形式

我国《侵权责任法》第 36 条未明确规定通知的形式，从条文的文义上看，通知的形式应不限于书面形式，口头通知也应当是有效的通知。

有学者认为，通知的形式应仅限于书面形式，原因如下：①书面通知有利于规范被侵权人的举证责任，促使被侵权人积极准确地行使权利，与此同时，也有利于防止基于恶意的不实通知；②借鉴我国《信息网络传播权保护条例》第 14 条规定，通知书应当是书面形式；③口头通知不利于证据的保存。在举证证明上，也不利于被侵权人足以证明自己已经以合理的形式将侵权事实通知了电子商务平台。所以，应尽可能采用书面通知，不宜采取口头通知方式。书面通知具体包括纸面的通知、电子邮件的通知以及传真的通知等。对于是否已经尽到通知的义务而产生争议的情况下，被侵权人应收集相关证据，证明其已经通过合理的方式履行通知的行为。

（三）侵权行为的判定

我国《侵权责任法》第 36 条第 2 款规定，网络服务提供商在接到被侵权人的侵权行为通知后应当及时采取必要措施。但是，电子商务平台履行这一法定义务的条件是什么？如何判定侵权行为？是由法院进行判定，还是由电子商务平台进行判定？这些都不太清楚。

有学者提出，从字面上理解，"被侵权人"在通知前就是确定的，即网络用户利用网络实施侵权行为的侵权责任是已经确定的。既然是已经确定的，就应该是经过法院判决确认的侵权事实和侵权责任等，网络服务提供者应根据法院的判决书而采取必要措施。如果没有法院的判决书，网络服务提供者就没有采取必要措施的义务。

也有学者认为，电子商务平台以法院的判决书为依据来决定是否采取必要措施不太合理。因为，从被侵权人向电子商务平台发出通知到法院作出最终生效判决可能需要很长的时间，在作出判决前，如果只能放任网络用户的侵权行为继续存在，放任危害结果的继续扩大，对被侵权人的权利保护非常不利。而且，我国《侵权责任法》第 36 条第 1 款明确规定电子商务平台是在接到被侵权人的通知而不是法院的判决书后采取措施。因此，电子商务平台要对该网络用户的行为是否构成侵权进行判断，判断之后，做出采取或者不采取必要措施的决定。如果电子商务平台判断网络用户构成侵权且及时采取删除等措施，而事实上此时网络用户的行为也构成侵权时，就可以免除电子商务平台的责任。反之，如果电子商务平台认为网络用户的行为不构成侵权，可以不采取必要措施，但是，如果网络用户的行为构成侵权，电子商务平台因未采取必要措施造成侵权损失的，就应该承担连带责任。

（四）反通知

如上所述，电子商务平台采取必要措施的条件是被侵权人的通知，电子商务平台需要对此进行初步判断。但电子商务平台的判定不是侵权行为是否成立的最终认定标准。侵权行为最终是否构成,仍然取决于法院确认侵权内容的最终判决书。

"删除"并不是电子商务平台的强制义务,其可以在接到通知后选择"删除"进入避风港的保护,也可以选择不相信通知而不"删除",是否"删除"的选择权在于电子商务平台。为了避免因为采取删除等措施而承担责任的风险,电子商务平台在无法判断通知内容的真实性,网络用户是否构成侵权时,它可以向网络用户公布自己所接到的通知,要求网络用户提供反向证明材料,证明其有权发布该信息并且未侵犯相关权利人的利益。之后,电子商务平台可以对被侵权人和网络用户提供的证明材料进行比较、审查和判断,在此基础上,更准确无误地做出是否采取相应措施的决定。当被侵权人要求电子商务平台采取必要措施,而电子商务平台拒绝采取必要措施时,被侵权人可以直接起诉至法院,由法院作出判决,法院的裁判文书对电子商务平台有强制执行力;当网络用户认为电子商务平台采取的措施损害其合法权利时,网络用户也可以直接起诉至法院,要求电子商务平台恢复信息以及赔偿损失。因此,网络用户可通过反通知规则来遏制滥用"通知规则"的行为。如果被采取必要措施的网络用户认为其行为没有侵犯他人合法权益,则可以采取"反通知规则",即在网络用户证明其不存在侵权行为的情况下,要求电子商务平台恢复信息,并且要求"被侵权人"承担赔偿责任。

三、"红旗"规则

"红旗"规则,就是指如果网络用户实施侵权行为的事实十分明显,像一面鲜红的旗帜在网络服务提供商的面前公开飘扬,以至于任何一个处于相同情况下的理性人都能够意识到侵权行为的存在,即使网络服务提供商没有收到被侵权人的通知,以及装作没有发现侵权事实,网络服务提供商仍然会因为没有及时发现并制止侵权行为而承担相应的责任[①]。美国《数字千年版权法案》中规定了"红旗标准"。我国《侵权责任法》第36条第3款的规定以及《消费者权益保护法》第44条第2款的规定,通常被称作"红旗"规则。我国《侵权责任法》第36条第3款属于一般规定,《消费者权益保护法》第44条第2款属于特别规定。

(一)侵权责任的性质

1. 连带责任

我国《侵权责任法》第36条第3款规定:"网络服务提供者知道网络用户利用其网络服务侵害他人民事权益,未采取必要措施的,与该网络用户承担连带责任。"根据该款规定,即使没有收到受损的通知,只要电子商务平台通过日常监控等方式知道平台上存在侵权行为,电子商务平台也应当采取必要措施防止损害的进一步扩大,否则,电子商务平台将被认定为未尽到注意义务,应与侵权行为人承担连带责任。

有学者认为,我国《侵权责任法》第36条规定侵权人与电子商务平台的连带责任,是为了向被侵权人提供充分救济,该条规定在立法思想和理论基础上都有所突破,体现了一定的创新。

---

① 资料来源:"红旗原则"和"避风港原则"的实质探析[EB/OL]. https://www.xzbu.com/3/view-4744996.htm.

也有学者认为，该条过于追求实用，忽视了法律的基本原理和逻辑。将电子商务平台不采取必要措施的行为认定为帮助侵权，并要求其与用户承担连带责任不太合理。首先，因为帮助行为通常为积极的作为，对于消极的不作为，只有在不作为者具有作为义务并与直接实施侵权行为的人具有共同故意的情形下，才属于帮助行为。消极不作为只有存在共同故意时，即帮助人故意地提供条件或便利，且主观上有追求侵害他人权益行为发生的目的，才构成帮助侵权。事实上，电子商务平台通常不具有侵权的故意，未删除侵权信息这种消极的不作为行为，往往是因为平台无法主动查找到该侵权信息，并非故意为之，但平台也未实施帮助行为。其次，平台与直接侵权人之间不存在共同的故意，亦无意思联络，网络服务提供者的侵权行为与网络用户的侵权行为无关，网络用户构成侵权是因为其实施了侵害民事权益的行为，而网络服务提供者构成侵权是因为其未履行"采取必要措施"的法定义务。因此两者的侵权责任应是相互独立的两种责任，平台与直接侵权人之间没有连带的必要。电子商务间接侵权并非是帮助侵权，而是未履行"采取必要措施"的法定义务的一种消极不作为侵权，电子商务平台的间接侵权责任是一种独立责任。

2. 附条件的不真正连带责任

我国《消费者权益保护法》第44条第1款规定："消费者通过网络交易平台购买商品或者接受服务，其合法权益受到损害的，可以向销售者或者服务者要求赔偿。网络服务者不能提供销售者或者服务者的真实名称、地址、有效联系方式的，消费者也可以向网络交易平台提供者要求赔偿；网络交易平台提供者做出更有利于消费者的承诺的，应当履行承诺。网络交易平台提供者赔偿后，有权向销售者或者服务者追偿。"

根据该条规定，如果消费者通过网络交易平台购买商品或接受服务时受到损害，原本应当由销售者对商品造成消费者的损害承担赔偿责任，但是由于网络交易平台提供者不能提供销售者的真实名称、地址和有效联系方式，致使消费者无法找到销售者的时候，网络交易平台提供者就要承担连带责任，网络交易平台在承担赔偿责任之后可以向销售者追偿；或者网络服务者作出先行赔付承诺的，消费者可以直接请求网络服务者承担连带责任。此种责任被称为附条件的不真正连带责任。

有学者认为，对于消费者通过电子商务平台购买商品的行为要求平台承担附条件的不真正连带责任是合理的。但是，将该条适用于消费者通过电子商务平台接受服务受到损害的救济则不合适。因为消费者通过电子商务平台购买商品和接受服务，在法律关系上并不相同。

在网络交易平台上购买商品，主要的交易行为都是在网上进行的，即线上交易，当消费者决定购买销售者提供的商品后，将货款付给网络交易平台提供者，将货款储存在支付宝之类的网络账户，销售者将购买的商品通过物流公司寄交给消费者，消费者收到商品后，网络交易平台提供者才将暂存的货款支付给销售者，交易行为至此终结。在这种线上交易中，电商即提供商品的销售者与消费者并不见面，交易行为分别通过网络交易平台提供的信息流、资金流和物流的协作完成。如果电子商务平台提供者是为消费者提供服务的话，则通常是消费者下单，服务者需要直接与消费者见面并提供服务，然后通过线上支付系统支付价金，结束服务交易。服务合同的主要履行方式是提供相应的劳务，消费者受领的服务也是服务者的服务行为。服务者与消费者不见面，就不能完成服务行为的履行与受领。例如，专车服务或者优步提供的交通服务，如果没有服务者当面对消费者进行机动车交通服务，则不可能构成网络服务行为。从逻辑上说，对于消费者购买商品和接受服务适用同一种规则救济消费者损害是不适当的，因为造成损害的行为不同，救济规则应当有所不同。此外，消费者通过网络交易平台购买商品或者接受服务受到损害，与通过传统交易平台即展销会或者租赁柜台购买商品或者接受服务受到损害也有区别。传统交易平台的利用是有偿的，即付租金租赁柜台或者出资参加展销会；而利用网络交易平台进行交易，绝大多数或者基本上是无偿提供，销售者和服务者无须支付租金，就可以在网络交易平台上进行交易。

因此，应区别行为的性质作出不同的规定。对于消费者通过网络交易平台接受服务的责任应当另行确定责任承担规则，应当确定更为准确、更能够使消费者、服务者以及网络交易平台提供者三者之间利益平衡的法律规则，更好地保护好消费者的权益，保护好网络交易平台提供者以及服务者的合法权益，促进网络交易发展，推动社会经济繁荣。

（二）知道

根据我国《侵权责任法》第36条第3款，电子商务平台知道网络用户利用其平台实施侵权行为时，未采取必要措施避免损害的发生或者扩大，则应对被侵权人的损害承担连带责任；根据我国《消费者权益保护法》第4条第2款，平台明知或者应知销售者或者服务者利用其平台侵害消费者合法权益，未采取必要措施的，依法与该销售者或者服务者承担连带责任。前者使用的词语是"知道"，后者使用的词语是"明知"或"应知"。

从字面语义来看，"明知"应当是能够证明行为人明确知道，故意而为。"应知"赋予电子商务平台严格责任，要求平台经营者对平台中的行为负有应该知道的义务，要求其承担事先审查的义务，加重平台的负担，更好地保护消费者的合法权益。"知道"是指行为人客观上已经知道，主观上并不积极追求侵权后果的发生，基本属于放任的主观心理状态。

在法律对"知道""明知"或"应知"没有明确规定的情况下，"红旗标准"从一个理性第三人的角度对是否构成侵权的判断，具有一定的合理性。然而，"红旗标准"只是从主观角度进行的判断，仍具有一定的局限性。目前，法律对判断电子商务平台"是否知道、明知或应知"网络用户利用其平台实施侵权行为的标准没有作出明确规定。在司法实践中，法官对判断电子商务平台是否"知道"拥有一定的自由裁量权，法官根据电子商务平台的地位、提供平台的类型、侵害的对象、损害结果等各方面因素对案件进行综合判断，这就可能对同一案件在不同的时间有不一样的判断结论，导致在法律适用上存在不一致的情况。因此，将"红旗"规则标准客观化，在具体案件的裁判过程中，可以起到一定的参考作用。无论是"知道"还是"明知""应知"，都只是内在的心理状态，如果将"注意义务"与主观心理状态联系在一起，从客观方面进行衡量，则更有利于案件的公正裁决。

拓展阅读10.3
"滴滴"平台服务合同案

（三）注意义务

1. 形式上的资格审查义务

网络交易平台提供商应对在其交易平台上的用户尽到资格上的形式审查义务，以十分谨慎的态度确保平台销售方的真实性和合法性。在网络交易平台提供商控制范围内，其可以通过身份证认证等方式对用户注册信息的真实性进行形式审查，身份证认证可以在一定程度上抑制一部分人的投机心理；同时，在权利人发现用户实施侵权行为时，平台能够及时确定侵权人，提供侵权人的身份资料，确保平台销售方的真实性、合法性，保障买方的利益。电子商务平台无法像工商、质检、专利局等专业机构那样进行专业性审查，只能从形式上审查是否合法有效。比如，在身份证认证中，淘宝网主要采取网上在线传送电子版身份证明，核实该身份证确实存在，非伪造、变造，但是该身份证是否是通过不正当途径获得，则不作审查。

此外，在网络交易平台销售方的经营过程中，可能相关资质已经取消或者授权期已届满，平台销售方失去销售相关商品的权利和资格，如果继续销售将对合法权利构成侵权。因此，网络交易平台提供商还应尽合理谨慎的义务定期查验平台销售方的经营凭证、授权期限、资质证明等；同时，在法律允许的情况下，对相关经营资质进行公布，以便网络用户了解销售方的具体情况。

2. 协助义务

在一般情况下，网络交易平台提供商拥有用户的注册信息，并且网络交易记录会储存于网络交易平台提供商的服务器中。因此，被侵权人一旦发现有网络用户在网站上侵犯其权利时，网络交易平台提供商应积极协助被侵权人或司法机关，提供网络用户的注册资料、网络用户上传的侵权内容以及网络交易记录等证明材料，以便被侵权人进行追偿。网络交易平台提供商如不积极协助，将承担相应的法律责任。网络交易平台提供商保存在其平台上发生的网络交易的相关信息、记录以及资料，从交易完成之日起的保存时间不得少于3年，因此，赋予网络交易平台提供商履行协助调查义务是可以实行的。

3. 信息监管义务

网络交易平台提供商虽然不对网络平台上的所有信息承担事前审查义务，但是，当从一个理性第三人的角度都能发现网络平台上的侵权行为时，网络交易平台提供商应承担网络平台上的事后信息监管义务。这种信息监管义务体现在网络交易平台提供商通过网络技术自身发现侵权行为以及"举报审查方案"方面。前者是指在被侵权人未通知网络交易平台提供商的情况下，网络交易平台提供商凭借网络技术手段发现明显的侵权信息，并且及时采取删除、断开链接等措施，履行其信息监管义务。由于网络交易平台提供商法律判断能力有限，其信息监管义务只能限制在一定范围内。比如，在合理的时间内删除包含侮辱或者诽谤等明显违法的可能给权利人造成危害后果的字句、段落和信息，审查的主要对象只是字词本身而非具体内容，并且判断标准是一般公众的识别能力，而不是专业人士或专家的鉴别能力。

4. 保密义务

网络用户在使用网络交易平台时，其在注册、身份认证和网络交易过程中，网络交易的信息就存储于网络交易平台提供商的服务器中，与此同时，网络交易平台提供商就有了保护网络交易各方信息隐私的义务。（1）网络交易平台提供商必须采取合理有效的措施妥善保管交易当事人的资料，避免遗失或被他人以非法手段获得。在传统的纸质贸易中，交易双方一般通过邮寄信件或者发送商业报文的方式保守商业机密。网络购物是建立在一个较为开放的网络环境上，防止泄密是电子商务安全保障的重要内容，其内容是预防非法的信息存取和防止信息在传输过程中被非法窃取。（2）除了网络交易方的授权、司法机关要求协助以及法律、行政法规的规定外，网络交易平台提供商不得使用、修改、销毁、转让或销售网络用户信息、交易记录等资料。对于网络交易当事人未公开的信息交流、交易记录，除了该信息涉及侵害第三人利益及公共利益外，网络交易平台提供商不得基于其他原因采取不正当方法公开、利用其信息。（3）网络交易平台提供商如要搜集和使用网络交易当事人信息，必须履行如实告知义务，应明确告知其隐私权保护政策、数据搜集的内容和用途，获得网络交易当事人同意后，应当以正当的方法进行搜集和使用。

本章小结

电子商务离不开网络服务提供者，离不开电子商务平台，它们在整个网络商务活动中起到通信基础设施以及商务环境和秩序建设者的作用。伴随着电子商务的快速发展，平台上出现了越来越多的违法和侵权行为，给权利人带来巨大损失。作为为平台用户（包括经营者和消费者）提供服务的私主体，电子商务平台应该扮演怎样的角色，应该承担怎样的义务和责任，是电子商务纵深发展面临的重要法律问题。基于此，本章对电子商务平台的含义和类型、电子商务平台侵权责任的认定、电子商务平台的义务以及我国电子商务平台责任的立法进行了深入探讨。

复习思考题

1. 简述电子商务平台的类型。
2. 简述电子商务平台侵权责任的构成要件。
3. 简述电子商务平台的义务。
4. 简述我国的通知规则和红旗规则的内容并加以评述。

在线测试题

扫描书背面的二维码，获取答题权限。

第十一章
电子商务纠纷解决

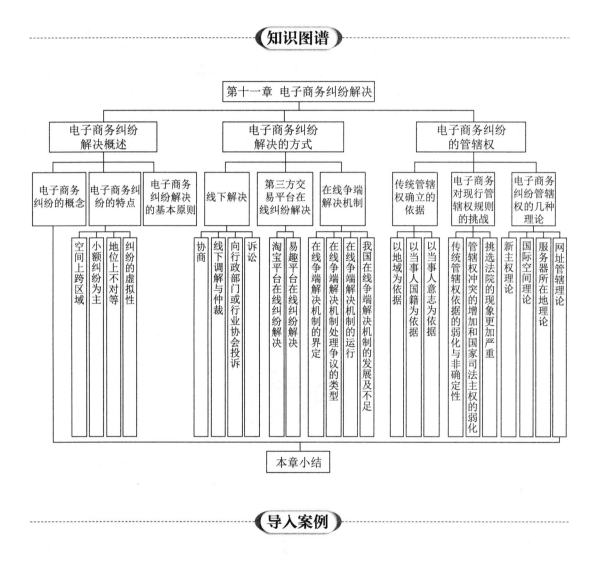

北京市第四中级人民法院互联网民商事审判十大典型案例之六：

吴某与某电子商务有限公司网络服务合同纠纷案

基本案情：吴某在某电商平台购买了该平台会员服务，获得商品价格优惠等专属权益，会员期限为一年。期间，吴某的账号多次出现异常无法下单购买平台实物商品，其向平台客服寻求帮助，但平台未能查明账户异常原因且未能提供有效解决方案，致使吴某在会员有效期内享有的相应权益未能得到实现和满足。后来，吴某以该平台为被告提起诉讼，请求若电商平台构成欺诈，则判令支付经济赔偿金500元；若不构成，则判令赔偿500元损失。

裁判结果：一审判决认为，吴某在某电子商务有限公司所有的平台购买会员服务，与该公司建立了网络服务合同法律关系。平台一方应依承诺在会员服务有效期内确保会员享有相应权益。平台行为虽不构成欺诈，但已构成违约，最终判决平台承担相应违约责任。

二审判决：驳回上诉，维持原判。

裁判要旨：当事人对自己提出的诉讼请求所依据的事实或者反驳对方诉讼请求所依据的事实，应当提供证据加以证明，但法律另有规定的除外。在作出判决前，当事人未能提供证据或者证据不足以证明其事实主张的，由负有举证证明责任的当事人承担不利的后果。平台为网络服务系统的控制方，对系统不能下单原因的举证具有更强的技术优势。在网络服务合同的用户方对自己不能下单的事实承担了初步举证责任后，就不能下单原因的举证责任转移至平台一方，在系统中用户账号异常原因不能查明时，平台未能作出合理解释的，应承担举证不能①的法律后果。

典型意义：电子商务平台在推出有偿会员服务后，用户购买会员即已与平台建立了网络服务合同关系。电商平台负有确保用户在其开发的操作系统及平台上能够正常购买商品的合同义务，且其作为电子商务经营者，与用户相比具有更强的技术优势，应当从技术手段上确保用户在其平台上顺利开展交易活动。因此，在用户账户发生未知异常时，平台负有积极利用技术手段排查问题、通知用户并尽快采取必要措施使用户账户恢复正常的义务。作为用户一方，也应树立维权理念和存证意识。当发生有损于自身权益的情况时，除了积极协商解决以外，同时还要及时固定证据。具体到本案，当用户对自己不能下单的事实，通过手机录屏的方式完成了初步举证责任，最终将举证责任转移给具有技术优势的平台系统控制方。本案除了提示消费者在维权中要有存证意识，更重要的意义在于警示电商平台，作为具有技术、资源等优势的一方，理应守住履约底线，提升技术水平，增强用户体验感，以此促进平台与消费者之间的长久良性合作。

资料来源："北大法宝"中国法律信息总库.北京市第四中级人民法院互联网民商事审判十大典型案例之六：吴某与某电子商务有限公司网络服务合同纠纷案 [EB/OL]. https://www.pkulaw.com/pfnl/a6bdb3332ec0adc4618d69caa77f250565ffe419bb1a2d55bdfb.html，2020-10-22.

第一节　电子商务纠纷解决概述

当前可供选择的解决电子商务纠纷的方式主要有协商、诉讼、调解、仲裁、投诉、第三方平台在线处理以及在线争端解决机制（online dispute resolution，ODR）。在线争端解决机制以其公平、快捷、低成本以及高度保密性成为当前普遍推崇的电子商务纠纷解决方式。

---

① 举证不能是指当事人不能向人民法院提供能够证明其诉讼主张的证据的情形。

一、电子商务纠纷的概念

电子商务纠纷，是指当事人通过互联网进行在线交易的过程中产生的纠纷。电子商务纠纷从性质上来看是一种民事纠纷，其交易主体具有平等地位；双方的交易虽然在网上进行，但交易的内容与传统的民事交易并无不同；电子商务纠纷一般以合同纠纷、侵权纠纷等民事纠纷的形式出现，同一般的民事纠纷并无差异。因此，电子商务纠纷解决机制也应当是一种民事纠纷解决机制。同时，由于电子商务纠纷是一种网上纠纷或线上纠纷，其交易主体是互不相识的网民，交易中信息的传递、合同的订立，甚至合同的履行都在网上进行，纠纷发生后，证据的收集以及消费者纠纷的处理也一般在网上进行，电子商务的这一特殊之处也是电子商务纠纷解决机制必须充分考虑的重要因素。

二、电子商务纠纷的特点

电子商务纠纷虽然本质上属于民事纠纷的范畴，其解决方式也可以比照民事纠纷的解决机制进行，但由于电子商务纠纷的产生、发展、结束一般都在网上进行，它便具有了自己本身的一些特点，这些特点对当前电子商务纠纷的解决提出了许多新要求，决定了电子商务纠纷的解决不能完全同民事纠纷一样。电子商务纠纷主要有以下几个特点。

（一）空间上跨区域

互联网是一个全球性的网络，全球任何地方的任何人只要有一台电脑，能够顺利接通网络，就可以与其他地方的任何人进行信息的交流和贸易的往来。因此，电子商务纠纷具有空间上的跨区域的特点，其常常会出现在相隔较远甚至是跨国的主体之间，涉及世界任何国家和地区，发生在不同的法律效力空间范围和司法管辖范围。空间上的跨区域性使纠纷的解决不可避免地涉及管辖权的确定、实体法选择、管辖争议裁决的效力和执行等问题。电子商务纠纷的解决必须协调好各国司法管辖权和法律适用问题，同时也决定了其对纠纷解决机制效率和便利性的高要求。

（二）小额纠纷为主

当前电子商务纠纷主要以小额纠纷为主。从我国电子商务的总体类型上来看，B2C电子商务以及C2C电子商务的交易数量是目前我国各类型电子商务中最大的两类，这两类电子商务所产生的纠纷数量也是电子商务纠纷数量中最大的，而这两类电子商务纠纷通常都是小额纠纷。电子商务购物中消费者以购买数额较低的物品为主的这一特征决定了电子商务纠纷涉及的数额也不会太高。

（三）地位上不对等

尽管从民事法律关系角度讲，交易双方地位是平等的。但在实际生活中，为满足个人生活需要而以购买、使用商品或接受服务等方式进行消费的消费者，通常是以个体的形式出现的。以个体形式出现的消费者讨价还价的地位明显低于生产商和服务商，所以在消费法律关系中，双方当事人的地位在实质上是不平等的。在网络交易环境下这种不平等性显得尤为严重,并集中体现在双方信息的不对称性。现实生活中购买商品一般是交易双方面对面"一手交钱,一手交货"的形式,消费者可以对货物的外形、质量、数量等基本情况、经营者的地址和经营情况作直观的了解,一旦发生纠纷,可以直接到经营者的经营店面要求处理协调。但是在网络环境下,销售者一般只是通过图片对商品进行展示,配以文字对其性质进行说明,并告知消费者付款渠道,消费者只能通过销售者发出的图片或者相关的文字介绍对产品进行大致的了解,对经营者的信息了解更是有限,一旦发生买卖纠纷,责任主体很难确认,维权能力和效果更是有限。

(四)纠纷的虚拟性

电子商务纠纷的虚拟性包括交易主体的虚化和证据的电子化。在电子商务环境下,交易双方通过虚拟的身份仅靠聊天、图片等数字化的信息达成交易,买卖双方对彼此的了解甚少,在完全数字化的状况下,一旦发生纠纷,交易主体的虚化与证据的电子化将会导致相关事实的证明存在较大困难:一是双方当事人身份的查明;二是对买卖双方订立的合同,包括标的、质量、数量、违约责任、解决争议的方法及售后服务等约定的证明;三是货款支付凭证等重要证明的获取,因为销售商通常不随产品开具收款凭证给消费者。

三、电子商务纠纷解决的基本原则

"争议解决的机构和争议当事人应遵循保护交易、促进电子商务发展、维护消费者合法权益、维护公平有序的市场秩序的原则,公正、高效地解决当事人之间的纠纷。"[①]电子商务主体之间信息的不对称以及电子商务纠纷的虚拟性,决定了电子商务交易中消费者一方的弱势地位,因此在寻求电子商务纠纷解决方式的过程中,应当充分保护消费者的合法权益,这是保证社会公平的要求,也是促进电子商务继续保持良好发展势头的必然要求。电子商务纠纷的跨国特点以及其交易标的的数额较小的特点,促使电子商务纠纷的解决除了要求公正之外,更要注重纠纷解决的效率问题。在线争端解决机制等电子商务纠纷解决的新模式的主要特点就是克服了传统民商事纠纷解决机制时间长、效率低和不方便的弊端,这也是在线纠纷机制适应电子商务发展要求,受到越来越多人推崇的重要原因。

第二节 电子商务纠纷解决的方式

电子商务纠纷属于民事纠纷,传统民事纠纷的解决方式,如协商、调解、仲裁、诉讼也同样适用于电子商务纠纷的解决。但由于电子商务纠纷具备了与传统民事纠纷不同的一些新特点,对纠纷解决的效率、成本、便利性和保密性等方面都提出了较高要求,协商、调解、仲裁和诉讼等传统方式常常不能满足电子商务纠纷解决的要求。电子商务的纠纷解决机制应当是多元化的,针对不同类别的纠纷,不同的解决机制各有优势,有必要通过立法构建适应电子商务特点的、多元化的纠纷解决机制。

---

① 资料来源:熊英,贺明星.电子商务纠纷解决机制研究及立法建议[J].电子商务监管,2015(2):22-26.

一、线下解决

（一）协商

协商是指在没有第三方的参与下，完全由争议的双方当事人自行协商，相互谅解以达成协议，从而解决纠纷的一种方式。"协商是解决当事人之间纠纷最好的方式，它一方面能够解决当事人之间的纠纷，另一方面又能维持他们之间的友好合作关系。"但通过协商解决电子商务纠纷也会存在缺乏协商平台，双方当事人会面成本高、不够便捷的弊端。

（二）线下调解与仲裁

替代性争议解决方式（ahemative dispute resolution，ADR）又称为选择性争议解决方式，是指除诉讼以外的其他各种解决争议的办法或技术的总称，主要包括传统的仲裁、法院附属仲裁、建议性仲裁、调解仲裁、调解、微型审判、简易陪审审判、中立专家认定事实等。其中，最常用的两种方式是：仲裁与调解。

1. 线下调解

调解通常被理解为一种由第三人，即调解人或调解员介入，帮助当事人通过谈判达成决定的程序或方法。调解的特点主要有：调解是在中立的第三人的介入下进行的，这是与和解的主要区别；调解必须以当事人的自愿为前提，双方就争议相互妥协与让步；调解达成的协议不具有法律强制性。调解的优势在于在中立的第三人的协调下，使当事人能够尊重与考虑对方的利益需求与合理期待，相互协调，各取所需，实现互赢。但在针对电子商务纠纷的解决方面调解还存在不足。

我国当前除诉讼外的调解制度主要包括行政调解和人民调解。人民调解制度针对的主要是普通民事纠纷，并非商业争端。因此，在涉及商业争端的电子商务纠纷时，人民调解制度显得爱莫能助；电子商务纠纷具有跨国性，而人民调解需要双方会面，也未利用现代技术通过互联网进行线上调解，不能满足电子商务纠纷解决的高效、便捷要求。为了适用电子商务纠纷解决的要求，可以尝试引入中立性、专业性的商事调解机构和行业调解机构作为电子商务纠纷调解的主要平台。此外，在未来完善调解制度时也要注意，调解组织调解纠纷必须以纠纷当事人自愿为前提，不能强迫。而且在调解过程中，当事人也可拒绝调解。不同的商事调解组织，其性质、规则有所不同，构建多元化的纠纷解决机制，应尊重当事人选择，接受相应机构的调解规则并受其约束，但是调解机构制定的调解规则不得违背国家法律法规。

行政调解具有权威、高效的特点。我国《商标法》第60条规定，对商标侵权纠纷可以请求工商部门处理并进行调解。工业和信息化部于2011年发布了《互联网信息服务市场秩序监督管理暂行办法（征求意见稿）》，这些都可以成为在电子商务法中规定政府机关介入调解的参考依据。但是，如果行政调解使用不当，也会演化为行政干预，因此政府机关介入调解依然应遵循自愿的原则。此外，只有对社会有严重影响的事件，政府机构才能主动介入调解。

2. 线下仲裁

仲裁是根据当事人的合意，把基于一定的法律关系而发生或将来可能发生的纠纷的处理委托给法院以外的第三方进行裁决的纠纷解决制度或方法。仲裁必须有当事人签订的仲裁协议，仲裁协议必须指明由某个具体的仲裁机构仲裁，否则不具有法律效力。仲裁裁决具有终局性与可执行性，一方不履行仲裁裁决的，另一方可以申请法院强制执行。

与一般民商事仲裁相比，电子商务仲裁在我国发展尚不成熟。首先，仲裁适用的领域有限，只适用于平等主体的公民、法人和其他组织之间发生的合同纠纷和其他财产权益纠纷，一般只解决大额的网络民事纠纷。其次，仲裁缺乏连带性，仲裁的基础源于当事人的合意，仲裁不得将第三人纳入裁判程序，这使得仲裁在某些时候显得僵化。最后，虽然可以减少诉讼费等费用支出，但是当事人的会面成本仍然很高，导致纠纷解决成本大于收益。为了适应电子商务发展的要求，当前存在一些法定的仲裁机构在网上进行仲裁，这种仲裁形式区别于在线争端解决机制中的在线仲裁，它实质上是传统仲裁在网络环境中的一种运用。

（三）向行政部门或行业协会投诉

投诉也是解决纠纷的常见方式。当事人之间发生电子商务纠纷，可以向有关行政部门、行业协会等机构投诉。当纠纷一方为消费者时，消费者可以向消费者协会投诉。消费者协会在解决纠纷方面发挥着十分重要的作用。此外，工商局承担监督管理流通领域商品质量的责任，组织开展有关服务领域的消费维权工作，按分工查处假冒伪劣等违法行为，指导消费者咨询、申诉、举报受理、处理和网络体系建设等工作，保护经营者、消费者合法权益。在发生电子商务纠纷时，消费者也可向工商局投诉，该部门应当自收到投诉之日起七个工作日内启动调解或将处理情况告知当事人。

拓展阅读 11.1
淘宝与用户侵权责任纠纷案

（四）诉讼

诉讼对于国家而言是一种职能，对于纠纷当事人而言是维护其权益的一种手段。诉讼包括刑事诉讼、民事诉讼、行政诉讼三种类型。这里电子商务纠纷的解决方式主要涉及的是民事诉讼。民事诉讼就其本质而言，是国家强制解决民事纠纷的一种方式，是权利主体凭借国家力量维护其民事权益的司法程序。

近年来，我国电子商务市场规模不断扩大，电子商务快速发展的同时也面临网络消费欺诈、投诉与纠纷不断增长等问题。但由于通过诉讼解决电子商务纠纷存在以下问题：效率低；取证难、诉讼成本高，法官专业技术缺失；互联网管理法律缺失；管辖权本身存在争议以及判决的执行困难；耗时长；保密性低以及伤害商业合作关系等。

拓展阅读 11.2
李某某诉A公司网购合同纠纷案

二、第三方交易平台在线纠纷解决

面对海量的电子商务业务，我国专门的在线解决争议机构还没有真正发展起来，网络零售电子商务纠纷更常见的解决方式是通过第三方交易平台在线处理争议。

（一）淘宝平台在线纠纷解决

淘宝平台将有关争议解决的服务作为提供给用户的各种服务之一规定在了《淘宝服务

协议》（以下简称《协议》）中。在消费者注册时，必须点击"同意"按钮，在同意该协议的前提下才能成为淘宝会员。该《协议》规定："您在淘宝平台上交易过程中与其他会员发生交易纠纷时，一旦您或其他会员任一方或双方共同提交淘宝要求调处，则淘宝有权根据单方判断作出调处决定，您了解并同意接受淘宝的判断和调处决定。"上述协议确定了平台经营者解决纠纷的权限。该《协议》明确规定："本协议内容包括协议正文及所有淘宝已经发布的或将来可能发布的各类规则。所有规则为本协议不可分割的组成部分，与协议正文具有同等法律效力。除另行明确声明外，任何淘宝及其关联公司提供的服务（以下称为淘宝平台服务）均受本协议约束。"如此一来，该《协议》将淘宝发布的所有规则并入进来，与争议服务有关的规则包括《淘宝规则》《天猫规则》《淘宝争议处理规范》等成为对当事人有约束力的合同条款，进而确定了当事人需要共同遵循的争议解决规则。

淘宝一般交易纠纷解决的流程为：①投诉方发起投诉。买卖任何一方可向平台发起投诉，平台有相应的投诉页面，投诉方按照要求提交相应信息。②买卖双方自主协商。经过协商沟通，如能达成一致，卖家（买家）联系买家（卖家）撤销维权，双方按照协商一致的结果执行即可，纠纷解决。③如果不能达成一致，则申请客服介入，客服在七个工作日内介入，通知双方三日内举证，客服作为中立的第三方进行核实与调解，并在举证完成后的四个工作日作出处理意见。④平台工作人员证据核实。平台工作人员对投诉双方提供的证据进行核实。⑤平台责任判定。投诉双方达成一致，解决纠纷。如果卖家不遵守，会遭到扣分处罚，扣分累积到一定数量可能会导致被逐出交易平台。如果买家不履行处理结果，卖家还可以向在线平台提供商提出申诉。如买卖双方仍无法就相关争议达成一致意见的，买卖双方应采用诉讼或仲裁等方式解决争议。

（二）易趣平台在线纠纷解决

2012年我国发布的《第三方电子商务交易平台服务规范》，要求平台经营者应提供规范化的网上交易服务，建立和完善用户注册制度、平台交易规则争议解决机制等十项规章制度。易趣已经建立了各项规章制度，但有的规则还不完善，如易趣并没有公开如何定责及如何处罚违规者。易趣的交易纠纷投诉范围包括：成交不卖、没有收到物品或收到的物品与描述不符、购买的物品在运输途中丢失或损坏、出价不买、买家恶意出价、已发货但未收到货款。易趣对于成交不卖的交易纠纷处理流程为四个步骤：①买家提交成交不卖提醒；②易趣系统自动通知卖家；③买卖双方进行在线沟通；④买家根据协调结果自行结束纠纷或者请求客服介入。易趣对不遵守易趣规则的用户实施的处罚包括"删除物品、警告、限制权限、冻结、没收相关费用、取消特定资格、取消既得利益"。

第三方交易平台在处理网络零售电子商务纠纷中发挥的巨大作用是不争的事实。但是，淘宝网作为争议裁决主体的正当性、《淘宝争议处理规范》自身的合法性，以及淘宝网在《淘宝争议处理规范》第3条中规定"不对依据本规范做出的争议处理结果承担任何责任"的免责条款、《淘宝争议处理规范》中具体规则的合法性与合理性都受到了一定的质疑。

针对这些问题，国家工商行政管理总局课题组在我国《电子商务法》立法中提出以下建议："对于存在利益关系的纠纷，交易平台经营者也不具有单方作出认定并作出相应处罚的权力和正当性。因此，需要限制其单方处理争议的范围，即无权处理当事人与交易平台及其关联企业之间的争议。同时对第三方交易平台制定争议规则或交易规则，应予以必要的限制，即不得违反法律法规的强制性规定。"

三、在线争端解决机制

随着电子商务，特别是跨境电子商务的发展，网络中形形色色的争议数量极速增长。地域的遥远、语言和文化的差异、法律适用得艰难、管辖权确定的复杂性以及判决承认和执行等问题成为传统诉讼在解决日益增长的网络争议解决过程中所面临的主要障碍，同时电子商务争议的解决对效率、成本、便利性和保密性方面也提出了更高要求。于是，人们开始将目光转向了诉讼以外的替代性争议解决方式，并且为了更好地与电子商务对接，将网络资源引入到了争议解决方法上来，形成了在线争议解决方式。

（一）在线争端解决机制的界定

随着电子商务的发展，为了更加有效、公平、快捷、低成本地解决纠纷，ADR 被引入了网络空间，从而产生了在线的 ADR 纠纷解决方式——ODR。全球电子商务论坛对 ODR 作了定义：ODR 是指所有由法院以外的中立机构所主持的纠纷处理方式，用于解决专业的商品销售者或服务提供者与消费者间经由电子交易的方式所衍生的消费争议。联合国国际贸易法委员会（UNCITRAL）则从网络信息技术与 ADR 结合的角度来对 ODR 进行定义：ODR 是指纠纷在法院外、依靠网络信息技术来完成主要纠纷解决程序的纠纷解决机制。该定义通过考量在线技术或者线下技术在解决纠纷中的作用大小来区分 ADR 和 ODR。如果纠纷解决的主要程序是依靠在线技术来完成的，我们就称为 ODR；如果该纠纷解决的主要程序是依靠线下技术来完成的，我们就称为 ADR。

（二）在线争端解决机制处理争议的类型

从理论上讲，ODR 可以处理所有的民事纠纷，但根据其设立特点，实践中 ODR 主要处理部分争端会面成本高于纠纷解决收益的民事纠纷，如网络购物产生的争端。经常用 ODR 方式处理的纠纷还包括以下类型：利用网络技术来解决优势非常明显的民事纠纷，如网络游戏、网络域名纠纷；诉讼请求仅有金钱类的民事纠纷；可以对当事人实行网络行业自律约束的民事纠纷；该当事人有特殊目的的民事纠纷，如那些不喜欢暴露自

拓展阅读 11.3
杭州互联网法院

己真实身份的当事人。ODR 最初产生的动机当然是解决因在线活动所产生的争议，但发展到今天，越来越多的 ODR 开始涉足线下纠纷。例如，Squrae Trade 是网络纠纷最大的 ODR 服务的提供者，而且它也是针对实体世界纠纷提供 ODR 服务的世界级的机构。实践中也存在一些机构，其完全脱离了解决在线争端的初衷，设计专门解决线下纠纷的争端解决机制。

（三）在线争端解决机制的运行

ODR 主要包括在线和解、在线调解、在线仲裁和在线申诉等方式，仅利用网络技术实现文件管理功能，程序的其他部分仍用传统离线方式进行的不属于 ODR 范围。

1. 在线和解

在线和解是争议当事人通过网络平台，在没有第三方介入的情况下协商谈判解决其争

议的和解方式。在没有第三人的参与下,利用电子邮件、电子布告栏、电子聊天室、语音设备、视频设备、网站系统软件等网络信息技术工具,在"屏对屏"的情形下进行解决纠纷的信息沟通、交流。在线和解包括辅助型在线和解和自动型在线和解,辅助型在线和解仅仅为双方的网上会面提供一个虚拟的空间,其并不负责帮助当事人达成协议,自动型在线和解则会帮助当事人达成和解协议。

2. 在线调解

在线调解是指在第三人的协助下,当事人之间、当事人与第三人之间利用网络信息技术所打造的网络纠纷解决环境,在没有会面的情形下,利用网络信息技术进行解决纠纷的信息传输、交流、沟通,最后达成纠纷解决的协议并最终解决纠纷。在线调解可以是在线协商失败后的一个后续程序,当事人也可以不经过在线协商而直接启动在线调解程序。在线调解所达成的协议一般具有合同效力。例如,在荷兰,在线调解协议自动具有法律约束力。而在美国,当事人必须合意选择在线调解协议是否具有法律约束力,当事人没有选择的,其合意连合同效力也不具备。

3. 在线仲裁

在线仲裁是指充分地利用网络信息技术工具,将仲裁机构、仲裁员和当事人三者之间资讯的处理和交换以电子方式通过互联网来进行,在网上进行案件的在线庭审以及仲裁员之间的在线合议等其他程序性事项,最后在线进行仲裁裁决的一种仲裁形式。在线仲裁目前主要用于解决域名争端,运行最成功的是国际互联网名称和数码分配公司。

4. 在线申诉

在线申诉被政府机关、消费者保护团体等非营利性机构所采用,这些非营利性机构常常会制定某种电子商务公平交易准则或者是消费者隐私保护政策,对于同意采用及遵守其所制定的公平交易准则及消费者隐私保护政策的在线商店或者公司,可以在其交易网页放置认可遵守公平交易的标志,以获得消费者的青睐。

(四)我国在线争端解决机制的发展及不足

我国目前已尝试完善我国的电子商务纠纷解决机制。中国国际经济贸易仲裁委员会和中国香港国际仲裁中心联合成立的亚洲域名争议解决中心等,提供针对网上域名争议的在线争议解决方式。由中国电子商务法律网、北京德法智诚咨询公司共同发起成立的中国在线争议解决中心也可提供在线和解或者在线调解服务,但该中心自成立几年来,业务一直冷清。此外,在我国无论是政府,还是经营者或消费者,对于各类纠纷的解决,仍然过于依赖正式制度,推崇司法救济,对其他替代性争议解决方式基本不予关注。在我国,电子商务的发展依然是以政府为主导的发展模式,经营者自身的自律机制还没有完全建立起来。而缺少了经营者的自律,ODR 机制的实施就缺乏基本的推动力。

从电子商务全球化的特征以及我国已经加入 WTO 的背景来看,我国企业要走向世界,面对全球统一市场和消费者,无论是新兴的网络公司,还是传统企业,必然要走电子商务的道路。发展电子商务,我国就必须给全球消费者提供快捷、公正、方便的争议解决途径,保护消费者的利益。可以说,ODR 是我国发展电子商务必须面对的问题。

在我国,ADR 主要有两种形式,即调解和仲裁。从目前来看,最有可能与国际流行的ODR 接轨的是与仲裁相结合的调解,即把网上仲裁和网上调解结合起来解决争议。但这在我国可能会遇到一个难以克服的法律障碍：我国《仲裁法》只规定了机构仲裁，而没有规定临时仲裁。这不能不说是立法上的一个缺憾。对这个问题有两种解决途径：其一，在我国仲裁法律制度中确立临时仲裁制度，承认中立的、私人的纠纷解决企业的存在和发展，并允许他们通过业界自律手段来增强自己解决纠纷的能力，并由人民法院保障ODR处理结果能够得到执行，这种方法可以随着电子商务的发展而逐渐显示威力；其二，在我国可由仲裁机构开展ODR服务，即开展网上仲裁和调解。例如，中国国际经济贸易仲裁委员会成立了域名争议解决中心，目前已获得国内外域名管理机构的授权，作为域名争议解决机构，以网上仲裁的方式，负责解决中文域名争议、通用网址争议、国际通用顶级域名争议。这种解决方式可以避开现有法律障碍，因为当事人在仲裁协议中选择了常设仲裁机构，只是调解和仲裁在网上进行而已，但这显然不是一个最终的解决办法，因为这使得当事人的选择范围大大地缩小了，有众多技术完善的网络服务商提供的ODR服务不能被选择。

总之，在电子商务环境下，ODR是一种快捷、高效、公正的纠纷解决机制，它对构筑一个使消费者充满信心的电子商务平台具有重要意义。我国在新经济发展日新月异之际，应积极采取对策，培育自己的在线争议解决机制。

第三节　电子商务纠纷的管辖权

电子商务纠纷一旦进入诉讼程序，管辖权问题就成为法院受理案件要解决的首要问题。管辖权是法院对案件进行实质审理的必不可少的前提条件，同时它还关系到案件的审理结果，关系到诉讼当事人的权利义务，具有十分重要的意义。管辖权可以分为立法管辖权、司法管辖权与行政管辖权三种，我们这里只讨论司法管辖权。司法管辖权是指国家通过司法手段对特定的人、物、事进行管理和处置的权利。

一、传统管辖权确立的依据

管辖权依据是指一个国家的法院有权审理民事案件的根据。根据传统的司法管辖理论和实践，管辖权依据主要分为三种。

（一）以地域为依据

诉讼所涉及的法律关系的要素，无论是主体、客体还是内容，总是与某一国的管辖或者某一法院的地域具有空间上的关联，这种空间关联就构成该国或者法院行使管辖权的基础。因此，以地域为基础是指在确定法院管辖权的司法实践中，根据诉讼中的案件事实和双方当事人与法院在地域上的联系，把相关地域作为确定管辖权的依据。其具体表现为如下形式：当事人住所，包括原告住所地、被告的住所地或原告、被告的注册地、经营地等；行为地，包括行为发生地和结果发生地；诉讼标的或者争议财产所在地。

（二）以当事人国籍为依据

以当事人国籍为依据是指把当事人（原被告均可）的国籍作为确定法院管辖权的依据。

国籍是一个人隶属于一个国家的一种法律资格，是个人与这个国家稳定的法律联系，是个人享有该国保护的法律依据。以当事人的国籍为连接因素，不管当事人现居住在境内还是境外，当事人国籍国法院都对其有管辖权。该原则符合国家主权原则，其目的在于保护本国公民的利益。

（三）以当事人意志为依据

在下列两种情况下，当事人的意志可以作为确定管辖权的基础：一是当事人达成协议，把他们之间的争议提交某一国法院审理，该国法院便可行使管辖权；二是被告自愿接受一国法院的管辖。在当代国际社会中，以当事人的意志决定管辖权的原则已经被许多国家承认。但随着国家对经济生活进行干预的力度和广度不断加强，各国法律对当事人意思自治所作的限制也出现了系统化、制度化的趋势，如当事人只能选择任意性质的法律规范；不能选择与合同没有任何实际联系的法律；选择必须要有合理的依据，不能违反公共政策等。

综上所述，当事人的住所、国籍、财产、行为、意志以及其他事实都可以成为某国法院对涉外民商事案件的管辖或者某个法院对某一民商事案件进行管辖的依据。

二、电子商务对现行管辖权规则的挑战

传统管辖权确定的依据都具有一个明确的特点，即可确定性与相对稳定性。随着互联网和电子商务的发展，网络空间的虚拟化、全球化、非中心化打破了主权疆域的界限，使以"地域"为基础的管辖权标准发生动摇；以行为为基础确定管辖地如侵权行为地、合同履行地等标准在电子商务环境下也增加了难度，履行地或侵权行为地常常有多个或具有扩散性；传统管辖权中的联系标准以及被告住所地标准都发生了分歧，或由于多样性而存在认定上的困难等。因此，电子商务对传统管辖权规则带来了挑战。

（一）传统管辖权依据的弱化与非确定性

在确定民事争议的管辖权方面，当事人住所地、国籍、财产、行为、意志等因素都能够作为确定管辖权的依据。但在网络中这些依据相对弱化，并具有多样性、不易确定。

当事人的住所地难以确定。比如，在网络中当事人可以在一个地点游历世界各国的网站，则很难确定其住所；如果用户使用的是便携式电脑，那么他就可以随时随地登录网站，其住所也就很难确定。侵权行为地通常也不易确定。比如跨国网络诽谤，全球各地的网民都可以登录点击浏览，因此可能使诽谤结果发生地发生在世界的任何国家的任何地点，在此情况下，确定侵权行为地不容易确定；网民在虚拟游戏中从事包括虚拟诈骗、盗窃、强奸等行为，很难确定犯罪地；等等。国籍也因为网络的虚拟性而变得扑朔迷离。因为在很多情况下，用户在上网时并不要求确认身份，即便有时需要填写个人信息，虚构假的个人信息的现象也相当普遍。意思自治是目前最适合网络环境的管辖权确立基础，但仍存在问题。首先，并不是所有当事人都能够就法律的选择达成一致。其次，即使当事人达成了一致，也可能因为违反强行法或者消费者保护法等各种原因而导致该选择无效，更何况，大量侵权行为引起的纠纷并不能适用意思自治的原则。

（二）管辖权冲突的增加和国家司法主权的弱化

美国著名的霍尔默斯法官曾指出"管辖权的基础是现实空间的权利"，这一评述表明管辖权与地理空间的权利和界限具有密切的关系，管辖权建立在各个民族国家主权独立的基础上，其本质上是国家主权在司法领域的体现。网络空间本身无边界可言，它是一个全球性系统，无法将它像物理空间那样分割成许多区域，它不具有与物理空间一一对应的关系，自然也不可能一一对应各国国家的司法管辖权，从这个意义上来说，互联网是一个具有多重管辖的领域，或者是"基本上不受任何管辖的领域"。

就网络空间中的活动者而言，他根本无视（或没有意识到）网络外地理边界的存在，一旦上网，他对自己所进入和访问的网址是明确的，但对该网址所对应的司法管辖区域则难以查明和预见。某一次具体的网上活动可能是多方的，活动者分处于不同国家和管辖区域之内，这种随机性和全球性几乎使任何一次网上活动都可能是跨国的，这种情况不仅影响司法管辖权的确定，而且会产生大量的管辖权冲突。判断网上活动发生的具体地点和确切范围是很难的，将其对应到某一特点的司法管辖领域之内就更难了。正是这些问题使互联网环境下的用户活动受到主权国家的管辖相对减弱，各个国家的司法管辖区域的划分逐渐模糊化，各国的司法主权也进一步弱化。

（三）挑选法院的现象更加严重

挑选法院，一般认为是原告为了获得特殊利益，故意选择对其有利的法院进行诉讼，从而避免在对其不利法院进行诉讼的一种现象。挑选法院是因各国实体法、诉讼程序和法律选择原则的不同而不可避免的副产品。在国际平行诉讼中，这是原告获得最大利益的一种重要的策略手段。

挑选法院在物理空间时有发生，但在网络环境下，由于互联网的全球性和信息流动的不确定性，使得挑选法院变得空前容易和普遍。正如有的学者所指出的那样，选择诉讼地点可以说是任何一个涉及互联网案件所具有的特点。互联网覆盖全球170多个国家和地区，发生在这个网络空间的案件往往涉及不同的国家和地区，而各国法律规定不尽相同。比如诽谤法，各国对其国民不受诽谤侵害的保护程度及在相关的诉讼中能获得的赔偿的差别是很大的。此外，有的国家允许高额精神赔偿，判处惩罚性罚金。但有的国家对此持否定性态度，这就导致在不同的地方起诉，判决的结果可能会有很大的差异。在这种情况下，原告通常会选择对自己有利而对被告不利的国家进行诉讼，以取得高额的赔偿。

三、电子商务纠纷管辖权的几种理论

（一）新主权理论

新主权理论又称"网络自治论"，主要观点为：对于网络争议，应该摆脱传统的地域管辖的观念，承认网络虚拟空间就是一个特殊的地域，并承认在网络世界与现实世界存在一个法律上十分重要的边界，若要进入网络的地域，必须通过屏幕或密码，一旦进入网络的虚拟世界，则应适应网络世界的网络法，而不再适用现实中各国不同的法律。新主权理论主张者还对网络自治作了构想:在网络空间中没有国家、没有法律、没有警察,每个网络用户只服从于他的服务商,而服务商之间以协议的方式来协调和统一各自的规则,就像协调纯粹的技术标准一样,也就是所谓的网络自治。"由此可见,新主权理论强调网络空间的独立性,为了防止国家权力的介入而妨碍网络的自由发展,它们试图以网络的自律性管理来代替传统的法院管辖,以自我的判断和裁决代替国家的判断和救济。"在新主权理论者看来,在网络空间中正在形成一个新的全球性的市民社会。这一社会有自己的组织形式、价值标准和规则,它完全脱离于政府而拥有自己的权力机构。网络以外的法院管辖当然也被新主权理论者否定,他们认为,网络空间应适用独立于实际空间的法律制度,对网络案件应建立一种独立的管辖体制。

新主权理论者提出的管辖权体制可行性备受质疑。首先,他们忽视了网络虚拟行为的背后都是现实物理世界的肉身存在支撑形成的,永远不可能出现完全脱离物理掌控的网络虚拟空间自治真空。网民在网络中从事各种活动,但其本身却生活在现实空间里;"网络社会"的建立也不可能完全摆脱国家对网络的管理和控制;随着电子商务的发展,国家会更加频繁地制定法律,规范那些处于本管辖权域内的与网络有关的人、行为或者事件,并且行使司法管辖权来审理有关网络活动的案件。毫无疑问,国家并没有放弃对网络空间进行规范的主权权利。其次,新主权理论者对行业道德和技术标准的效力认识不到位。新主权理论的倡导者过分强调了技术标准和行业道德的约束作用。与具有强制力的法律相比,技术标准和行业道德对当事人的约束作用要比法律的约束作用弱得多。尽管行业道德和技术标准在一定程度上可以影响法律,但它却永远不能代替法律,同样,自律管理也永远无法替代法律的公力救济。

(二)国际空间理论

国际空间理论也可称为"管辖权相对理论",该理论认为,现在的物理世界存在着三个国际空间:极地(南极和北极)、公海、外层空间,它们与网络空间相比最本质的区别在于后者的非物理性,即虚拟性特征。但它们之间也有着共性,如国际性和无主权性。因此,网络空间也应该是国际空间的一种,可以将其视为第四国际空间。因此,国际空间理论又可称为"第四国际空间理论",应在这一领域内建立不同于传统规则的新的管辖权规则。国际空间理论以美国斯坦福大学的达雷尔·门特博士为代表,他认为,网络空间也应该接受默示的国际惯例,即类似支配其他三个国际空间的惯例,通过制定含有相应的特定制度的条约来解决司法管辖权的问题。各国在网络空间的管辖权取决于其对网络的控制范围和能力,每个国家对进入其控制领域的网络交易的商业活动有管辖权,其管辖权行使方式与现实世界的管辖权类同。网络空间内争端的当事人可以通过网络的联系在相关的法院出庭,法院的判决也可以通过网络的手段加以执行。

国际空间理论所主张的通过订立国际条约来解决网络空间的管辖权问题具有一定的可行性,网络案件的管辖冲突与法律适用往往比现实世界发生的案件更为复杂,世界各国应该抛弃民族、地域、法域的冲突和矛盾,积极加强国际协作,订立国际公约。但国际空间理论在许多方面也受到了质疑,其虽然赋予了每个国家自己决定网络管辖权的权力,但同时又强调各国网络空间管辖权的大小由各国接触和控制网络的范围来决定,这背后体现的是以经济实力为后盾的"技术霸权"思维,是网络发达国家伤害技术落后国家司法主权的行为。从各国对网络的控制能力来看,美国掌握了域名和地址的分配权,控制着互联网运转的硬件设施和软件操作系统,控制着互联网的信息源,主导着互联网语言的存在。当前联网域名与地址管理机构(The Internet Corporation for Assigned Names and Numbers,ICANN)对全世界进行国际统一管理,它负责全球互联网域名根服务器、域名体系以及IP地址等的管理工作。虽然ICANN自称是非营利性组织,但它却由美国商务部授权,并根据同美国商务部达成的谅解备忘录进行运作。这就意味着美国商务部有权随时否决ICANN的管理权,美国政府通过ICANN掌握了对域名和地址的封疆权,管理并控制着全球互联网空间。国家空间理论实际上是在为美国的网络霸权提供理论支撑,不符合全球网络发展的整体利益。

(三)服务器所在地理论

服务器所在地理论又称"特定存在理论",该理论认为,互联网上的每一个服务器和特定的物理位置相联系,当用户通过互联网传输信息时,事实上可以被看成是从一个服务器所在的物理位置到另一个服务器所在的物理位置。网络服务器,就是录制电子数据的地方,如果该网页发生侵权行为,服务器实际所处的位置,就是侵权行为地,该地法院就有管辖权。但当上载者和服务器处在不同的地区时,除非上载行为对服务器所在的地区有影响,而且这种影响的"结果"是在服务器所在的范围之内,上载者所在地才能成为管辖权的依据。否则,在一般情况下仍应认定为服务器所在地是管辖所在地。

网络服务管辖实际上是侵权行为地管辖规则的适用,网络中的侵权行为,一般都是通过服务器传输到网络页中的。因此,对网络服务商的侵权诉讼,由服务器所在地法院管辖比较容易为其他国家所接受。但是,服务器在网络空间的地域属性,事实上有时也是很难确认的。因为上载者通常是将其网页的内容通过远程服务器"发送",而下载者也是通过其本地的远程服务器"接收"的。"发送"和"接收"实际上都不在服务器的地域范围内进行。因此,在现代的科学技术条件下,如果认为服务器所在地就是侵权行地而行使管辖权,实际上也是不准确的。由于网络中的侵权行为可能涉及多个地区,如侵权上载者与服务器不在同一地区,则侵权行为地很难确定:一方面,如果根据其在侵权行为中所起的作用来判断,则由于判断纯属法官意志的问题,标准难以掌握。另一方面,服务器的发展已经越来越科学,远程服务器的使用也已非常普遍,因此,对于网络侵权案件中的侵权行为地的确定,不能固守服务器这一死板的特点,而应当根据个案的实际情况灵活运用。

(四)网址管辖理论

网址管辖理论认为,传统法院确定管辖权基础时必须考虑两个条件:一是该因素自身有时间和空间上的相对稳定性,至少是可以确定的;二是该因素与管辖区域之间存在着一定的关联度。要判断网址是否可以成为新的管辖基础,必须对它能否满足这两个条件进行考察。首先,网址存在于网络空间之中,它在网络空间中的位置是可以确定的,它的变更通过服务提供商来进行,需要一定的程序,所以在特定的时间段内,它是可以确定的。其次,网址与管辖区域有一定的联系。网址与物理空间的关联有两条途径:一是受制于网址所在的管辖区域,这是网址存在的静态事实就能决定的关联,并且是充分的关联;二是网址活动涉及其他网络参加者时，与其他参加者所在管辖区域产生联系。因此，网址管辖论认为，可以将网址作为一种新的管辖权依据。

本章小结

当前，我国电子商务发展迅猛，一系列的电子商务纠纷也随之产生，再加上当前我国网络安全、消费者的保护、法律环境以及电子商务平台的运作都存在大量的问题，导致我国电子商务纠纷数量骤增，纠纷类型复杂，如何对有限的社会资源进行合理分配，进而营造电子商务发展的优渥环境是当下亟待探讨的命题。本章对电子商务纠纷的相关概念、电子商务纠纷的解决方式、电子商务纠纷的管辖权进行了简要分析。目前，传统的在线解决方式仍然存在着一些不确定性的状况，处理的结果不容易被执行，缺乏相关的监管与配套的程序。所以，在电子商务交易日益频繁的今天，要对当前的在线解决资源进行整合，对电子商务纠纷与争议的解决提供一系列的程序，以此保障电子商务的健康发展。

复习思考题

1. 简述电子商务纠纷的概念和特点。
2. 简述电子商务纠纷在线解决方式的类别。
3. 简述电子商务在线争端解决机制的优点和缺点。
4. 简述电子商务对现行管辖权规则的挑战。
5. 试比较分析新主权理论、国际空间理论、服务器所在地理论、网址管辖理论在确定网络案件管辖权中的利弊。

在线测试题

扫描书背面的二维码，获取答题权限。

第十二章
电子商务税收

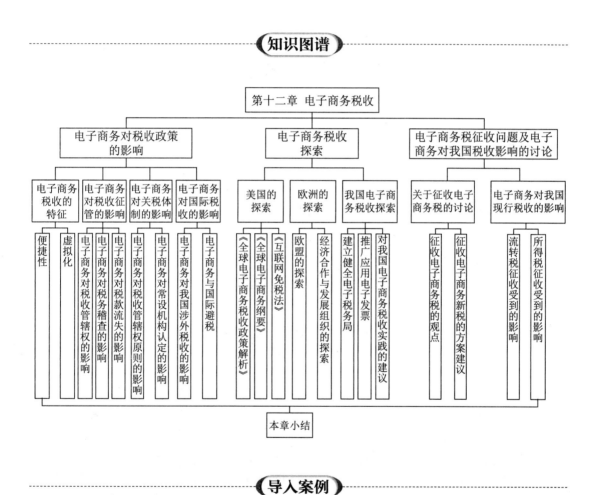

导入案例

2014年7月,珠海市中级人民法院公开审理了一起普通货物走私案,其中,淘宝店主和代购人员被起诉。检察机关起诉称,冯某经营两家专门销售澳门手信的淘宝网店,通过代购人王某和卓某从澳门钜记和咀香园饼家购买大量的杏仁饼、花生糖和肉脯等商品,而冯某则根据略高于市场价的汇率折算价和每件2.5元和3元不等的价格给予两人报酬。淘宝网店则在代购价的基础上,每件增加两元左右出售。

王某负责在拱北口岸澳门一侧寻找即将过境的人,给予每人20元左右的报酬让对方帮自己将购买好的手信带到珠海,并且在带运前提前告知冯某选好地点取货。被告人卓某主要是自己将商品带到珠海。王某、卓某是2013年2月开始帮助冯某代购的,主要代购钜记和咀香园饼家的商品，而陈某（冯某妻子）于 2013 年 5 月底来到珠海，开始帮助冯某接收走私货物。被告人冯某和陈某将货物放置在住处内，清点无误后支付给王某和卓某费用。

2014 年 1 月 15 日，三人被拱北海关缉私局抓获，同时也查获一批走私食品和各类证据。经计算，被告人冯某、王某和陈某三人分别涉嫌偷逃税款 33 万余元、29 万余元、27 万余元，在审理前被告人冯某已经缴纳偷逃税款 14 万余元。

在检察机关的起诉书中称，走私货物、物品偷逃应缴税额巨大或者有其他严重情节的，处三年以上十年以下有期徒刑，并处偷逃应缴税额一倍以上五倍以下罚金。

资料来源：淘宝代购澳门货被控走私[N].南方都市报，2014-07-03.

第一节 电子商务对税收政策的影响

一、电子商务税收的特征

基于网络平台的电子商务相较于传统实物交易，电子商务的贸易形式、途径、手段等均存在很大差别，由此带来的税收问题必然有其自身的特征。

（一）便捷性

电子商务基于网络平台运行，基于此产生了新的税收手段，即电子征税，在很大程度上提高了税务部门征税的便捷性。具体来说，电子征税包括电子申报和电子结算两个环节。

1. 电子申报

电子申报是指纳税人利用各自的计算机或电话机，通过电话网、分组交换网、互联网等通信网络系统，直接将申报资料发送给税务局，从而实现纳税人不必亲临税务机关，即可完成申报的一种方式。电子申报不仅减少了数据库录入所需的庞大的人力、物力，还大幅度降低了输入、审核的错误率。

2. 电子结算

电子结算是基于计算机网络技术形成的新型结算形式，是指国家税收部门根据纳税人的税票信息，直接从其开户银行划拨税款的过程。由于采用现代化计算机网络技术，实现了申报、税票、税款结算等电子信息在纳税人、银行、国库间的传递，企业申报和缴纳税款可一次性完成，加快了票据的传递速度，缩短了税款在途滞留的环节和时间，从而确保了国家税款的及时入库。第一个环节电子申报解决了纳税人与税务部门间的电子信息交换的问题，实现了申报无纸化；第二个环节电子结算解决了纳税人、税务部门、银行及国库间电子信息及资金的交换的问题，实现了税款收付的无纸化。同传统缴税方式相比，电子征税由于不受时间和空间的过多限制，从而使征收税款变得既方便、简捷，又省时、省钱，大大降低了税收成本。

（二）虚拟化

1. 交易对象虚拟化

电子商务与传统实物交易不同，交易对象不是实体而是基于互联网平台存在的数字化信息，这对于税务机关而言无疑增加了工作难度，因为数据信息化的交易对象是难以确定性质和数量的。比如，企业可以通过任何一个站点向用户发放专利或非专利技术以及软件产品等，当用户需要时，只需通过密码将产品打开或在网上复制一下就可以了。这时，产品的物质载体和销售数量都不存在，打破了通常的销售观念。一方面，税收机关很难核实其销售收入；另一方面，对其按销售货物征收增值税还是按无形资产征收营业税，现行税法没有明确规定，使税务机关无所适从。

2. 交易行为虚拟化

上面已经提到，电子商务的交易对象具有虚拟性，相应的电子商务的交易行为也是虚拟化的，因为这些交易行为发生在基于网络平台的虚拟商店、虚拟公司、虚拟超市等虚拟世界中，因此交易行为实际上也表现为各种数据。

3. 税收概念虚拟化

传统的税收法律制度是由各个主权国家制定并执行的。各国税法规定本国的征税范围、应税项目、免税政策和征收管理办法。随着电子商务的发展，商业交易已不存在任何地理界限。也就是说，电子商务利用互联网的虚拟世界，已无法用国界来区分，更无法依靠任何一个国家的税收法律制度来规范网上交易行为的课税。

4. 税收原则虚拟化

网上交易使一些税收原则虚拟化，如国际税收中的税收管辖权是为避免国际重复征税而设立的基本原则之一，而电子商务的发展使经济活动与特定地点间的联系弱化。在传统的贸易形式下，政府能够通过控制要素（如住所、机构、收入来源等）行使税收管辖权。例如，政府通过住所来确认居民，这就构成了政府对居民行使税收管辖权的依据。传统的住所确认通常以实物所在地和公司组建地或有效控制地为标准。然而，通过互联网提供的贸易和服务却很难控制和管理。即使一桩简单的交易也可能涉及四个管辖区：卖方基地、信息服务器所在地、买方基地、因买方流动而在第四处获得货物。由于消费者可以匿名，制造商可以隐匿其居住地，因而电子消费很容易隐藏。现代的通信技术可以使人与人之间的合作不需要在哪个国家设立固定场所就能进行。因此，无姓无名的电子商务使税务当局束手无策，让审核稽查变得无从着力。

5. 税务信息虚拟化

税收制度能否有效发挥作用取决于如何将收集到的信息转变为纳税义务。如果缺乏足够的税务信息，则任何税种都无法实施。现代税收制度大都以交易为课税基础，税务当局需要以低成本获得大量有关商品和劳务交易的时间和地点信息，并通过常设机构和住所等概念，将纳税义务与纳税人的活动联系起来。然而，电子商务的基础是开放的，是以不记名方式联系的网络，不需要从事经济活动的双方在交易的地点出现，因而无法满足现行税制对信息的要求。

二、电子商务对税收征管的影响

（一）电子商务对税收管辖权的影响

从本质上来说，税收管辖权体现了国家主权的行使。世界各国通行的税收管辖权的确认标准主要包括三种:一是属地原则,即以本国领土范围作为行使税收管辖权依据的原则;二是属人原则,即以纳税主体是否具有本国国籍作为行使税收管辖权依据的原则;三是混合原则,即混合适用属地原则与属人原则,以其中的一种为主,另一种为辅。目前大多数国家采取的是混合原则,对本国居民的境内境外所得,以及非本国居民来源于本国境内的所得征收税款。由此引起的国际重复征税,通常以双边税收协定的方式加以解决,即两国签署双边税收协定,约定纳税人本国应该对于纳税人来自另一国并且已被另一国征税的所得给予抵免税款,从而尽量避免重复征税。

通过以上分析可以看出,对于税收管辖权的行使而言,"常设机构"和"商品服务提供地"显得尤为重要,他们往往是判断商品属地原则的适用标准。首先,常设机构往往是一国对其境内的非本国居民来源于该国的所得行使税收管辖权的依据。《经济合作与发展组织关于避免双重征税的协定范本》和联合国《关于发达国家与发展中国家避免双重征税协定范本》都对常设机构作了界定,即指一家企业开展全部或部分营业的固定场所,并且其所从事的活动是准备性或辅助性活动以外的营业活动。按照此传统概念,常设机构必须同时具备人与物两个方面的客观要素。然而,在电子商务中,大部分商事行为是由服务器自动完成的,此时该服务器究竟属于数据存储场所还是常设机构呢?从某种意义上说,该服务器行使的是代表企业从事商事活动的权利,似乎应该认定为常设机构。但是,服务器和网址流动性极强,可以随时随地转移而不受影响、正常工作,不仅不符合常设机构的"固定性"要求,而且对于确定具体地址以行使管辖权也极为不便。其次,商品服务供应地是确定流转税征收管辖权的主要依据。在传统的交易方式下,商品服务供应地往往是经营者所在地或消费者所在地,易于确认。但是在网络环境中,消费者所在地、网络商业中心所在地及其服务器所在地三者常常位于不同国家,此时商品供应地如何确定,哪一国家拥有税收管辖权难以判断。同理,对于服务供应地而言,随着远程控制技术的发展,很多服务项目不必服务人员亲临现场就可以提供在线服务,这便降低了服务供应地与特定地理位置之间联系的紧密性,也加大了确定流转税征收管辖权的难度。

我们通过对以上两方面的分析可以看出,在电子商务环境下,属地管辖权难以充分发挥其原有作用,于是一些国家倡导应该弱化属地管辖权,而倾向并侧重属人管辖权。但是在网络的虚拟条件下,交易双方可能不会以真实身份出现,实际姓名与确切地址都难以知晓。因此,交易双方所在的国家对交易双方按照属人原则行使税收管辖权亦非易事。

拓展阅读 12.1
淘宝店主代购逃税300万元被判刑案

由此可见,电子商务对传统税收管辖权带来的冲击是前所未有的。

(二)电子商务对税务稽查的影响

在税收征管中,税务稽查是一项重要工作,而税务机关对纳税人进行有效的税收征管和稽查的一个重要前提,就是充分掌握纳税人完整、真实的信息资料,而这主要获取的途径就是对纳税人的合同、发票、凭证、账簿、报表等进行审查。但是,在电子商务活动中,谈判签约、支付价款,甚至数字化产品的交付等行为都可以在线完成,网上交易的无纸化使得税收征管、稽查失去了原始实物凭据。此外,在电子货币、电子票据、电子划拨技术的使用下,电子记录可以轻易更改而不留痕迹,而且越来越发达的加密技术可以很好地隐匿交易信息。这些都使得税务征管和稽查变得更加困难。

（三）电子商务对税款流失的影响

按照当前的税收征管制度，税务登记必须以工商管理登记为基础。但在网络交易下，电子商务纳税主体的虚拟化，以及交易的无纸化，使得税务稽查所依据的纳税申报表及发票无从谈起。在电子商务条件下，纳税人在网上的经营范围几乎不受任何限制，这使得税务机关无法了解纳税人的生产经营状况。另外，由于在互联网上企业可以直接进行交易，而不必通过中介机构，又使传统的代扣代缴税款无法进行。随之而来的税款流失问题已经成为各国关注的焦点。

三、电子商务对关税体制的影响

（一）电子商务对税收管辖权原则的影响

世界各国都是以纳税人或征税对象是否与自己的领土主权存在着某种属人性质或属地性质的连接因素，作为行使税收管辖权的依据。政府行使属人管辖权，要求纳税人具有该国公民或法人的身份。若行使属地管辖权，则要求纳税人的各种所得与征税国之间存在经济上的源泉关系。传统的商业活动必然会体现出如财产所在地或住所地等特定的连接因素，从而确定某国的税收管辖权，但在电子商务中，这些连接因素却丧失了实质意义。由于电子商务的诸多不确定性，使其难以体现任何与网络活动者有稳定联系的传统因素。例如，交易双方都以各自的网址为标志，但网址与交易者的地理位置通常没有必然的联系，所以电子商务的所得来源地及身份所在地很难确定，从而不能作为行使征税管辖权的依据。此外，在网络空间里，交易双方可以采用匿名的电子货币进行结算，而不向税务机关申报纳税，这也使得税收管辖权的行使受到限制。

（二）电子商务对常设机构认定的影响

对于商务活动而言，确定常设机构具有重要意义，一般来说，常设机构是指一个企业进行全部或部分经营活动的固定场所。传统的税收是以常设机构来确定经营所得来源地的。常设机构的认定标准通常涉及人和物两方面。工厂、办事处、管理机构等都可构成某企业的常设机构。但是，电子商务是建立在一个虚拟的市场上，企业的贸易活动不再需要原有的固定营业场所、代理商等有形机构来完成，大多数产品或劳务的提供并不需要企业实际出现，而仅需要一个网站和能够从事相关交易的软件。同时，随着互联网的发展，许多商家逐渐发现通过互联网进行跨国商品或服务交易，远比跨国设立分支机构、办事处、管理机构等常设机构的成本低，交易也更加快捷。于是，越来越多的商家涌入互联网，加入电子商务的行列中。"常设机构"是确定收入来源地的重要连接因素，而在电子商务中可能对其无法界定。目前争议的焦点主要集中在网站和相关服务器是否是常设机构的问题上。如果判定网站不属于常设机构，则网站所在国就无权对其征收利润税，即使判定网站是常设机构，但由于技术性原因，所在国税务机关对其也极难实施管理。

四、电子商务对国际税收的影响

（一）电子商务对我国涉外税收的影响

1. 电子商务环境下，我国常设机构的认定面临挑战

按照我国现行税法规定，非居民如有来源于我国境内的所得，在没有税收协定的情况下，我国必须对此所得课税。然而在与非居民所在国有税收协定的情况下，非居民企业若在我国有"营业利润"，当该营业利润并非通过该非居民企业设在我国的常设机构所取得时，我国无权对此课税。

（1）传统的常设机构。传统的常设机构是指一个企业进行全部或部分营业的固定营业场所，其概念包括以下两种：一是经营的固定场所，包括管理机构、分支机构、办事处、工厂、车间等，但专为采购货品用的仓库或保养场所而非用以加工制造货品的，不在此列。二是营业代理人，但此代理人如果是为自己经营的，则不在此列。

（2）常设机构的传统定义被模糊。由于可以在任何国家设立或租用一个服务器，成立一个商业网站，常设机构的传统定义受到了冲击。假定新加坡某企业在我国设立一个网站，提供商品目录，直接接受全世界顾客的订货而完成交易行为，则此种情况下的网站是否具有常设机构的性质值得讨论。

2. 电子商务环境下，我国总机构认定面临挑战

根据我国现行税法的规定，依照外国（地区）法律成立但实际管理机构在中国境内的企业属于居民企业，对来源于中国境内、境外的所得缴纳所得税。

在网络并不发达也没有得到普遍使用的时期，总机构（实际管理）是指在我国境内设立的负责该企业经营管理与控制的中心机构，必须有实体建筑物的存在，以便公司人员可以集会讨论诸如管理等问题。然而在互联网科技盛行的今天，在网上通过可视会议系统的通信技术，即使不具有实体建筑物，仍然可以在境外进行管理与控制。在这种情况下，如何认定总机构地点？如果参加可视会议的人员遍布全球，则公司的决策地点又如何认定？

3. 电子商务环境下，国际税务合作受到影响

各国的税法并不相同，电子商务的发展对各税收带来了不同影响，为了更好地实现自身利益，各国必须对税法税制等作出新的调整。某些国家是信息技术大国，势必利用其技术上的优势地位损害其他国家利益。例如，美国前总统克林顿在《全球电子商务政策框架》中宣布：互联网应为免税区，产品及劳务如经由互联网传送，均应一律免税。由于美国是信息输出大国，其主张当然对自身有利而遭到其他国家反对。这样，电子商务必将带来新的国际税收冲突以及为解决冲突而进行的新的国际税务合作。

（二）电子商务与国际避税

电子商务是基于数据交换技术和互联网平台形成的全新商务模式，是在互联网与传统信息技术系统相结合的背景下产生的相互关联的动态商务活动。在实现了书写电子化、信息传递数据化、交易无纸化、支付现代化的同时，也引起了审计环境、审计线索、审计信息的储存介质、审计的技术方法、审计方式等一系列的重大变化。而这些使得国际税收中传统的居民定义、常设机构、属地管辖权等概念无法对其进行有效约束，无法准确区分销售货物、提供劳务或是转让特许权，因而，电子商务给跨国企业的国际避税提供了更安全隐蔽的环境。

随着电子商务的迅猛发展以及在世界范围内的广泛应用，跨国企业利用电子商务的隐蔽性，避免成为常设机构和居民法人，逃避所得税；利用电子商务快速的流动性，虚拟避税地营业，逃避所得税、增值税和消费税；利用电子商务对税基的侵蚀性，隐蔽进出口货物交易和劳务数量，逃避关税。

电子商务实现了更便捷的商品交易，使商品和利润可以简单地从一个国家转移至另一个国家，因而，各国对电子商务交易中的转让定价问题日益关注。欧美国家和经合组织对此进行研究并指出，电子商务并未改变转让定价的性质或带来全新的问题，现行的国际、国内的转让定价准则基本适用于电子商务。但是，由于电子商务摆脱了物理界限的特性，使得税务机关对跨国界交易的追踪、识别、确认的难度明显增加，具体表现如下。

1. 电子商务带来了广阔的国际避税空间

由于各国都有权对发生在其境内的运输或支付行为征税，因此纳税人大多选择在避税港建立虚拟公司，并通过其进行贸易，或将其作为交货地点，利用避税港的税收政策避税，造成许多公司在经营地微利或亏损，而在避税港的利润却居高不下，这是传统的国际避税。自网上交易出现以来，随着互联网技术的飞速发展，电子邮件、IP电话、网上传真等技术的进一步普及，无须在避税港设立公司，而只要拥有一台计算机、一个调制解调器和一部电话，就能与国外企业进行商务洽谈和贸易，便能达到避税的目的。

2. 电子商务为转让定价提供了便利条件

由于关联公司内部局域网的快速发展，各关联成员之间在对待特定商品和劳动力的生产和销售上便有了更广泛的使用空间，关联公司可以充分利用网络传递的手段在各成员之间有目的的调整收入定价和分摊成本费用，从而轻而易举地转让定价以谋求整个关联集团尽可能大的税收利益。传统交易中对非常情况，税务机关可以使用比较利润法、成本加价法等方法来进行调整，而网络贸易中，赢利企业通过互联网或内部局域网从事交易，这必然会对传统的正常交易价格带来挑战，特别是随着银行经营的网络化及电子货币和加密技术的广泛应用，纳税人在交易中的定价更为灵活和隐蔽，使对关联企业的转让定价调整很难找到可以参照的正常交易价格。这大大增加了反避税工作的难度。

第二节 电子商务税收探索

一、美国的探索

众所周知，电子商务起源于美国，美国也是当今世界上电子商务应用最广泛的国家之一，同时，美国也是世界上最先对电子商务税收制定专门政策的国家。

（一）《全球电子商务税收政策解析》

1996年11月，为了规范税务征收管理，美国财政部颁布了《全球电子商务税收政策解析》，该文件指出，各国在制定税收政策及税务管理措施时应遵循中立原则，以促进互联网这一新兴技术的运用及发展。对于国际税收原则不必作出根本性的修改,但是要达成国际共识,以确保不对电子商务征收歧视性税收,并且应该明确对电子商务征税采取属人管辖而非属地管辖原则,避免双重征税。

(二)《全球电子商务纲要》

1997年7月,针对不断发展的电子商务,美国发布了《全球电子商务纲要》,该纲要的核心是其提出的发展电子商务的五大原则:继续由私人企业主导互联网的发展;政府应避免对电子商务作不当的限制;如果政府的介入是必要的,其应该在于支持及实施一种可预测的、最低程度的、一致而简单的电子商务法律环境;政府应认识互联网特殊的本质;必须以全球为基础来促进电子商务的发展。对于离线交易应按现行税制办理,而不应开征新的税种;对于在线交易则应免征关税。此外,建议世界贸易组织及其他有关组织宣布互联网为无税区。

(三)《互联网免税法》

1998年10月,美国正式通过了《互联网免税法》。该法案出台的背景是,有些人认为互联网信息传输的字节"比特"(bit)是一种商品,这种商品在网络上流通,相当于商品流通,应该对其征收"比特税"。这个想法最先由加拿大税收专家阿瑟·科德尔1994年提出,后经荷兰马斯特里赫大学的卢·索尔特教授加以完善并正式提出,其核心理论是对信息传输的每一数字单位征税,包括对增值的数据交易,如数据收集、通话、图像或声音传输进行征税。后来,美国政府为此发布了《互联网免税法》,决定不为这个比特的流动发明新税,就是对比特免税。换句话说,该法案主要针对的是 ISP,即网络服务提供商从公众那里收的接入费可以不收税,并不是说对通过互联网进行的交易不收税。当然,如果我们把网络服务商的网络接入服务看作广义的电子商务种类的话,那么,该法案也算是对网络接入服务这种特殊电子商务种类的免税。《互联网免税法》规定的免税期后来被延至2003年11月1日。2004年4月29日,美国议会对《互联网免税法》进行了修订,更名为《互联网税收不歧视法》,并将免税期延长至2007年11月1日。

二、欧洲的探索

(一)欧盟的探索

欧盟在电子商务税务征收方面,始终坚持应该针对电子商务征税,但是并不开征新税、保持税收中性,而是通过征收间接税的方式补足缺口。欧盟是世界上电子商务发达的地区之一。欧盟委员会认为,应保证电子商务税收具有确定性、简便性和税收中性,以避免造成对市场机制的扭曲,并促进电子商务的发展。欧盟委员会发布的新电子商务增值税方案规定,坐落于欧盟境外的公司,通过互联网向欧盟境内没有进行增值税纳税登记的顾客销售货物或提供应税劳务销售额在10万欧元以上的企业,要求其在欧盟境内进行增值税纳税登记,并征收增值税。1997年7月签署的《波恩声明》中规定,不对国际互联网贸易征收关税和特别税,但不排除对电子商务征收商品税。1998年,欧盟委员会确立的电子商务税收原则主要是:不开征新税、保持税收中性、推行无纸化记账以及增值税报表的电子化填写等。自 2003 年 7 月 1 日起，对凡是通过互联网向欧盟 15 国的个人消费者出售书籍、软件，以及音像制品的非欧洲成员国的企业，将和其他行业一样向欧盟缴纳增值税。

（二）经济合作与发展组织的探索

经合组织与欧盟的主张不同，其强调为了避免对经济运行产生扭曲作用，应该对电子商务征税，以避免对经济运行产生扭曲作用。经合组织认为对电子商务不征税，而对一般贸易征税，则会导致应税交易方式转向免税交易方式，从而将对经济运行产生扭曲作用。在 2000 年 3 月，经合组织财政事务委员会发布的《常设机构概念在电子商务背景下的运用：对经济合作与发展组织税收协定范本第五条的注释的建议性说明》的修订草案，对服务器、存储于互联网服务器上的网址，经营与否，是否是常设机构作了规定。经合组织在 2000 年 5 月 8 日发表的对美国 2000 年经济的调查报告中，建议美国各州对电子商务及邮购销售征税。

三、我国电子商务税收探索

随着互联网和电子商务在我国的发展，我国适时地提出了"互联网 + 税务"行动计划，该计划的制定与实施是为了解决电子交易给税收征管带来的问题。该行动计划重点提出两大方面的改革：一是建立电子税务局，以后国税、地税等各项税收全部实现网上纳税；二是推广电子发票制度。这两个方面的改革可在很大程度上适应电子交易的快速发展。

（一）建立健全电子税务局

随着税收征管的不断发展，当前我国的纳税申请方式十分多样，这种多样性无疑在很大程度上推动了我国税务电子化、税收现代化和信息化的发展。国务院办公厅 2015 年发布了《深化国税、地税征管体制改革方案》，宣称实施"互联网 + 税务"行动计划，建设融合国税、地税业务，标识统一、流程统一、操作统一的电子税务局，2017 年基本实现网上办税。

2015 年国家税务总局颁布了《"互联网 + 税务"行动计划》，该行动计划指出，"互联网 + 税务"是把互联网的创新成果与税收工作深度融合，拓展信息化应用领域，推动效率提升和管理变革，是实现税收现代化的必由之路。该行动计划的行动目标是，到 2020 年形成线上线下融合、前台后台贯通、统一规范高效的电子税务局。另外，该行动计划还提到需要"制定信息共享及获取机制"：适应互联网时代企业组织结构、经营方式、交易类型日趋复杂化的新要求，突出数据思维，加强风险应对，为涉税大数据分析提供制度保障。加强与公共部门及第三方的数据协作，不断加大信息共享的广度和深度，积极推动数据的互通共享。建立与大型电商平台的数据对接渠道，及时获取有关数据，发现涉税风险点。完善获取企业电子记账、电子合同、电子支付等相关数据信息的机制与手段。

我国自 2016 年起，开展国税、地税互相委托代征税收工作，使纳税人在同一税务机关即可完成原本分属国税、地税两家的缴税业务，实现"进一家门、办两家事"。要求各级国税、地税局依托税务信息专网实现涉税信息共享，采取联合采集财务报表、共享涉税信息、联合开展税收调查等 5 项具体措施，推动信息高度聚合，进一步夯实国税、地税合作信息基础，有效解决纳税人反映的资料"多头报"的问题。推行办税双向预约：纳税人通过移动平台、网络等方式向办税服务厅预约办理涉税事项。税务机关主动预约纳税人实行错峰办税，加快推行办税无纸化、免填单等。

2015 年《中华人民共和国税收征收管理法实施细则》第 30 条规定，税务机关应当建立、健全纳税人自行申报纳税制度。纳税人、扣缴义务人可以采取邮寄、数据电文方式办理纳税申报或者报送代扣代缴、代收代缴税款报告表。数据电文方式，是指税务机关确定的电话语音、电子数据交换和网络传输等电子方式。

（二）推广应用电子发票

随着电子商务的不断发展和完善，电子发票的广泛应用成为一种必然趋势。2013 年国家发展和改革委员会办公厅、财政部办公厅、农业部办公厅等颁布的《关于进一步促进电子商务健康快速发展有关工作的通知》中规定，加快网络（电子）发票的推广与应用。财政部、税务总局负责研究跨境贸易电子商务适用的税收政策及相关管理制度和标准规范。税务总局会同财政部继续加强电子商务企业的税收管理制度研究，完善网络（电子）发票的管理制度和信息标准规范，建立与电子商务交易信息、在线支付信息、物流配送信息相符的网络（电子）发票开具等相关管理制度，促进电子商务税务管理与网络（电子）发票的衔接，继续推进网络（电子）发票应用试点工作，推广网络（电子）发票在各领域的应用。

根据国务院办公厅 2015 年《深化国税、地税征管体制改革方案》，2016 年实现所有发票的网络化运行，推行发票电子底账，逐一实时采集、存储、查验、比对发票全要素信息，从源头上有效防范逃税、骗税和腐败行为。2018 年实现征管数据向税务总局集中，建成自然人征管系统，并实现与个人收入和财产信息系统互联互通。

2018 年 8 月 10 日，全国第一张区块链电子发票在深圳开出，交易即开票，开票即报销。一年后，区块链电子发票已累计开出 600 万张，金额达 40 亿元，接入企业超过 5 300 家。据了解，2018 年 8 月 10 日，区块链电子发票方案正式落地，发票开出。这是由腾讯金融科技旗下业务腾讯区块链提供底层技术支撑，高灯科技、金蝶、银联、招商银行等提供行业解决方案，国家税务总局深圳市税务局拥有完全知识产权的区块链电子发票。目前，超过 5 300 家企业注册使用区块链电子发票，其中包括招商银行、平安银行、微众银行、太平保险、沃尔玛、百果园、国大药房、深圳地铁、深港出租车、西湖出租车、万科物业、碧桂园等多家大型重点企业。[①]

2019 年 7 月 17 日，李克强总理主持召开国务院常务会议，确定支持平台经济健康发展的措施，壮大"优结构、促升级、增就业"的新动能。会议指出，互联网平台经济是新的生产力组织方式，是经济发展新动能，对优化资源配置、促进跨界融通发展和"双创"、推动产业升级、拓展消费市场尤其是增加就业都有重要作用。会议强调要优化互联网平台经济发展环境，并提出了今年建成全国统一的电子证照共享系统和电子发票公共服务平台等具体目标。[②]

（三）对我国电子商务税收实践的建议

通过以上分析可以看出，当前我国在电子商务税收方面已经进行了积极探索，并根据

---

① 资料来源：区块链电子发票已开出600万张 接入企业超5300家[EB/OL].https://news.pconline.com.cn/1283/12831829.html.
② 资料来源：李克强主持召开国务院常务会议 确定支持平台经济健康发展的措施 壮大优结构促升级增就业的新动能等[EB/OL]. http://www.gov.cn/premier/2019-07/17/content_5410654.htm.

基本国情和发展需要制订了"互联网+税务"行动计划。但除了"互联网+税务"行动计划中强调的内容外，还需要考虑以下两点。第一，从支付体系入手解决网上交易是否实现及交易内容、数量的确认问题，实现真正的网上监控与稽查。在销售方网址上，通常有要求购买方填写有关银行卡信息等栏目，税务机关通过对这些栏目的管理可以有效地堵住"地下收入"的漏洞。银行、海关等部门建立网络连接，便于税务机关在必要时监控纳税人的资金流动情况。第二，加强国际间的合作与交流。要防止网上贸易所造成的税收流失，只有通过我国与世界各国税务机关的密切合作，运用国际互联网等先进技术，加强国际情报交流，才能深入了解纳税人的信息，使税收征管、稽查有更充分的依据。在国际情报交流中，尤其应注意有关企业在避税地开设网站及通过该网站进行交易的情报交流，防止企业利用国际互联网贸易进行避税。

总之，根据电子商务的发展，确定了电子交易经营行为的征税范围，对电子交易的不同发展阶段分步考虑和实施征税。还需要完善我国《会计法》等相关法律，明确电子发票作为记账核算及纳税申报凭证的法律效力。

第三节　电子商务税征收问题及电子商务对我国税收影响的讨论

一、关于征收电子商务税的讨论

随着电子商务的广泛应用，是否针对这一新兴商业活动征税成为一个讨论的焦点。

（一）征收电子商务税的观点

1. 不应针对电子商务开征新税

持这种观点的学者认为，经济发展是税制变化的决定性因素，开征新税的前提是经济基础发生实质性的变革。从税收发展史来看，经济基础的变化，会带来税基的变化，继而使税种发生变化。电子商务也是属于商品经济范畴，其交易内容与传统贸易并无实质性差别，只是交易形式有所创新。简单地说，电子商务的交易本质上与传统的交易相同，只是随着科技的发展改变了交易形式，但并没有改变买卖本身的性质。从交易内容上并无差异，甚至可以说电子商务只是分割了商业企业和服务业的某些业务。因此可以认定电子商务的经济基础仍然是商品经济，电子商务并未使经济基础发生实质性变革，不应当对其开征新税。

2. 必须针对电子商务开征新税

持这种观点的学者指出，网上交易的税种是由交易的内容（课税对象）来决定的，而不是由电子商务的形式来决定的。电子商务是建立在计算机和互联网技术基础之上的，对这种经济模式应当一分为二地来进行剖析。一是电子商务是传统商业贸易与交易行为在网络中的延续，交易商品与服务仍为传统的产品与服务，未发生本质性的变化，计算机与互联网对传统产品只起到宣传和销售功能，持反对开征电子商务新税的认识仅限于此。二是电子商务中产生了数字化、电子化的新型商品与服务，该商品具有虚拟化与无形化的特性，其生成、销售、传递等所有过程完全依赖于计算机与互联网，网络经济以其虚拟化市场、个性化产品定制等新特点冲击了传统的经济基础,带来税基的变化,继而使税种发生变化。因此,必须开征新税。

(二)征收电子商务新税的方案建议

需要注意的是,对电子商务开征新税并不是指对所有通过电子商务交易的产品全部征收,而是只对直接电子商务中产生的新型的网络信息商品、在线服务和其他网络劳务征收。

在电子商务中,物流、资金流与信息流均在网络中实现,特别是物流与信息流趋于相同状态,一并在网上进行传递。而这种所谓的"物"又与传统的"物"的概念完全不同,再按照传统税制收税确定课税对象显然是不适宜的。由于交易对象的变化,必然导致课税对象的变化。

当前,全球范围内比较流行的观点是征收"比特税",但是这一观点同时也遭到了很多人的反对。主要原因是比特税难以区分信息流的性质,从而不符合税收的公平原则。比特税的征收也没有考虑到网络信息商品的价值问题,网络中传递的相同流量的信息,其价格可能是完全不同的。这样就违背了税收的实质课税原则。

相较于传统商务活动,电子商务促使了课税单位的变化,在电子商务活动中,不得不考虑网络信息商品的价值性,当然同时也必须考虑到比特税的合理性。如果只对其征收比特税,无法体现出网络信息商品的价值;如果只对其征收从价税,则无法体现出税收的公平性。所以,为了既符合税收原则,同时又能解决电子商务造成的国家税收大量流失问题,建议采取既征比特税又征从价税的方式来解决该问题。但是,电子商务毕竟是新兴事物,在现阶段双重征税的前提是采用较轻的税率,比特税只是按照信息流量进行象征性征收,以便体现网络商品交易的可税性。

此外,按照我国现行税法规定,对于注册地在我国的公司,无论其服务器或网址注册地是否在本国,只要进行网络信息商品销售的,均需要由其自行缴纳网络信息商品税。对于注册地在外国的公司,无论其服务器或网址注册地是否在本国,在我国进行网络信息商品销售时,由消费者缴纳网络信息商品税和关税。

二、电子商务对我国现行税收的影响

(一)流转税征收受到的影响

流转税,是指以商品交换和提供劳务为前提,以商品交换和提供劳务而发生的全部或部分货币流转额为课税对象的一类税收。通常,以商品和劳务交易中取得收入的一方为纳税人,以其取得的商品销售收入和劳务营业收入作为计税依据。

当前,流转税仍然是很多发展中国家的主体税,同时,虽然流转税在发达国家的税务体系中受到过冷落,但自20世纪80年代开始,流转税再次得到了发达国家的重视。流转税在税制结构中的地位和作用是不可缺少的。我国现行的流转税制度主要由四个税种组成:增值税、消费税、营业税和关税。这四个税种相互配合,共同构成了我国流转税体系。下面,我们重点介绍增值税、消费税和营业税的基本法律规定。

1. **电子商务对现行增值税的影响**

《中华人民共和国增值税暂行条例》(以下简称《增值税暂行条例》)规定,在我国境内销售货物或者提供加工、修理、修配劳务，及进口货物的单位或个人，就其取得的货物或应税劳务金额，以及进口货物金额计算税款。在电子商务时代的跨国或国内交易中，顾客通过网络订购商品将有以下两种情形：

第一种情形：这类商品并不是经过网络电子化实现传送的。例如，某公司在国外网站购买某种商品，当这些商品需要离线交易时，电子商务对增值税的影响不大，当这些商品运抵我国海关时，海关依照规定代征进口产品增值税。

第二种情形：这类商品是经过网络电子化实现传送的。这种情形属于在线交易的情况，则征免增值税的法规适用确有问题。主要表现在以下几个方面。

首先，某甲在国外网站通过互联网以电子传送数字化产品给国内某乙，到底是否课征进口商品增值税？假如认定其是进口货物，按税法规定应征收增值税，但实际上政府不一定能收到这笔税款。因为，依照税法规定，进口货物的收货人或代理人为纳税人。当数字化产品以电子化传送时，这些收货人一般是大众消费者，每宗交易的数量又相对较少，他们一般不会也不可能想到要到税务机关申报纳税，税务机关也很难掌握有关的资料。

其次，某甲在国外网站通过互联网向国内用户提供修理、修配的技术支持指导，按税法规定属应税劳务。问题是，在某甲不主动申报的情况下，税务机关发现该类交易的可能性微乎其微。

最后，我国为鼓励货物出口，按《增值税暂行条例》的规定，对符合规定的货物实行退（免）税优惠政策。假如有某一纳税人在我国设立的某一网站销售货物或应税劳务给全世界消费者使用，则此时如何区别内销与外销？在纳税人极力夸大其外销份额的情况下，税务机关又如何查核事实真相？

2. 电子商务对关税的影响

实际上，关税受到电子商务的影响与增值税的有很多共同之处。在上述增值税论述的两种情形中，在第一种方式下的交易同目前国际邮购方式无异，在商品经过海关时，按规定予以征免关税。在第二种方式下，当通过互联网订购数字化商品时，客户直接从网上下载商品，不必课征关税，这已获国际上的普遍认同。但是，由于许多有形商品可以转化成数字化产品，预计未来关税会相应减少。

需要注意的是，按照我国现行税法规定，对于低于一定金额的物品免征进口关税，在未来跨国界小额进口逐渐取代中间代理商大额进口，且将有形商品转化为数字化商品的情况下，将会对我国关税收入有所影响。

（二）所得税征收受到的影响

所得税类，也称收益税类，是以纳税人的各种收益额为征税对象的一类税收。所得税类属于终端税种，它体现了量能负担的原则，即所得多的多征，所得少的少征，无所得的不征。目前所得税已经成为世界各国税收制度中的主要税种。我国现行的企业所得税、个人所得税属于所得税类。

1. 影响所得税税类的判断

当前，我国个人所得税征收是实行分类所得税制的，也就是说针对不同的税种征收其所得适用的不同税率。在电子商务时代，营业所得、特许权收入、劳务报酬等所得之间的分类变得模糊不清。例如，某非居民个人通过互联网传送统计资料给我国用户时，其取得的所得，应属来源于我国的所得，这就导致税种判断存在模糊性。（1）如果这些数据类似书籍杂志刊载的数据，电子化传送与取自实体文件并无不同，应属营业利润。（2）如果这些数据资料是专为顾客搜集加工的，则属提供劳务一类。（3）如果这些数据资料是特别为顾客开发程序之用，则属智力财产，应视为特许权使用。

通过分析以上情况可以看出，电子商务在一定程度上影响了所得税种类的认定。也就是说，对电子商务交易的不同认定将会影响所得税税率的适用。由于所得税类型模糊化，又将导致新的避税行为。

2. 影响所得来源地的认定

目前，我国对非居民仅就来源于国内的所得征税，而对居民则对境内外所得全部征税。假定我国居民在美国设立一个网站，直接通过互联网向全世界销售商品，则我国居民由该网站取得的所得，是否属于来源于美国的所得是一个需要考虑的问题。

（1）所得来源的判断对所得税征收的影响。首先，假定美国认定其为来源于美国之所得，我国也同意此观点，则居民公司须就该所得在我国纳税，其在美国已缴纳的所得税可抵扣在我国的企业所得税。其次，假如美国认定其为来源于美国之所得，我国不予承认，则居民公司必须就该项所得在我国纳税，且在美国已缴纳的税款不得抵扣，因而造成双重征税。

（2）所得归属的判断对所得税征收的影响。首先，如果美国认定个人所得来源于美国，我国也同意此观点，则该笔个人所得在美国要缴纳所得税，但在国内合并申报时可按规定获得抵扣。其次，如果双方均认为此来源于本国的所得，则将造成双重征税。

本章小结

电子商务的产生和发展促进了贸易的增长、税收的增加，但也使传统货物交易方式的税收制度的管理手段受到了不同程度的冲击，给各国政府带来一个共同的难题：在电子商务中，传统的税收制度将如何适应其发展。研究、制定和执行科学合理的电子商务税收政策和法规，既有利于促进电子商务的发展，也能增加国家的财政收入。基于此，本章首先就电子商务对税收政策的影响进行了深入研究，其次对电子商务税收探索、电子商务税征收问题及电子商务对我国的税收影响进行了分析。

复习思考题

1. 简述电子商务税收的特征。
2. 简述电子商务对税收征管、关税体制、国际税收各有怎样的影响。
3. 简述各国对电子商务税收的探索。
4. 简述电子商务对我国现行税收的影响。

在线测试题

扫描书背面的二维码，获取答题权限。

第十三章
电子商务监管

知识图谱

```
第十三章 电子商务监管
├── 电子商务监管概述
│   ├── 电子商务监管的概念及特点
│   │   ├── 电子商务监管的概念
│   │   └── 电子商务监管的特点
│   └── 电子商务监管面临的挑战
│       ├── 监管正当性面临挑战
│       ├── 治理模式面临挑战
│       ├── 法律赋权
│       ├── 合同授权
│       └── 市场自发
├── 电子商务监管的基本原则
│   ├── 合作治理原则
│   ├── 有效监管原则
│   │   ├── 监管决策的可行性
│   │   ├── 监管速度的及时性
│   │   └── 监管流程的高效性
│   ├── 适度监管原则
│   │   ├── 监管的比例性
│   │   ├── 监管的有限性
│   │   └── 监管的适当性
│   └── 安全保障原则
│       ├── 网络信息的安全保障
│       ├── 网络产品质量的保障
│       └── 网络消费者权益的保障
├── 电子商务监管的措施
│   ├── 电子商务监管措施的性质
│   └── 电子商务监管措施的类型
│       ├── 许可证制度
│       ├── 备案登记制度
│       ├── 工商登记管理制度
│       ├── 政府统一标准制度
│       ├── 强制信息披露制度
│       └── 实名制
├── 电子商务监管体系
│   ├── 电子商务监管体系概述
│   │   ├── 电子商务的监管主体
│   │   ├── 电子商务监管对象
│   │   └── 电子商务监管模式
│   ├── 政府治理监管体系
│   │   └── 政府电子商务监管权的内容和范围
│   └── 非政府治理监管体系
│       ├── 电子商务平台经营者的自治管理
│       ├── 行业协会的自律监督
│       ├── 商盟治理
│       └── 认证机构治理
└── 我国电子商务监管存在的问题及完善
    ├── 我国电子商务监管存在的问题及原因
    │   ├── 我国电子商务监管存在的问题
    │   └── 我国电子商务监管问题存在的原因分析
    └── 我国电子商务监管制度的完善
        ├── 构建良好的制度环境
        ├── 完善我国的电子商务政府监管体系
        └── 完善我国的电子商务非政府监管体系

本章小结
```

导入案例

共享经济也是信用经济 何不免押金?

从早上 7 点就开始有人排队,几个小时内排队人员达到上千名,队伍绵延数百米绕成长长的"蛇形",大楼各个入口、电梯被保安人员牢牢守住……这不是"春运"抢票或者名品上市,而是等待退共享单车押金的现场。

2017 年 9 月开始,多家共享单车企业深陷倒闭和跑路传闻,引发用户大规模恐慌。其实,不仅是共享单车，在共享经济下，汽车、电动自行车、到家服务、充电宝、雨伞等各类共享产品均可能涉及押金或预存款，此次共享单车押金难退的问题，引发舆论对于共享经济押金收取、使用及监管的思考。

有专家认为，随着共享单车及各种共享经济市场的逐渐成熟，一些企业必然因为经营不善而失去市场和用户，在市场"无形之手"对企业执掌"生杀大权"的同时，政府这只"看得见的手"必须加强监管和调控，保障消费者的合法权益。

押金难退，共享经济风险凸显

2017年8月，中国互联网络信息中心发布《中国互联网络发展状况统计报告》，其中相关数据显示，保守估计，到目前为止，仅共享单车领域的存量押金规模近100亿元。而据芝麻信用提供的数据，此番共享单车企业集体"退潮"，粗略统计造成用户押金损失已经超过10亿元。

缺乏强制，鲜有押金专款专用

2017年8月，交通部和国家发改委等10部门联合出台《关于鼓励和规范互联网租赁自行车发展的指导意见》，其中明确规定：企业对用户收取押金、预付资金的，应严格区分企业自有资金和用户押金、预付资金，在企业注册地开立用户押金、预付资金专用账户，实施专款专用，接受交通、金融等主管部门监管，防控用户资金风险。

2017年9月，北京市出台了《鼓励规范发展共享自行车的指导意见（试行）》，提出企业应在注册地开立用户押金、预付资金专用账户，实施专款专用，接受监管，防控用户资金风险，积极推行"即租即押、即还即退"等模式。

然而，相关指导意见并没有明确政府部门的监管责任以及共享单车企业不履行专款专用的惩处措施，因此并不具有实际的强制力。目前真正实现押金"专款专用""第三方存管"的共享单车企业并没有几家。

值得注意的是，由于共享单车企业并非金融机构，其所收押金并没有得到如金融机构般有效的监管，甚至有知情人表示，多数共享单车企业存在为保持现金流而挪用押金的现象。事实上，一直处于"裸奔"状态的巨额押金池从共享单车诞生之初就备受关注。今年秋天共享单车押金难退问题的出现，只是当初隐忧的变现。

由于目前共享单车企业和用户之间的纠纷适用于合同法，因此众多法律专家建议如果用户申请后企业不退押金，企业就要承担违约责任。一旦遇到共享单车企业破产的情况，用户想要维护自身权益，就要走债权申报。但由于每一个债权人的债权数额很小，一般很少有人会去申报债权。相关专家表示，目前最好的办法是向法院起诉，让企业依照合同退还押金。然而，为了一两百元的押金，此举对于用户来说成本仍然太大。

信用免押，应是未来的目标

会上多位专家建议在电子商务法中规定，预付款和押金应由第三方托管，消费者押金不属于破产财产，如果被挪用，应该优先第一顺位还给消费者。

现在我国第三方监管体系建立还不完全，押金监管方面目前也尚无相关强制性规定，因此用户的权益始终得不到有效保证。所以，防控共享经济押金风险，根本还在于日常监管。

还有一些专家倾向于源头解决，建议干脆不要再收押金。这些观点认为，以押金为代表的传统抵押租赁的机制，易引发风险积聚，已经不适应共享经济的发展特点，亟须引入信用机制，推动免押金服务，防范并化解风险。

如今，押金的确不再是非交不可，一些租赁平台在信用免押方面已经有初步实践，多家共享单车企业与芝麻信用合作，对达到一定芝麻信用分数的用户免除押金，一些租房中介机构也针对应届毕业大学生推出信用租房免押金特权。有数据显示，今年3月，芝麻信用与小蓝车合作，有100万左右用户享受了免押金服务，免押额度2亿元左右。

更多专家认为，为促进共享单车市场的健康发展，应该由政府、企业和用户三方联手，政府管理部门出台管理细则，加强监管；企业在保障用户权益的前提下，建立信用积分系统、设置信用制度来激励用户规范骑行等。

资料来源：周宵鹏.共享经济也是信用经济何不免押金？[N].法制日报，2017（12）：3.

第一节 电子商务监管概述

电子商务的出现是顺应我国经济和科技发展潮流的，电子商务对我国经济发展起到了很大的带动和促进作用。但是，如果我国缺少健康良好的电子商务市场秩序，不能对其进行管制和引导，便会很大程度地阻碍其发展。

一、电子商务监管的概念及特点

（一）电子商务监管的概念

电子商务已成为我国经济发展的新动力，对电商产品的质量监管是促进经济健康发展重要手段之一。电子商务监管是指拥有电子商务监管权的主体，为了确保电子商务市场秩序的规范运行，在法律法规的指导下对电子商务活动给予监督和管理的行为。电子商务不同于传统的商事活动，对电子商务监管也就不能等同于传统意义上的行政监管。

拓展阅读13.1
上海首例"套路贷"犯罪团伙组织人被判无期徒刑案

（二）电子商务监管的特点

当前我国的电子商务监管活动中所暴露的诸多问题，根本原因在于不加区别地对待线上和线下的商务活动，所以呈现出各种社会问题，引发多样的社会矛盾。电子商务监管作为新型的监管制度，与传统的行政监管法律制度相比较应具有以下三个特点。

1. 安全性

电子商务铸造了一个虚拟的互联网交易环境。但电子商务的运行和发展必须以计算机网络技术为载体，计算机网络虽然便捷但是也有自身的缺陷。技术总是与漏洞同时产生的，技术的完善也是无止境的。电子商务监管的根本目的就是保障电子商务的安全性。监管系统的技术性建立在安全性的基础之上。没有安全性，技术性无从谈起。

2. 技术性

基于公共网络的电子商务活动本身就具有很强的技术性，它是电子技术与商务活动的结合。它是通过网络完成交易，全程的无纸化流程。对于电子签名、电子认证、电子合同在线支付等可以产生现实法律效果的行为，必须有一套专业化并且技术性极强的监管系统保证其顺畅运作。电子商务的监管系统的技术性必须高于电子商务本身。

3. 多元性

电子商务涉及的主体、内容、形式都呈现多元化的趋势。监管面临的任务复杂而艰巨，对电子商务的监管也应该多元化，具体表现在：监管主体的多元化，不仅包括政府监管主体也包括相关的自治以及合作主体；监管方式的多元化，事前监管、事中监管、事后监管等多种形式并用。

二、电子商务监管面临的挑战

（一）监管正当性面临挑战

行政监管权是公权力的代表，在现代社会治理中也是主要的形式，对于其合法性的探讨一直是学界关注的焦点。第一，行政监管的公法基础是必须得到法律的授权或依法律所制定的规则所许可。通过议会立法授予行政监管权是西方法治国家的主要模式。我国的监管权力主要来源于特定法律、法规的授权以及权力机关或上级行政机关专门决议或文件的授权。第二，行政监管权力的设立主要是对市场失灵问题进行监督、调节和干预，通过政府的行政监管维护市场秩序的正常运转和矫正市场失灵。由此，可以看出维护公共利益是行政监管权正当性和合理性的基础。

网络空间是人们追求自由和科技发展的产物，其发展有着固有的特点和规律。网络空间在范围上看似不受任何地域的限制，但从国家主权的角度来看，它也是属于一个国家领域的一部分。未来的网络世界越发达，存在的危机也就越多。电子商务的出现，不仅加速了网络空间的发展，而且加强了网络世界和现实世界的联系，它涉及了人类的经济、社会、文化领域，快速地融入并渗透到人们的生活当中。对电子商务进行监管是一个国家实现其治理方式的体现。

电子商务监管是监管主体为纠正市场失灵，维护电子商务市场秩序，依据法律对电子商务活动的全过程进行的监督管理。网络时代是迄今为止人类社会经历的最为广泛的一次社会变革，它推动生产力的大幅度提高，促进生产关系发生变革，甚至会改变人类的生产和生活方式。而作为生产力发展的前段产物——经济，则会首先完成进化。网络时代的经济以电子商务的形式为主要代表，电子商务是网络时代的主要经济形式，它以洪水般的迅猛渗入到人们生活中的方方面面。对电子商务的监管实质上就是防止网络时代经济异化的可能，任何事物的进化过程都不可能会完全安全并且不发生突变。电子商务这一新兴的经济形式也不例外。为了让电子商务更好地服务人类，很有必要对电子商务进行监管，这也是行政监管权合法性的体现。

（二）治理模式面临挑战

互联网使人类的商业交往模式发生改变，同时也无形中改变了人类的治理规则。电子商务给世界上的每个政府出了一道问答题，也是对各个国家政府治理能力的考验。传统的治理模式基于政治行政分离的二元思维，以封闭的、单一的政府官僚组织作为权威治理中心，以命令与控制的手段管理公民和社会事务。随着人们民主意识的逐渐提高，人们不再满足于传统的官僚式的治理模式，以互动、协商、理解为特征的民主治理模式进入人们视线，并被广为接受。电子商务时代，公众更渴望民主治理，更渴望的是基于辩证的、多元的、开放的，由政府、社会、公民通过对话、沟通、互动和参与的形式构筑的治理模式。

电子商务具有跨时空性和跨地域性的特征，对其治理必须符合以下要求才能与之相适应：一是去中心化。政府不再作为唯一的权威角色出现，任何被认可的公共的或者私人的机构都有可能成为执行事务的某一个权力中心。二是治理主体多元化。政府不再是唯一的治理主体，会有更多种形态的主体参与到公共事务治理的活动中来。三是合作广泛化。改变传统的自上而下的命令控制方式，而更多采取主动寻求合作的方式应对市场变化。四是对话平等化。管理组织形式向扁平化的方向发展，会形成实现公共利益最大化的和谐的社会状态。

电子商务的多种经营模式，使其渗入社会各个行业和领域。目前我国对电子商务的监管主要附属于各个监管系统的共同视野下，但实际监管效果却不尽理想。如何构建一个新型的监管模式，既不与传统监管模式相抵触，又能有效地解决电子商务交易活动面临的各项问题，这对当代治理能力来说，无疑是一个重大的挑战。

第二节　电子商务监管的基本原则

电子商务监管是行政监管中的一种特殊形式，其目的在于维护网络平台上的交易行为以及其他衍生行为，以保证网络平台的正常运转和商事网络秩序的稳定。由此可知，电子商务监管的基本原则不仅要具有行政法上的一般的基本原则，还要具有自身特有的基本原则。

一、合作治理原则

现代政府的治理越来越呈现出服务化的趋势。公共服务的复杂性和多元化，使得政府不得不在公共服务的资源配置上作出新的优化。网络商事活动的发达，为网络监管带来多重的监管困境，也将网络监管的困难程度提高到了一个台阶。合作治理原则是现代政府治理发展的必然趋势。就目前的法律体系和市场环境而言，可实现合作治理的途径主要有以下三个方面。

拓展阅读 13.2
杭州首起电商恶意投诉案

（一）法律赋权

法律赋权是针对在特定条件下形成的治理规则。由于历史原因养成的习惯或者由于合同授权积累到一定程度，需要将此种规则提高到法律的层面，并且这种规则也是有利于社会发展的，法律就会在条文中直接赋权。此种权力源于法律，政府不能剥夺。除非法律修改或者法律条文废止，否则被赋予的权力会一直存续。法律赋权可以给公民提供更多的安全感和责任感，也可以有效地牵制政府权力，防止行政权的盲目扩大。

（二）合同授权

合同授权是合作治理最普遍也是各个国家较多采用的一种方式。面对在社会管理过程中所凸显的各种问题，总的法律框架总是有难以捕捉到的微小细节。合同授权即是，通过设立一个可以针对具体性问题的解决的合同，以委托代理的形式赋予具有问题解决能力的除政府以外的组织或个人。政府需要具备的能力是界定合同的权限范围、甄别被赋权的参加者、设计竞争流程、合同谈判、合同执行监督以及合同效果评价。这一模式可以用于解决各类管理过程中的问题，不仅缩短了管理流程，而且提高了管理效率。

（三）市场自发

这是在政府非万能论角度的基础上提出的。经济规律自有其平衡，社会运转也不例外。公权力和私权力构成了整个社会的权力分布，总有一些私权力是不能为公权力所控制的。总结人类历史发展的教训，强行要求私权力为公权力所控制，对社会机器的运转总是起到反作用。私权力在社会市场的催生下，会以各式各样的形态萌芽并生长于公权力中。合作治理的根本目的就是寻找公权力与私权力之间的有效平衡点。

二、有效监管原则

（一）监管决策的可行性

网络将地球连接起来，使整个地球变成一个"村落"，实现了人们远在千里之外也能即时交流的可能。对于电子商务活动而言这是促进其发展的有利因素。但是对于监管而言，却不能无边界，必须要明确网络监管的管辖范围。任何一个决策作出的目的都是针对一定问题的解决。跨域监管不仅为执行带来了难度，而且也会使问题得不到解决，更容易引起争夺监管权的现象发生。我们应当适度监管电子商务，否则盲目地加强监管力度和幅度会不利于电子商务的发展。

（二）监管速度的及时性

可以说，在电子商务时代，一个电商企业存活时间的长短由数据携载信息流动的速度决定。曾经占有全球市场份额 3/4 的诺基亚公司如巨龙倒下，而被现在的苹果公司取而代之的事实就表明，技术以及其更新速度是企业成败的关键。面对风云多变的电商战场，监管同样也需要具有新理念和新要求。及时性要求的是监管方的回应性与快速反应性。

我国传统的行政监督模式有着浓厚的"官本位"气息，监督效率低下并且流于形式。电子商务市场必须采取不同于传统的监管方式。监督方必须主动积极地进入到市场进程中，互联网经济的快速运转模式有可能导致需要被监管的问题也如昙花一现般消失，而如果不及时跟进，就会导致监管无效，久而久之，监管就形同虚设，最终市场也会陷入混乱。

（三）监管流程的高效性

行政机构部门繁多、冗余臃肿是行政管理上容易出现的一个问题。在电子商务监管领域尤其要避免产生此类问题，但现实中这种监管不当的行为依旧存在。我们随便点击开任何一个大型的门户网站就能发现其存在多个许可证。多机构监管容易引发的问题就是监管主体不明，监管界限不清。坚持"一个窗口对外"，设立一个专门的电商监管机构或者归属于某一单独的机构行使监管权，才能使政府监管能力得到有效提高。

拓展阅读 13.3

网络违法市场监管十大典型案件

三、适度监管原则

政府需要在给予充分发展自由的前提下，引导电子商务市场朝着合理、健康、有序的方向前进。

（一）监管的比例性

行政法上的比例原则一般是指，行政机关在执行公务的过程中，应选择对行政相对人损害最小的方式达成行政目的，且应达成的行政目的与执行成本应存在一定的比例关系。政府监管成本有以下三种：第一，行政成本，即政府在制定监管政策和执行监管决策时所消耗的人力、财力、物力；第二，服从成本，即被监管主体为了适应监管行为进行的调整而承担的损失；第三，潜在成本，政府为了维护市场秩序进行监管而造成的潜在的社会经济的间接损失。任何一种保护行为都可能存在一定程度的伤害，所以任何严密的监管的设计也不可避免地会对市场造成一定程度的损害。这就需要我们在制定相关政策行使监管权时充分地考虑比例原则。

（二）监管的有限性

明确监管范围的边界。监管范围过宽或者过于狭窄都会影响监管的实施效果。监管范围过宽，会导致电子商务市场僵化。发展中的市场是渴望自由的，监管的目的是为了促进市场的繁荣和经济的发展，监管范围过宽会导致市场主体丧失动性，影响市场潜力的开发。监管范围过窄，会引起市场的盲目竞争和垄断的发生，市场利益会为少数垄断集团所独占，不但不能形成良好的秩序，还会引起市场的混乱。总之，监管的有限性主要体现在对监管范围的度的把握上，不仅体现在立法方面，也需要体现在执法方面。

（三）监管的适当性

监管的适当性主要在于对被监管对象的监管程度的把握上。在电子商务领域，明确了监管范围并不代表可以随意地行使监管权限。就电子商务的特性而言，它除了具有商事活动的特点之外，还具有更多的灵活性和多样性。监管的目的是引导电子商务良性发展，监管行为本身就应遵循经济活动的基本规律，而不能为了保证行政权的行使而凌驾于电子商务行为之上。电子商务的开放性，决定了电子商务监管的复杂性和不确定性，具体问题只能具体分析，而不能统一用一种方式、一种规则一概而论。监管的适当性是监管行为弹性的保证，是防止电商主体和相关权利人产生不可挽回的损失的保障。

四、安全保障原则

（一）网络信息的安全保障

在互联网时代，人类存在的行为变得更具体化，与此同时海量的信息也如潮水一样呈次方式递增。电子商务其实质就是以信息为载体的商务表达，其本质上也是一种数据形态。电子商务与人类社会生活有着密切的联系，因此对承载其内容的信息就必须有标准化的要求。

作为商事交往的根本，诚信应是贯穿始终的。电子商务中的信息有时候就是作为合同的要约，其信息必须具有真实性。然而在现实中，商家往往不会真实表达其信息，或为追求利益最大化多销售商品，或为逃避责任的追究。保证信息的真实性，是电子商务监管的重点，也是维护电子商务市场秩序并保证其顺利发展的关键。

电子商务涉及各行各业，对于关乎民生的重要行业，电子商务所体现的信息要正确。比如销售医药制品等内容，应在一般民众所理解范围之内客观表述，而不能有意误导使民众做出错误判断而错过最佳的治疗时机。

（二）网络产品质量的保障

目前，有许多网络商品售后服务流于形式。国家虽然制定了"三包"政策，但各个生产商家会在政策之上设定较为复杂的隐形程序，使购买者望而却步。以数码产品为例，在保修期限范围内应是可以享受一切服务，但对于售后服务站的设立，一般只实际存在于大中型城市，有的品牌售后服务站可能仅存于北京、上海、深圳等经济发达城市，购买者若遇到产品质量问题只能选择邮寄。虽然我国《合同法》规定了因维修等服务产生的运费为经营者所负担，但现实中商家会以各种理由规避掉或者变相向消费收取因此产生的本不属于消费者负担的服务费。我国存在于大城市中的这些售后服务站多设立于城市的边缘或者交通不便捷的地区。从实际来看，生产者从商家的角度会追求利益最大化，但缩减服务成本的代价只会降低消费者对产品本身信任度。服务效率低下也是服务站存在的比较严重的问题，它的表现形式是维修时间较长或者多次返修仍不能修复。虽然国家对这些有质量问题的产品有过规定，但在实操过程中，很多商家并未将此条文贯彻，反之则是拖延消费者，似乎售后服务目的不在于维修而在如何使购买者自动放弃服务或者自主承担损失。

由于网络交易的特性，使得购买者在合同订立以前是不能接触到商品的。消费者对于商品的了解只能通过网站对商品的描述、购买记录、前消费者对商品的评价做出判断。但商业规则决定了能够呈现在消费者面前的信息一定是经过修饰并且与真实情况有一定距离的，所以网店对产品的描述无法保持客观。购买记录可以反映网店一定时期内商品的交易量，但电子商务离不开技术，技术的主导权仍然在人的手中，购买记录也不能正确表明商品质量。前消费者的评价在电子商务早期发展阶段有一定的参考价值，但随着电子商务的深入发展，诞生了职业的评价者，导致前消费者的评价记录也不能客观反映商品质量。对于网络商品质量的保护应以我国《产品质量保护法》的相关内容为基础，对网络商品质量的监管也应是监管的一个重要方面。

（三）网络消费者权益的保障

电子商务交易无法离开网络而存在，网络消费者应该与线下消费者享受同等的权利，甚至在某些方面还应该具有一些保护特权。

在电子商务领域交易中，存在着信息不对称的特点。电子商务中的销售者在信息占有方面比消费者具有更多的优势地位。在分工化的社会关系中，消费者的知识总是有限的，在有限的知识内做出正确判断总是困难的。信息不对称的后果可能引起制假造假泛滥、交易纠纷增多，也可能导致市场秩序失衡。保护消费者的知情权，也应当是监管的重要内容。

消费者通过购物平台选择商品，然后通过支付平台完成付款行为，最后通过物流公司将商品运送给消费者。在这个流程中，消费者的信息不停地在各个交易环节处流转，很容易被不法人员掌握。在现代社会中，信息已经成为一种商业资源。网络交易能够暴露出很多消费者的个人信息，被不法人员掌握很有可能还会涉及侵犯隐私权以及犯罪的危险。可电子商务的交易模式又必须支持提供交易者的信息，所以保护消费者的隐私权不被侵犯也应当是监管的重要方面。

第三节　电子商务监管的措施

一、电子商务监管措施的性质

电子商务监管措施指的是政府基于市场良性发展对电子商务主体实施的监督和管理手段。电子商务监管措施可以有效地维护市场平衡，保护网络经营者和网络消费者的合法权益。无论是合作治理或者协同监管，都必须采取一定的表现形式施加给被监管的对象。

电子商务监管措施是政府监管的最终体现，它是政府监管的主要手段。电子商务监管措施是政府行使监管权的主要手段，它和第三方交易平台的自治管理所采取的措施不同，它具有公定力、确定力、执行力，它本质上就是一种行政行为。首先，它以宪法、法律、行政法规、规章等规范性法律文件的相关内容为指导；其次，它由国家强制力保证实施，一旦生效就发挥作用；最后，电子商务监管措施行为具有可诉性。

二、电子商务监管措施的类型

（一）许可证制度

许可证制度是在电子商务监管领域被广泛采取的一种监管措施，它属于典型的事前监管。对于某些领域的电子商务，相关电子商务经营者只有具备特定的资质，并且通过政府相关部门的审核，颁发许可证书后，才能从事相关电子商务活动。例如，我国《电子签名法》第18条、第19条规定："从事电子认证服务，应当向国务院信息产业主管部门提出申请，并提交符合本法第17条规定条件的相关材料。国务院信息产业主管部门接到申请后经依法审查，征求国务院商务主管部门等有关部门的意见后，自接到申请之日起四十五日内作出许可或者不予许可的决定。予以许可的，颁发电子认证许可证书；不予许可的，应当书面通知申请人并告知理由。取得认证资格的电子认证服务提供者，应当按照国务院信息产业主管部门的规定在互联网上公布其名称、许可证号等信息。""电子认证服务提供者应当制定、公布符合国家有关规定的电子认证业务规则，并向国务院信息产业主管部门备案。电子认证业务规则应当包括责任范围、作业操作规范、信息安全保障措施等事项。"

（二）备案登记制度

备案登记是由监管部门事前对相关信息进行记录存档，以用于事后进行违法责任追究的监管措施。它的登记主体不限于工商行政机关，登记只是进行形式审查。它要求记载经营者的具体经营性等细节信息，主要用于对某些特殊领域的电子商务监管。例如，我国商务部发布的《电子商务模式规范》规定："电子商务的经营者必须通过合法的途径取得独立的固定网址，网站必须按照 IP 地址备案的要求以电子形式报备 IP 地址信息，并将备案信息刊登在网站首页下方。"

（三）工商登记管理制度

工商登记是政府在对申请人进入市场的条件进行审查的基础上，通过注册登记确认申请者从事市场经营活动的资格，使其获得实际营业权的各项活动的总称。工商登记是对商事主体活动监管的主要措施。在电子商务领域，工商登记作为一项监管措施依旧是必不可缺的，但是形式上可以采取更多的方式来替代旧有的模式以适应市场的发展。我国目前对于自然人从事电子商务经营，采用的是非强制工商登记的措施，但对于非自然人经营者，则必须依法办理工商登记。

（四）政府统一标准制度

政府制定统一的标准，保证商事活动在不低于标准的要求下开展贸易活动。制定标准是监管措施常用的方式之一，在传统的商事活动中，制定统一标准也是主要的监管措施。它是所有商事活动的底线，也是行业标准和电子商务企业标准的制定依据。典型的如对于电子商务行业的衍生行业——快递服务业，就是以制定标准的方式进行监管。

（五）强制信息披露制度

电子商务活动具有隐蔽性和匿名性，因此很容易引起网络欺诈和交易纠纷，其主要原因就是信息不对称。为了保护消费者的利益，维护市场的有序发展，政府要求电子商务的经营者们必须完善相关交易信息，以保证网络消费者能够作出正确判断，减少欺诈行为的发生。我国《网络交易管理办法》第 8 条规定："已经在工商行政管理部门登记注册并领取营业执照的法人、其他经济组织或者个体工商户，从事网络商品交易及有关服务的，应当在其网站首页或者从事经营活动的主页面醒目位置公开营业执照登载的信息或者其营业执照的电子链接标识。"第 11 条规定："网络商品经营者向消费者销售商品或者提供服务，应当向消费者提供经营地址、联系方式、商品或者服务的数量和质量、价款或者费用、履行期限和方式、支付形式、退换货方式、安全注意事项和风险警示、售后服务、民事责任等信息，采取安全保障措施确保交易安全可靠，并按照承诺提供商品或者服务。"第 23 条规定："第三方交易平台经营者应当对申请进入平台销售商品或者提供服务的法人、其他经济组织或者个体工商户的经营主体身份进行审查和登记，建立登记档案并定期核实更新，在其从事经营活动的主页面醒目位置公开营业执照登载的信息或者其营业执照的电子链接标识。"

（六）实名制

实名制是指对电子商务经营者的名称、注册号、注册地址、姓名、身份证明、联系电话等真实信息进行登记的制度。实名制是保障交易安全的有效手段，这也是随着电子商务活动的不断发展，管理者逐渐探索出的监管措施之一。2014 年国家工商总局发布的《网络交易管理办法》第 7 条规定："从事网络商品交易的自然人，应当通过第三方交易平台开展经营活动，并向第三方交易平台提供其姓名、地址、有效身份证明、有效联系方式等真实身份信息。具备登记注册条件的，依法办理工商登记。"第 23 条规定："第三方交易平台经营者应当对申请进入平台销售商品或者提供服务的法人、其他经济组织或者个体工商户的经营主体身份进行审查和登记，建立登记档案并定期核实更新，在其从事经营活动的主页面醒目位置公开营业执照登载的信息或者其营业执照的电子链接标识。第三方交易平台经营者应当对尚不具备工商登记注册条件、申请进入平台销售商品或者提供服务的自然人的真实身份信息进行审查和登记，建立登记档案并定期核实更新，核发证明个人身份信息真实合法的标记，加载在其从事经营活动的主页面醒目位置。"实名制间接地赋予了第三方平台等电子商务经营主体一定的监管权力，但也为个人隐私和信息的保护埋下了安全隐患。

电子商务监管措施不限于以上类型，此外有更多如信用管理、黑名单、监管谈话、出具警示函、价格控制、保证金、违法通告等多种措施，监管措施的多样性也证明了当前监管存在困境以及监管措施实施效率低等问题。

第四节　电子商务监管体系

一、电子商务监管体系概述

通常认为，监管主体主要是指行使监管权的行政机关或者被法律赋予监管权力的组织。但无论是行政机关还是被赋权的组织，其行政的监管权都是以国家公权力的形式体现出来的。界定电子商务监管主体的范围首先就是要明确由谁来监管的问题。电子商务领域有其固有的特殊性，监管行为和方式也要遵循其规律。关于监管主体的设定，应该也具有不同于普通商事活动的特征，电子商务监管的主体应该不限于政府自身。由于电子商务也是商事活动的一种形式，因此，对于它的监管应该更多地依赖于商事规则、惯例和传统，甚至考虑电子商务活动主体中的一些"软法"与"自治规则"。追求利益最大化的商事团体总会为自身设计一些高于制度本身的更严苛的条件，以便更有效地开展商事活动。从这个角度考虑，商事团体内部成员之间、行业之间的一些有效的监督手段和方法，应该为政府部门尊重并且可以有选择地吸收和利用。

数字化时代，政府需要尽快完成从管理型政府向服务型政府的转变，政府监管的职能在收缩，服务功能在扩大，应更多地服务于市场。电子商务本质上就是商事活动在网络世界的延伸，市场监管的主体不能仅仅局限于政府行政机关，政府行政机关应将其监管的部分职能授权其他行业组织来承担，或者放权于商业自治团体本身。电子商务市场监管的主体不能仅限于政府治理体系。

二、政府治理监管体系

（一）电子商务的监管主体

国家主权包括一国的领土、领海、领空，但网络时代的来临，使得"地球村"的概念愈发地深入人心。当然，某些领域如艺术领域等，我们可以称为无国界，即使在当下即时通信工具可以连接世界上任何一个角落的人，跟世界上任何国家的人无障碍地交流，这也不能表示网络空间就是不分界线的自由王国。在当今社会，网络空间应是一国主权的延伸。很有必要对其进行监管，尤其是体现在商业交往上。网络监管的主要主体依旧是国家，公权力应该占大部分的比重。

传统的行政监管主体几乎都是以命令式、控制式的方式来实现行政监管流程。由于行政权力形式的多样化以及行政主体执行能力的良莠不齐，因此，在传统监管模式中也存在监管失灵和监管不当的情况。市场监管机构依据法定职责对市场主体准入资格进行审查、对商业交易行为进行监督管理，具体到各部门涉及工商、税务、质监、卫生、文化、药监、城管、物价等多个行政部门。我国的行政部门划分呈"条块"状，所谓"条"状，指的是从中央到区县实现垂直领导的监管部门，如海关、国税等，或者是在省级政府以下实行垂直领导，如工商行政管理部门、质量技术监督管理部门等；所谓"块"指的是由地方政府按行政区划分层领导，如卫生、环保、文化、安全、农业等行政管理部门。我国幅员辽阔，人口众多，此种制度设计使各个部门在市场监管工作中分别承担了不同的职责任务，但涉及具体监管行为时，行政机关拥有充分的自由裁量权，这就不可避免地会产生操作上的问题。

1. 电子商务监管权的分布

当前我国对电子商务的监管权分布在众多行政监管部门当中。就电子商务交易行为而言，由工商和税务部门行使对电子商务中商品出售者的监管权；对于消费者的保护，由工商部门行使监管权；对于产品质量，由质检部门、食品和药监部门以及海关行使监管权；对于服务类产品，由商务部、知识产权局和版权局行使监管权。就电子商务中平台的管理而言，归属于工商部门和商务部管辖。就电子商务的衍生行业而言：物流业属交通部和邮政局管辖；支付服务由人民银行和银监会管辖；数据维护由工信部管辖；信息安全由工信部和公安部管辖；保障和救济方面由司法部、各级法院、公安部管辖。还有一些未明确具体管辖范围但从传统管辖角度仍具有管辖权的部门如税务财政、统计等部门，也会在具体的电子商务活动中行使管辖权。

2. 电子商务监管主体与行政监管主体

电子商务监管主体与行政监管主体在一定程度上是重合的。所谓电子商务监管就是行政商事监管主体在网络世界职权的延伸。之所以在电子监管的过程中会呈现多样化的问题，说到底还是由行政监管主体一直存在的问题导致的。只是在网络时代，以电子商务的超前经济形式使得各种监管的问题逐渐显现出来。多头监管或者监管缺位、过度监管或者监管延迟等问题，在电子商务监管领域显得尤为突出，虽然它们在早期的经济活动中已经出现。但电子商务监管主体又不能和行政监管主体完全等同。互联网发展迅速，但毕竟是建立在人类社会逐渐发展的基础之上的，它目前虽然渗入了人们生活的方方面面，但是也不能随意地将人类社会的发展跳跃式地带入某个阶段，人类社会的发展总是渐进的，互联网也只是人类智慧凝结的工具而已。电子商务监管主体不能超越于行政监管主体而存在，它可以带有一些自身的特殊性，但始终在行政监管主体的范畴内。

3. 电子商务监管主体与部门法监管主体

电子商务有着自身独特的特点。它不是仅附属于某一个经济领域如证券、银行等具有鲜明经济特点的经济形式，它涵盖了几乎所有可以借助于网络流转的商事活动，而且随着互联网的发展，它也很有可能不断地创造出更多的电子商务经济模式。所以，对于电子商务监管主体的设定不能完全效仿证监会或者银监会等专门的监督机构，它的监管主体必须具有一定的专业程度但又不能局限于某一领域，这是由电子商务的特点来决定的。

（二）电子商务监管对象

电子商务的监管对象在一定程度上也可以理解为电子商务对现实生活发挥实际作用的范围。它的表现形式有三种。

一是参与电子商务活动的人。其中的"人"包括法人也包括自然人，主要是指经营者或者以电子商务活动获得经济利益的人。

二是电子商务活动中的行为。这里"行为"不仅包括经营者的行为也包括消费者的行为，不仅包括违法行为也包括合法行为，不仅包括参与电子商务活动的直接行为也包括由电子商务活动引起的间接行为。

三是电子商务法律关系，即在电子商务活动中形成的法律关系。在电子商务活动以外的法律关系不属于电子商务监管的范围。电子商务监管对象只限于一般违法行为，属于网络犯罪等严重破坏市场秩序和人身安全等的行为不属于电子商务监管的范围。

（三）电子商务监管模式

从目前来看，我国电子商务领域还没有形成一个统一的监管模式。监管模式也是随着市场发展的不断深化而逐渐形成的。以行业不同为根据采取分业监管模式。保监会、银监会、证监会三大监管机构分别负责我国保险业、银行业、证券交易市场的监管，优点是保证市场稳定有序，缺点是缺乏有效沟通和协作。在金融监管方面我国以合规性监管为突出，追求的是市场的平稳和规范。但市场发展的内在要求促使电子商务领域的监管不能恪守传统的规则性监管模式，需要探索出更适合市场发展的新型的监管模式。

（四）政府电子商务监管权的内容和范围

1. 政府电子商务监管权的内容

从经济性行政监管领域的角度看，政府对电子商务领域的监管主要从以下几个方面进行。

一是电子商务市场主体的准入资格。因电子商务市场的特性呈现多样化，电商经营者想进入市场领域需要打交道的行政监管机关往往不止一个。这不仅有悖于繁荣电商市场的精神，而且容易造成重复监管行为，延缓监管流程，行政效率低下。

二是防止垄断行为和保持市场的公平竞争性。这是从通俗的角度来分析，电子商务是商事经济行为在网络上的延伸，所以对电子商务的监管必须参照对商事经济的监管的具体要求。电子商务是新的经济领域，尤其要防止垄断行为的发生。保持市场的公平竞争性，才能更有利于电子商务市场的繁荣。

三是信息的公开和保护。在电子商务领域，信息是商事战争中决胜的关键。通过数据分析，商家不仅能够把握消费者需求，而且可以通过掌握消费心理发掘二次消费的市场。政府监管的主要内容需要体现在对属于消费者隐私方面的信息必须给予保护。从"经济人"趋利性的角度出发，商家在没有监管的条件下对于消费者隐私权是视若无睹的。但是在现实中，依旧存在很多贩卖消费信息名单、物流运输名单等信息泄露的情况。而对于需要作数据化分析的不属于商业秘密的信息，政府监管部门有义务要求相关电商公开数据。

四是公平交易行为。公平交易行为是保证电子商务市场有序的关键。电子商务领域里的公平交易表现有以下两个方面：其一，体现在电商和消费者之间，需要保证在线上购买的商品质量、售后服务以及消费者权利救济等同线下交易的法律效果。其二，体现在电商和非电商之间，需要保证不能利用网络低价恶意抢夺市场份额。

2. 政府对电子商务监管的程度

监管程度是行政监管中最难把握的环节，它和监管对象有着直接的关系。学者刘新少从政府与市场关系的角度，对其进行定义："监管程度为行政主体以实现其监管目标为中心而对市场经济活动进行干预时，在监管手段、监管方式及监管权力的选择与使用上所确定的松严标准，范围幅度及其边界限度。"① 可见，监管程度并不是静态不变的，它是一个动态的过程，直接决定监管的效果。关于监管程度的划分在学界有很多标准，在研究电商监管领域，应以分级监管的方式将监管程度从松到严划分，从而形成市场调控、适度监管和严格监管三个等级。这三个等级分别形成三种不同的监管模式，而在电子商务领域应以适度监管为原则，市场调控为主，严格监管为辅的监管模式。电商领域更具有经济开放性，从审批准入阶段已经经过了和线下经营相当的严格准入程序（经行政许可批准进入电商领域的可交易商品已是被线下贸易直接允许的）。电子商务领域是新经济形式的表现，虽然繁荣但仍然是幼年期，严格监管仅适用于电商领域关于金融贸易等易引起市场风向转变的区域，除此以外的一般交易行为，应留给市场自主调解，必要时适用适度监管模式。

拓展阅读 13.4

浙江整治互联网违法广告

此外，考虑监管程度的因素还包括监管的成本以及监管的风险，电子商务监管领域也是如此。以经济学的视角来看，政府也是"经济人"之一，政府行使行政权是为了社会秩序的正常运转，但管理作为一种支出也是需要消耗资本的，这其中包括人力和物力两个方面。网络交易的隐匿性有时会为政府部门的监管带来很多不必要的支出并且浪费很多资源，政府部门对于网商内部的一些潜在的规则是无法准确而具体把握的，这给监管程度

---

① 资料来源：刘新少.公法视域内行政监管范围研究[D].中南大学博士学位论文，2012：56.

的考量带来很大的干扰。

从监管行为本身来看，也是一种行政行为，它有可能给监管相对人带来损失，电子商务领域信息的传播速度非常快，监管不当导致的监管失灵也会引起社会舆论给予的道德风险，更严重的有可能导致政府公信力的丧失。综上所述，在电子商务领域仅仅依靠政府单方面的监管是乏力且效果不佳的，必须结合非政府治理体系中的监管要素，才能更为恰当地分配监管要素，使电子商务监管的效率达到最优。

三、非政府治理监管体系

（一）电子商务平台经营者的自治管理

共治模式是电子商务领域最有效率的监管模式，电子商务平台经营者在其中发挥着重要作用。其对平台内电子商务经营者的情况最了解，监督也最直接，在一定程度上保证了监督的效果。对平台内电子商务经营者的监督管理既是电子商务平台经营者的职责，也是一种法定的义务，不履行该义务可能导致平台经营者承担相应的法律责任。鉴于前述电子商务平台经营者的义务已有明确论述，在此不赘述，只是概括性地规定电子商务平台经营者有权根据其依法制定的管理规则对平台内电子商务经营者及其他用户采取相应的监督管理措施。

（二）行业协会的自律监督

自律监管会比他律监管的效果更明显，应注重发挥电子商务行业协会的自律监管作用。行业协会的自律监管不仅是权利，同时也是义务，是行业协会应尽的职责。明确电子商务行业协会应当履行行业自律职责，制定行业自律规范，指导、规范和监督电子商务经营者依法生产经营，并为其成员提供信息、技术、管理和培训等服务，向政府有关部门提出工作建议与意见。行业协会依法制定的章程、标准、公约、规则等自律规范，应对其成员有约束力。成员违反自律规范的，行业组织有权依照其章程和约束措施作出处理。我国《电子商务法》明确规定，电子商务行业组织按照本组织章程开展行业自律，建立健全行业规范，推动行业诚信建设，监督、引导本行业经营者公平参与市场竞争。

自律监督还应注重政府监管与行业协会监管两者之间的衔接，实现政府监管的权威性、强制性、独立性与行业协会的灵活性、适时性、民主性之间的互补，建立政府监管与行业自律的联动机制，达到社会利益与行业目标的均衡。政府有关部门应当确立与电子商务行业协会的沟通协调、信息共享制度；可以授权行业组织制定相关标准，根据行业协会对企业或会员的信用评价和处理措施，确定重点监管对象。2018年1月8日，中国电子商务协会B2B行业分会正式上线B2B行业自律公约专题网站，这标志着中国B2B行业诚信体系建设进入了一个新的时期。网站上线开放了申请通道，原则上所有B2B行业企业皆可申请加入，审核通过后协会将在公约专题网站上对公约成员进行资质展示。

（三）商盟治理

商盟制度形成于2004年，以分享与合作为理念。商盟的性质接近于行业协会，但是与行业协会还是有一些区别。商盟是借助于行业、地域等相关因素而自愿组成的、维护成员利益的民间商业联盟。① 商盟的主要功能包括信用保障、经验分享和一定的惩戒监督职能。它对加入者有一定的要求，并且此要求比第三方平台对于经营者的要求要严格。其组织成员通过商盟内部的活动进行信息交换，分享市场经验，也为商盟的凝聚力和权威性打造了坚实的基础。

（四）认证机构治理

认证机构是当前电子商务环境中不可缺少的组成部分。无论是支付过程还是交易过程，认证机构都有着重要的地位和作用。认证机构是在电子商务交易环境的不断发展中产生的，它以中立性的地位，在买卖双方的过程中起着监督的作用。它不同于第三方平台，它以拥有更多的可信赖性而使其自身具有较高的权威性。它不仅对电子商务的参加者负责，而且对整个电子商务活动也有很大的影响力。

此外，除了上述监管方式外，应进一步激活社会监督机制，形成全社会的监管合力。可以通过听证、座谈会、公开咨询会等方式，提高民众参与监管的热情；也可以发动舆论监督的力量，允许媒体通过新闻报道、调查、评论等多种方式，对商事主体的违法行为进行监督。

第五节　我国电子商务监管存在的问题及完善

一、我国电子商务监管存在的问题及原因

（一）我国电子商务监管存在的问题

1. 监管职权没有明确

我国行使监管权的机关主要分布在工商、税务、质检、海关、商务、邮政、银行、公安等部门。电子商务商事主体从市场准入到贸易行为结束都要经受各种权力机关的监督和检查，这对于高速发展的互联网经济不仅有害，而且也有悖于互联网追求自由与平等的精神。监管职权不明确主要表现在以下几个方面。

第一，监管主体的不确定。传统商事主体的营业场所都是有地理位置可依循的，根据地域管辖的原则，非常容易确定监管主体。即使偶尔出现跨行业或者地域的情况，也不会涉及多个监管主体。而互联网经济因其经营方式和交易方式的特殊性，往往会涉及多个地域或者一个地域的多个监管部门。监管主体之间没有明显界限不仅仅会使被监管方产生多重束缚，也给监管主体自身带来诸多不便。

第二，监管职权的滥用。和传统的商事活动不同，电子商务具有线上和线下并存的特点，涉及的衍生部门也非常多，物流行业与电子金融行业就是在电子商务发展的影响下逐渐发展起来的。电子商务涉及监管部门较多，监管权必然会发生冲突，职权被滥用就是在多重

---

① 资料来源：沈岿，付宇程，刘权.电子商务监管导论[M].北京：法律出版社，2015：14.

监管下最易发生的行为。

第三，监管裁量权的不统一。信息是网络时代发展的源泉，在互联网经济中，信息的经济效益尤为显现。传统的监管方式的滞后性导致监管信息的不完善，在此不完全信息的基础上制定的监管标准必然会带有强烈的滞后性，现实中产生的各类监管裁量不统一也有因可循了。监管裁量权的不统一不但发生在不同监管部门之间，也会发生在同一个部门对待同类性质的电子商务活动中。这类监管行为若长期存在会使被监管方丧失对法律权威的信赖以及法律威严的束缚。

2. 缺乏监管安全性

监管安全性的缺乏主要表现在以下三个方面。

第一，产品质量的安全性缺乏。产品质量问题一直是困扰消费者的主要问题之一。诚实信用原则是电子商务活动中秉承的基本原则，诚实信用原则是电子商务经济中的根本，但也是最容易为不良交易者所利用的。实践中，由商品质量引发的电商贸易问题层出不穷且屡禁不止。网络的匿名性给监管行为带来很大的阻碍。各电子商务平台虽然推出各种针对产品质量的治理措施，但自己不能成为自己的法官。作为经济实体本身，这种监管对产品质量起不到有效的监管作用，需要建立一个来自外部力量的长效监管机制，从而真正使产品质量的安全问题得到解决。

第二，第三方支付平台引发的危机。第三方支付平台是以信用中介者的身份，帮助持卡人消费者完成银行与商家的对接。第三方支付的出现使得电子商务的发展速度大大增加，但同时也带来一些问题和风险。一般在任何金融机构内部都会具有一套完备和稳定的网络安全保障系统，构建此类系统需要耗费大量的人力、物力资源，只有在类似国家力量的支持下，金融机构的安全保障体系的构建才有实现的可能。我国的第三方支付平台是在电子商务经济繁荣下自发生长出来的，它从事着类似于金融机构的相关业务，在一定程度上也发挥了一些类似金融机构的作用，弥补了电子商务活动中的一些空白，但究其根本性质而言，它不具有金融机构的资格。第三方支付平台本身固有的局限性使平台长期处于危险之中，安全性的缺乏会引发一系列的事故隐患。第三方支付平台应对突发事件的和处理危机的能力较差，更易给不法分子以可乘之机。电子商务经济的发展也促使了黑客技术等网络犯罪等事件的高发。由于网络的隐匿性，平台本身很难辨别资金的来源和去向，这就使网络洗钱、非法转移资金等活动成为可能，为线下的不法分子犯罪提供了巨大的资金支持。这不仅仅是网络世界的危机，也是现实生活的隐患。

第三，信息安全的保障性差。电子商务活动中因涉及大量的资金流动以及网络的匿名性，需要交易双方提供真实的个人信息。实名制虽然为交易带来了极大的便利，但实名制也为信息泄露埋下了安全隐患。一件货物从卖方到买方的过程，需要经过交易网站支付平台、物流服务等多个大的环节，其中任何一个大的环节下又包含多个小环节，而这其中的任何一个环节都有客户信息泄露的可能。信息泄露引发的问题轻则会使消费者遭受垃圾信息的干扰，重则可能会给不法分子带来可乘之机，使社会秩序以及人们的生命安全受到威胁。

3. 监管措施不当

监管措施不当主要表现在以下几个方面。

第一，监管措施的缺位。在电子商务的某些领域，还存在监管盲区，即存在监管措施缺位的问题。例如，在我国，隐形广告、虚假与不合法广告、不正当竞争行为广告在网上随处可见。目前对网络广告的监管几乎是空白,尽管一些地区出台了一些相关的规章,但由于条文缺乏可操作性、面对的监管对象是个新兴事物等原因,造成对网络广告的监管比较乏力,再加上电子商务的超速发展,网络虚假广告和内容违法的广告数不胜数。另外,对网络线上交易后的监管也存在缺位的情况。例如,对网络商品物流配送、网络商品售后服务等环节也缺乏足够的监管措施。

第二,监管措施的重复。对于某些电子商务,监管措施存在重复现象。这种重复的监管措施既可能来自于同一个监管部门,也可能来自不同的监管部门。例如,经营者获取了相关许可有资格开实体药店,但如果要在网上销售药品,还得再次获得互联网销售相关许可,这是一种明显的重复监管。另一种重复监管源于不同部门的多头执法,不同部门对同一事项采取了重复的监管措施。

第三,监管措施安全效果的缺乏。电子商务综合性的特点决定了电子商务涉及的行业多、种类繁,安全性是监管的首要任务。但从目前的监管措施的实施效果上看,在安全性监管方面还是不尽如人意。首先是对信息的监管方面,信息安全保障性差,这里不仅指消费者的信息还包括经营者的信息。这些信息一般都具有真实性,并且商业价值很高。不法分子通过反复倒卖信息赚取高额利润,这对电子商务的参加者都是非常不利的。它不仅干扰了经营者正常的经营秩序,也增加了泄露消费者隐私的隐患。其次,在关系到民生的网络商品的监管方面,监管措施也没有真正发挥作用。目前在网络上能够售卖的商品种类繁多,从食品到医药,从保险到理财,从培训到社交,跨越各类行业。电子商务门槛低,准入者多,对于关乎民生的网络商品销售,必须给予高度的监管。但电子商务交易形式多样,一些不法商家为了获取高额利润利用网络低价吸引消费者,虽然消费者对于购买低价商品也需承担一些责任,但是监管的疏忽也是导致这些不合格商品进入市场的原因。民生方面的网络产品一旦出问题就会影响整个经济的发展,所以,无论线上还是线下,对民生类的网络商品必须给予高标准的监管要求。

第四,监管措施效率低下。互联网经济时代首位的要求就是效率优先。效率意味着一个企业的兴衰、一个行业的盛衰,电子商务对效率的渴求度不逊于对利益的追求。可在不完备的法律体系下,监管措施就无可避免地具有强烈的滞后性。从监管能力的角度来说,监管部门人才匮乏、监管手段落后。制度本身总会保持一定的惯性。即使在电子商务活动的猛烈冲击下,监管制度本身有所革新,也会保持一些原有制度的惯性,从而致使监管效率低下。

(二)我国电子商务监管问题存在的原因分析

1. 监管利益存在冲突

电子商务市场的发展目前仍然处于初级阶段。一个市场不可能一下子就是一个成熟的市场,需要经过漫长的时间来发展,在这个过程中,政府会不断地调整和修改政策以指导市场的发展。但这种指导行为不一定是完全有利于市场本身的,很有可能的情况是政府会制定出有利于政府一方的政策和方针,在地方政府尤为明显。权力寻租[①]在这种情况下极易

---

① 权力寻租是指握有公权者以权力为筹码谋求获取自身经济利益的一种非生产性活动的经济学术语。权力寻租是把权力商品化,或以权力为资本,去参与商品交换和市场竞争,谋取金钱和物质利益。

发生，而最终形成的规则仅有利于倾向政府利益的少数人，这对市场的发展是极为不利的。市场的规则不会因为政策的出台而发生根本变化，最终的局面是市场畸形发展，而最后为这些冲突的买单者还是会转回到政府自身上来。从根本上来看，这种监管问题是因为政府部门间存在利益冲突，这种利益冲突不仅体现在横向方面也体现在纵向方面。政府是国家行政权力的执行者，政府执行国家权力是通过部门的具体执法行为落实的。在计划经济时期，政府部门仅是作为传达上级到下级间指令的工具，统一部署，统一执行。随着市场经济来临，部门之间在贯彻政策的过程中逐步分化，逐渐形成以部门利益而不是以国家利益为目的的态势，偏离了公共利益的导向。各个部门形成较为独立的利益主体，导致监管行为碎片化、监管权力分散。电子商务领域是经济的聚集地，部门利益的争夺因此就更为严重。

2. 监管权力边界不明确

监管权力边界不明确主要表现在以下三个方面。

第一，监管对象难以确定。虽然我国政府于2010年颁布施行了《网络商品交易及有关服务行为管理暂行办法》（以下简称《办法》），该办法对于互联网交易起到了指明灯的作用。但互联网经济在法律的实际应用过程中，监管对象的不确定就是遭遇到的难题。其不确定因素一是监管对象的范围的不确定，二是监管对象的商品经营者不确定。

第二，行政执法机关权力边界不清。市场监管需要各个部门的合力作为。虽然我国行政机关以"条块"管辖的形式对行政管理作出了明确的分工，但现实中由于社会的复杂性和多样性，往往会出现权力边界不清的情况。这些不仅仅体现在部门和部门之间，有时候部门内部也会产生执法冲突的情形。尽管国务院在"三定规定"中已经对各个电子商务监管部门的职能有所规范，但在实际的执行中，仍然存在多头监管、争夺监管权的现象。

第三，地域监管管辖权的冲突。首先，传统行政管辖规则与电子商务活动的行政管辖规则存在冲突。其次，部门规章和地方政府规章对于管辖归属也都未必清晰。

3. 组织体制不畅

组织体制不畅造成的直接后果就是监管的回应延迟。我国当前行政管理体制存在一定的问题。每个成员有固定的职责范围，权力结构自上而下排列成等级层级分明的结构体系，成员之前按层级的高低形成命令与服从的关系，构成严格的层级控制。这样的制度设计具有高效和一体化的优越性，但在电子商务领域中，传统的制度设计已经不能满足当下发展的要求。

第一，职能分工的细化延长了工作流程。职能分工的细化必然使工作流程被分割成若干不同的环节，会使运作流程耗时且效率低下，也容易形成多头指挥的局面。

第二，多层制等级结构有造成机构膨胀臃肿的风险，在电子商务监管领域会提高这种风险。用传统的监管模式来处理电子商务活动的问题必然造成部门的不断扩大、机构层次繁多，从而错过治理电子商务问题的最佳时机。

第三，部门分工的增多使部门间形成了壁垒，出现互相推诿和争夺利益的情况。传统的条块分割制使得资源共享程度差，信息和资源零散地分布在不同部门不同人员的手中，而在电子商务领域中需要通过把握完整的信息才能有效地应对各种突发问题。

4. 监管措施手段滞后

电子商务依托于高科技，以及计算机和网络技术的发展和成熟，它是一种对技术性要求非常高的经济形式，传统的监管模式想要成功转型必须依赖技术手段的更新。技术手段的缺失，使各自记录的有效信息难以共享，协同执法未能形成，进而影响到部门间合作，制约了各市场监管执法部门的行政执法作为。

电子商务是商事经济在网络上的延伸，对电子商务的监管过程中产生的问题，根本上来说还是由市场监管部门间存在的问题造成的。市场监管一直以来就是政府、学界、商界等领域困扰并且争论的话题。它涉及经济、政治、法律、管理等多个研究领域，并且准确把握监管的平衡点和尺度也是非常困难的，仅仅依靠政府单方面的监管是远远不够的。电子商务的发展不仅需要依靠政府的监管体制改革，也需要形成内部的自监管系统。

二、我国电子商务监管制度的完善

（一）构建良好的制度环境

1. 推进电子政务，实行协同监管

电子商务监管的主要困难来自于部门与部门之间的障碍，电子政务是有效解决和应对这一监管难题的方法。电子政务的普及可以推进行政流程的再造，优化部门间的关系。市场监管是部门间合力的效果。它不仅需要上下级部门之间的协同，也需要同等级跨部门之间的协同。在行政管理中，协同是指针对某一事件统一组织不同的政府机关、部门，以便使其围绕同一任务、目标进行高效的业务操作，通常包括制度协同、技术协同、流程协同和资源协同等几个方面。电子政务最大的优点就是可以将部门间的协同性有效地统一起来，从而形成一种新型的管理模式。

第一，电子政务标准化的要求可以促使协同监管的实现。业务技术标准不统一，流程不规范，是造成协同监管乏力的根本原因。监管要求标准化，也更有利于电子政务的普及。

第二，协同监管可以明确责任归属，防止监管缺位。传统的监管方式也是需要监管部门之间的协同才能完成的，但现实往往是"有利争着管，无利无人问"的局面，市场经济的趋利性也体现在了政府的管理上。电子政务中的协同监管，由于信息资源的共享性，管理模式和流程具备更多的开放性，监管职权划分清晰，监管责任也就较为明确。

第三，协同监管可以实现监管合力，使监管主体发挥主观能动性，监管效果最大化。电子政务避开了传统体制中职能的交叉性和职能的层级性对监管主体的制约，有利于调动监管主体的积极性，监管过程中监管人员的成就感会促使监管行为由结果导向，而不会形成慵懒乏力的流程式工作状态。

2. 建立合作监管制度

合作监管是指为了实现公共管理的目标而采取的监管的合作形式，即由多方主体采用多种手段在监管领域互相作用的一种监管模式，是政府、市场、第三部门等众多行动主体相互合作、分享监管权力、共同管理监管事项、实现监管目的的活动。[①] 传统的监管模式以国家监管为主体，从制定监管政策到执行监管规则以及对监管行为的处罚都是国家主导。但随着社会的发展尤其是在商业领域，传统的监管模式已经无法应对日益变化的市场规则。

---

① 资料来源：朱宝丽.合作监管的兴起与法律挑战[J].政法论丛，2015（4）：137-144.

1）合作监管模式的新特点

第一，合作监管的监管手段灵活多样。市场经济的监管是一个多层次的体系，合作监管通过自我监管、市场数据分析、经济激励等多种手段进行监管，能够有效地应对市场的多样性。

第二，合作监管的监管主体多元化。合作监管的主体不仅包括政府，也包括各类非政府自治主体，监管规则的制定、执行、责任承担由众多组织共同分担，既保证了监管的有效性，也降低了政府监管的成本。

第三，合作监管具有一定的公益性。自愿性是合作监管的基础，合作监管在一定程度上是自发形成的，它是为了维护某种公共利益的实现而由相关组织自觉形成的监管。

第四，合作监管有利于监管目的的达成。合作监管在某些情况可以跨越公、私的概念，在监管过程中，各监管方只作为监管合作对象而存在，有利于排除干扰因素，形成监管合力，实现监管目的。

2）合作监管的意义

在电子商务监管中要体现合作治理原则。合作监管和合作治理这两者是不同的，监管是治理的一种特殊形式。电子商务监管是监管面临的新挑战，合作监管是有效应对这一挑战的工具之一，表现在以下方面。

第一，合作监管的监管范围广泛，可以应变电子商务市场中多样化的贸易形态。电子商务不受地域限制，交易形态多样化，传统监管模式很难渗透到电子商务的内在机理去解决问题，合作监管的主体多样化，监管形式多样，可以应对电子商务市场多变的复杂性。

第二，合作监管的流程顺畅，有利于电子商务的开展。合作监管从监管协议的达成到监管执行的完成的整个监管制度都是合作监管各方自愿合意的结果，再具体到规范的遵守上，各方也会发挥更多的主观能动性自觉配合以促进监管目的的实现。

第三，合作监管更能满足电子商务开放性的要求。电子商务的开放性将监管的难度和要求提高到了新的阶段。合作监管能够吸引公众参与从而增进决策的科学性，使监管更公平合理，并且在一定程度上增强民意的表达，提高治理的民主性。

（二）完善我国的电子商务政府监管体系

1. 完善监管主体的权属

根据电子商务的属性不同将电子商务监管主体划分归类，电子商务具有四大属性：媒体属性、产业属性、基础设施属性和公共服务属性。根据这四种不同的属性，明确现有的监管主体的责任的归属。对媒体类监管的要点集中体现在信息的安全性与合法性上，对产业类监管的要点集中在产业的运作和规范管理等方面，对基础设施类和公共服务类的监管主要体现在服务的安全性和可持续性方面。

2. 完善监管方式

第一，加强行政立法的改进与完善。在立法筹备期应充分听取公众、学者、电子商务各类参与人的意见和建议，通过网络提高政府电子商务监管立法的民众参与程度。政府监管立法的原则应是促进电子商务市场的发展与社会秩序的稳定相互平衡，结合实际问题和专家论证实现线上线下、纵向与横向的立法统一。在立法的同时，也要建立电子商务监管救济机制。

第二，更新技术手段。电子商务是以互联网和计算机为载体发展起来的市场形式，对电子商务的监管仅从硬件上更新是远远不够的，更主要的在于技术手段的更新。技术手段的更新是整个监管系统需要形成如渔网状的监管脉络——个别监管区域的失灵不会影响到整体，另一方面则是人才的训练和培养。计算机的发明是在人脑的基础之上，计算机的控制也需要人脑的最终决策，电子商务虽然是通过计算机表现，但最终的操作者还是隐藏在显示屏后面的人，而监管的最终体现还是人与人之间的较量。培养精通计算机技术的复合监管人才是更新技术手段的重点。

第三，建立"激励型"监管模式。激励型监管是与传统行政法上命令型监管相对的概念。它是为解决市场失灵，弥补传统控制型监管的不足，行政主体通过采取经济诱因的方式，正面激励，引导市场主体自愿按照政府意图作出或不作出一定的行为，以实现其既定政策目标的非强制性行政活动方式。[①] 政府在电子商务领域不应该成为监管的主要角色，更多的是起到类似"守夜人"一样的服务行政的作用。激励型监管属于服务行政的范畴，它以行政民主、行政效率为基本价值取向，体现了行政的民本思想和人文关怀理念。电子商务监管需要行政理念的转变，而激励型监管模式就是其要转变的方向所在。

第四，重视市场内部的监管作用。政府不是万能的，并不能解决所有问题，尤其是市场内部的问题，所以留给市场一些监管的空间，重视市场内部的监管作用，能够更快地实现政府监管的目的。

3. 完善监管方法

第一，建立统一的监管机构。目前参与电子商务市场监管的机构很多，政出多门，监管管辖界限不明确，反而不利于监管目的的实现。建立统一的监管机构，有利于协调监管部门间的关系，高效利用监管资源。按照我国行政机构的建制，统一的监管机构应该是直属于国务院的事业单位，行使相对集中的行政监管权。所谓相对集中的监管权，是指能够适应监管时势，调整政府部门设置，突破现有行政体制的条块框架，将若干行政机关分散行使的行政职能集中由一个行政机关行使。

第二，完善监管分级制度。监管分级制度是将监管客体或者对象细化，采取不同的监管思路和措施。电子商务客体种类繁多，以信息为载体，可以在网络信息监管的基础上将各类客体分类监管。从市场准入的分类许可到监管过程中的监管强度，再到处罚阶段依据对电子商务监管客体的分类决定监管措施的种类和强度。

（三）完善我国的电子商务非政府监管体系

完善非政府治理主体的相关管理制度和组织建设，只有制定出明确的制度，才能有效地规范市场的行为。

1. 构建以信任为前提的制度

信任是一切组织体得以存在的基础。无论是对内部的管理组织功能的运作，还是对外部的扩张发展的协调，信任都起着不可忽视的作用。信任有利于组织体商事活动的开展和政府管理职能的展开。以信任作为根本的出发点和落脚点构建起来的制度，即使不完美也是良善的，它具有可持续和自我完善的功能。以信任为前提的电子商务市场非政府治理主

---

① 资料来源：李沫.服务行政视野下的激励型监管法制化研究[D].中南大学，2010.

体制度框架，应该具有以下几个方面的特点：一是做好完备的机制建设与组织体系；二是要有稳定持续的社会资本输入；三是要有强大的人才储备和发展前景。

2. 以良善为贯穿的体制统一

良善是人类应有的品德。以良善为原则的商业交往活动，通常其生命力与可持续性都很强，但人性固有的弱点使得良善不容易维持，尤其是在互联网时代。互联网时代的信息传播速度非常快，获取信息对于大多人来说相对比较容易。分辨真伪信息就变得比较困难，这是监管的盲点，也是监管的重中之重。普通人没有很强的信息甄别能力，所以这就需要相关的监管部门承担起这部分的责任。所谓体制统一，要求自治主体具有一个完整的监管体系，它表现在以下三个方面：一是要有健康公平的外部竞争机制；二是要有资源共享的对接端口；三是要有开放有序的市场准入规则。

3. 以共赢为目的的发展理想

共赢不仅是互联网时代商事规则追逐的最高目标，也是监管设立的根本目的。无论是政府监管还是自治团体监管，最终的理想就是形成健康有序、稳定的市场秩序。共赢要求的重点在于协作。电子商务时代是讲究合力的时代，电子商务经济范围广，影响的人层面多，有序才能保障合力，合力才能达成协作，协作才能产生共赢。企业生存发展方面需要协作，监管方面也离不开协作。

本章小结

当前，电子商务正日新月异蓬勃发展，与之相随的便是电子商务违法行为的日益增多。然而，在如今大数据的信息时代，如何科学地设定电子商务监管措施，如何多采取双方性、柔性的电子商务监管措施，如何通过"以网治网"，既能有效保障网络消费者与电子商务经营者的各种合法权益，又能促进电子商务的良性快速发展，是摆在政府面前的一项重要课题。基于此，本章对电子商务监管的概念、特点、面临的挑战、基本原则、措施、体系、存在的问题及需要完善的地方进行了深入分析。

复习思考题

1. 简述电子商务监管的特点。
2. 简述电子商务监管的基本原则。
3. 简述当前我国电子商务监管存在的问题。
4. 简述我国电子商务监管措施的完善。

在线测试题

扫描书背面的二维码，获取答题权限。

参考文献

[1] 孙祥和. 电子商务法律实务[M]. 北京：中国人民大学出版社，2019.

[2] 朱晓娟. 电子商务法[M]. 北京：中国人民大学出版社，2019.

[3] 吴景明.《中华人民共和国电子商务法》消费者权益保护法律制度[M]. 北京：中国法制出版社，2019.

[4] 凌斌. 电子商务法[M]. 北京：中国人民大学出版社，2019.

[5] 杨立钒，赵延波. 经济法与电子商务法简明教程[M]. 北京：中国人民大学出版社，2019.

[6] 温希波. 电子商务法——法律法规与案例分析[M]. 北京：人民邮电出版社，2019.

[7] 赵旭东. 中华人民共和国电子商务法释义与原理[M]. 北京：中国法制出版社，2018.

[8] 郭锋. 中华人民共和国电子商务法法律适用与案例指引[M]. 北京：人民法院出版社，2018.

[9] 万福成. 多语言电子商务平台实训[M]. 北京：电子工业出版社，2018.

[10] 宋燕妮. 中华人民共和国电子商务法精释与适用[M]. 北京：中国民主法制出版社，2018.

[11] 韩晓平. 电子商务法律法规[M]. 北京：机械工业出版社，2018.

[12] 赵旭东. 中华人民共和国电子商务法释义与原理[M]. 北京：中国法制出版社，2018.

[13] 陆学勤. 简明电子商务法律 [M]. 重庆：重庆大学出版社，2017.

[14] 贺琼琼. 电子商务法[M]. 武汉：武汉大学出版社，2016.

[15] 王忠元. 电子商务法规[M]. 北京：中国人民大学出版社，2016.

[16] 秦成德，危小波，葛伟. 网络个人信息保护研究[M]. 西安：西安交通大学出版社，2016.

[17] 李双元，王海浪. 电子商务法若干问题研究[M]. 武汉：武汉大学出版社，2016.

[18] 秦立崴. 电子商务法[M]. 重庆：重庆大学出版社，2016.

[19] 钟惠莹. 电子商务法律法规[M]. 北京：电子工业出版社，2016.

[20] 谢远扬. 个人信息的私法保护[M]. 北京：中国法制出版社，2016.

[21] 王芸，袁颖. 电子商务法规[M]. 北京：高等教育出版社，2016.

[22] 崔聪聪等. 个人信息保护法研究[M]. 北京：北京邮电大学出版社，2015.

[23] 沈岿，付宇程，刘权. 电子商务监管导论[M]. 北京：法律出版社，2015.

[24] 李国旗. 电子商务法实务研究[M]. 杭州：浙江大学出版社，2015.

[25] 王永钊，李丽君. 电子商务法律法规[M]. 上海：华东师范大学出版社，2014.

[26] 白锐. 电子商务法[M]. 北京：清华大学出版社，2013.

[27] 时飞. 电子商务法[M]. 北京：对外经济贸易大学出版社，2012.

[28] 张楚. 电子商务法教程[M]. 北京：清华大学出版社，2011.

[29] 严晓红. 电子商务法律法规[M]. 北京：清华大学出版社，2010.

[30] 娄策群，王伟军，程蕾. 电子商务政策法规[M]. 武汉：华中师范大学出版社，2008.

[31] 刘映春. 电子商务法[M]. 北京：中央广播电视大学出版社，2004.

[32] 书缘工作室. 电子商务法律[M]. 北京：人民邮电出版社，2001.

[33] 徐焕然. 论电子签名认证机构的民事责任[D]. 烟台大学，2018.

[34] 刘海石. 论第三方电子商务平台的专利侵权责任[D]. 重庆大学，2017.

[35] 肖雪. 电子商务平台商标侵权认定探析[D]. 湖北大学，2016.

[36] 崔建山. 电子合同中未成年人缔约能力法律问题研究[D]. 重庆大学，2011.

[37] 李沫. 服务行政视野下的激励型监管法制化研究[D]. 中南大学博士学位论文，2010.

[38] 罗慧. 我国电子商务的监管机制研究[J]. 商场现代化，2018（13）:28-29.

[39] 毛宁. 论欧盟电子商务法中的消费者重大利益保护问题[J]. 全国商情，2016（9）：16-17.

[40] 朱宝丽. 合作监管的兴起与法律挑战[J]. 政法论丛，2015（4）：137-144.

[41] 鞠晔. 略论电子商务领域消费者权益保护的基本原则[J]. 现代商业，2014（19）：50-51.

教学支持说明

▶▶ 课件申请

尊敬的老师：

您好！感谢您选用清华大学出版社的教材！为更好地服务教学，我们为采用本书作为教材的老师提供教学辅助资源。该部分资源仅提供给授课教师使用，请您直接用手机扫描下方二维码完成认证及申请。

任课教师扫描二维码
可获取教学辅助资源

▶▶ 样书申请

为方便教师选用教材，我们为您提供免费赠送样书服务。授课教师扫描下方二维码即可获取清华大学出版社教材电子书目。在线填写个人信息，经审核认证后即可获取所选教材。我们会第一时间为您寄送样书。

任课教师扫描二维码
可获取教材电子书目

 清华大学出版社

E-mail: tupfuwu@163.com　　　　　　　网址: http://www.tup.com.cn/
电话: 010-83470332 / 83470142　　　　传真: 8610-83470107
地址: 北京市海淀区双清路学研大厦B座509室　　邮编: 100084